edition ▶ neue psychologie

MIX
Papier aus verantwortungsvollen Quellen
FSC® C083411

1. Auflage 2018

Umschlaggestaltung: Bunda Silke Watermeier, www.watermeier.net
Unter Verwendung einer Illustration von Shivananda
Lektorat: Volker Maria Neumann

www.innenwelt-verlag.de

Druck: CPI books, Leck
Printed in Germany
ISBN 978-3-942502-94-8

SAMARONA BUUNK

DAS INNERE ZUHAUSE

WAS
SPIRITUALITÄT
HEUTE
BEDEUTEN
KANN

Inhalt

Vorwort 8

TEIL I DAS INNERE ZUHAUSE 15

1. Die Geschichte von Mullahs Eseln 17
   Das Erkennen des Weges nach Hause 20
2. Die Geschichte von Viktor und dem verlorenen Schatz 33
   Es gibt viele Wege ins innere Zuhause 36
3. Die Geschichte von Najim und Khidr 55
   Rückkehr aus dem Exil 65
4. Die Geschichte meines eigenen Weges 73
   Die Herkunft vergessen 94

TEIL II DIE SPIRITUELLE PRAXIS 101

5. Die Geschichte von Völva und der Regenbogenbrücke 103
   Völvas Weg nach Hause 142
6. Die Geschichte von „Gouda, der Buddha" 149
   Was bedeutet das Verständnis von Essenz und Ego für die Praxis? 154
7. Die Geschichte des dankbaren Mystikers 159
   Der erste Schlüssel: Die Liebe zur Wahrheit 164
8. Die Geschichte vom Schiff des Theseus 167
   Der zweite Schlüssel: Die Präsenz 172
9. Die Geschichte von den Menschen, die Hülsenfrüchte aßen 179
   Der dritte Schlüssel: Die Haltung von Offenheit 183
10. Die Geschichte von Gabriel, Petrus und dem Jetzt 187
    Der vierte Schlüssel: Das Jetzt 194
11. Die Geschichte von Völva und die Frage des freien Willens 197
    Der fünfte Schlüssel: Die Abwesenheit von Präferenz 202

12. Die Geschichte von den Tieren, die ihre Seele verloren haben 207
Der sechste Schlüssel: Die Akzeptanz 212
13. Die Geschichte von der dankbaren Sonne 217
Der siebte Schlüssel: Klarheit und Objektivität 224
14. Die Geschichte von dem Edelstein des Bauern 229
Der achte Schlüssel: Allem, was lebt, wohnt ein Wert inne 234
15. Die Geschichte von der weißen Wolke 239
Der neunte Schlüssel: Das Bewusstsein, dass alles im Wandel ist 242
16. Die Geschichte von Yasue und ihrem Ojiisan 247
Der zehnte Schlüssel: Das Gewahrsein des grenzenlosen Einsseins 252

Literaturverzeichnis 257
Über den Autor 263

Namo arihantanam namo namo
Namo siddhanam namo namo
Namo uvajjhayanam namo namo
Namo loye savva sahunam namo namo
Aeso panch nammukaro
Om shantih shantih shantih

I go to the feet of those who have known themselves
I go to the feet of those who have achieved
I go to the feet of all who are masters
I go to the feet of all the teachers
I go to the feet of all who have ever known themselves,
Unconditionally
Om shantih shantih shantih

Navkar Mantra

Vorwort

Wenn mich jemand fragt, was ich von Beruf bin, dann fällt es mir oft nicht leicht, zu erklären, was ich täglich mache. Vor allem, wenn ich es jemandem erklären soll, der mit dem, was meine Arbeit ausmacht, noch keine Erfahrung gemacht hat. Manchmal sage ich, dass ich Heilpraktiker für Psychotherapie sei – das ist sozusagen die offizielle Bezeichnung. Ich bin aber weder Heilpraktiker noch würde ich mich als Psychotherapeut beschreiben, obwohl ich einige Jahre Psychologie studiert und zahlreiche psychotherapeutische Verfahren gelernt habe und in meiner Arbeit anwende. Ich empfinde die Bezeichnung Psychotherapeut dennoch nicht als zutreffend. Was mir besser gefällt, ist, mich als Wegbegleiter zu bezeichnen, als Reisegefährte. Ich bin jemand, der andere ein Stück auf ihrem Lebensweg begleitet. Dass ich an einem Punkt meines Lebens dazu übergegangen bin, andere auf ihrem Weg zu begleiten, hat mit meinem eigenen Lebensweg zu tun.

Mein Weg hat mich schon in sehr jungem Alter mit Meditation und Spiritualität in Kontakt gebracht. Ich habe der Praxis von Meditation und Selbsterkundung in meinem persönlichen Leben eine zentrale Rolle eingeräumt. Ich habe in spirituellen Gemeinschaften gelebt und mich von verschiedenen spirituellen Lehrern unterrichten lassen. Wenn ich beschreiben soll, was die spirituelle Praxis mir gezeigt hat, dann würde ich sagen, dass sie mir ermöglicht hat, mein inneres Zuhause zu finden. Ich meine damit keinen geografischen Ort irgendwo auf dieser Erde, sondern eine Verwirklichung dessen, was ich in meiner Tiefe bin.

Seitdem ich selbst erfahren habe, was es heißt, das innere Zuhause zu finden, sehe ich, dass dies im Grunde alle Menschen auf ihrem Lebensweg versuchen. Manche erfahren die Schritte, die sie auf diesem Weg machen, sehr bewusst, andere stolpern durch ihr Leben, ohne zu spüren, dass es eine innere Instanz gibt, die sie durch das Leben führt.

Die Erkenntnis, dass es in der Natur des Menschen liegt, den Weg zum inneren Zuhause zu suchen, macht es für mich selbstverständlich, andere in einem Rahmen von Offenheit und liebevoller Zuwendung auf ihrem Weg nach Hause zu begleiten. So ist meine Arbeit, die zum Teil auf psychotherapeutischen Methoden und zum Teil auf Meditation und spiritueller Praxis beruht, zu einem Prozess geworden, der Menschen auf ihrem Weg nach Hause begleitet. Es ist eine Begegnung östlicher Weisheitstraditionen mit der modernen, westlichen Psychotherapie.

Das innere Zuhause zu finden, kann für jeden Menschen etwas sehr Unterschiedliches bedeuten. Es kann eine Pause bedeuten vom Rennen im Hamsterrad des Alltags, ein Ankommen im einfachen Sein. Es kann einen Moment von Frieden bedeuten, eine Auszeit von konfliktreichen oder ambivalenten Situationen. Es kann in Situationen von emotionalem Schmerz und Leid eine Zuflucht im Herzen sein. Nach Hause kommen kann auch bedeuten, dass ich einen Abstand finde zu den Rollen, die ich im Leben spiele, sodass ich für einen Moment ganz ich selbst sein kann. Je mehr wir uns im Nach-Hause-Kommen üben, umso deutlicher wird uns, dass damit ein lebenslanger Prozess der Selbstverwirklichung in Gang gesetzt wird, der die Transformation unseres Selbst ermöglicht. Wenn wir im inneren Zuhause angekommen sind, dann wissen wir, dass es eine tiefe Wahrheit gibt, ein Bewusstsein, das jedem von uns zur Verfügung steht. Wir wissen, dass dieses Bewusstsein der Ursprung ist von allem, was uns im Leben führt, es ist die Quelle des inneren Friedens, der Freude, der Liebe, es ist der Platz, der uns ermöglicht, mit Mut ins Unbekannte zu gehen und beharrlich zu sein, bis wir im inneren Zuhause angekommen sind.

Durch Selbsterforschung und die Praxis der Meditation lernen wir, nach Hause zu kommen. In den östlichen Weisheitstraditionen hat Meditation einen zentralen Stellenwert. Meditation ist keine Aktivität, deswegen ist das Verb „meditieren“ missverständlich. Meditation ist Bewusstsein, ein Bewusstsein, das tiefer ist als der Verstand. Ein Bewusstsein davon, was natürlich ist, was nicht durch Aktivität erzeugt wird. Meditation erlaubt einen Zugang zu dem, was wahr, was real in uns ist. Manche nennen es: das, was essenziell ist. Meditation ist der natürliche Zustand, den wir meistens nicht mehr spüren, weil wir zu sehr in unserem „Tun“ verhaftet sind. Meditation ist die Abwesenheit von Tun, von Aktivität. Wenn wir uns in Ruhe lassen, sind wir im Stande, den ursprünglichen Zustand zu spüren, unsere wahre Natur. Das ist es, was wir „im inneren Zuhause ankommen“ nennen. Wir erfahren wieder unsere wahre Natur. Sie kann nicht verloren gehen, sie kann nur in Vergessenheit geraten. Ein passendes Bild ist der Mond, der hinter einer Wolke zum Vorschein kommt. Die Wolke gehört nicht zur Natur des Mondes. Der Mond bleibt der gleiche Mond, unabhängig davon, ob Wolken ihn verhängen oder nicht. Die Wolke war nur vorübergehend da.

Der Verstand ist wie eine Wolke. Das Denken ist eine Wolke. Durch das Denken fällt es uns oft schwer, das Bewusstsein hinter dem Denken wahrzunehmen. Deine Natur kümmert das nicht. Sie bleibt unberührt, pur, essenziell. Genauso wie es den Mond nicht kümmert, ob die Wolke da ist oder nicht. So gesehen ist das Ankommen im inneren Zuhause ein Prozess der Selbstverwirklichung, und das, was wir verwirklichen oder realisieren, ist unser essenzielles Selbst, unsere „Buddhanatur“, wie das im Buddhismus genannt wird. Der Prozess der Selbstverwirklichung ist zur gleichen Zeit auch ein Transformationsprozess unseres Ego-Selbst.

Die östliche Tradition beschreibt einen Prozess des Vergessens durch die Kristallisierung des Egos, und auch die westliche Psychotherapie beschreibt einen Prozess, in dem das Ego-Selbst im Laufe der ersten sechs Lebensjahre entsteht. Dieses Buch setzt sich mit den Umständen auseinander, die notwendig sind, um uns an das zu erinnern, was wir glauben, durch das Vergessen verloren zu haben.

Ein Buch zu schreiben, das Spiritualität zum Gegenstand hat, ist herausfordernd. Spiritualität beruht nicht auf Konzepten, sondern ist nur durch unmittelbare Präsenz im Hier und Jetzt erfahrbar. Genauso schwierig ist es, jemandem den Klang einer Bambusflöte zu beschreiben. Wenn wir versuchen, darüber zu sprechen, brauchen wir Worte und Konzepte. Die Ego-Realität beruht auf Konzepten. Deshalb sind bei dem Versuch, Spiritualität durch Konzepte zu beschreiben, Missverständnisse vorprogrammiert. Viele Weisheitstraditionen waren sich dieses Umstands bewusst. Sowohl in der Zen-Tradition als auch in der Sufi-Tradition hat man deswegen Geschichten erzählt, die die Wahrheit umschreiben. Im Zen sagt man, dass der Finger, der auf den Mond zeigt, nicht der Mond sei. Worte, die den Klang einer Bambusflöte beschreiben, sind nicht der Klang der Bambusflöte.

Deswegen erzähle ich in diesem Buch viele unterschiedliche Geschichten. Es ist nicht relevant, ob diese wahr oder erfunden sind, sie sind Andeutungen, Metaphern, und ich hoffe, dass man dadurch etwas erfährt und sich daran erinnert, was diese Geschichten vermitteln wollen. Die Finger sind nicht wichtig, verschiedene Traditionen werden mit unterschiedlichen Fingern zeigen. Was wichtig ist, ist dasjenige, worauf die verschiedenen Finger hinweisen.

Wenn man den Geschichten nur mit dem Verstand zuhört, wird er sich an den Worten festbeißen, und dadurch wird man die wahre Bedeutung verpassen. Man braucht ein poetisches Herz, um diesen Geschichten zuzuhören. Nur so können wir uns daran erinnern, wo unser inneres Zuhause ist.

Das Buch ist in zwei Teile gegliedert.

Der erste Teil behandelt das Thema „Das innere Zuhause“ im Allgemeinen. Zuerst beschreibe ich die wichtigsten Wegweiser und Meilensteine, die unterstützend sind bei der Heimkehr: Präsenz, Essenz, die spirituelle Dimension, die wahre Natur und das Erwachen. Dann folgt ein Überblick über die traditionellen und die modernen Wege nach Hause, und ich versuche, einige Vorurteile über Spiritualität, Religion, Psychologie und Wissenschaft zu klären. Ich schildere, wie man zuerst seine Herkunft vergessen und dann wieder heimkehren kann. Und wie der Prozess des Vergessens mit der Verfestigung des Egos zusammenhängt.

Der zweite Teil behandelt die spirituelle Praxis. Die Praxis beschreibt den Weg nach Hause. Wir tragen alle die „Buddhanatur“ in uns, das bedeutet: Jeder kann sein inneres Zuhause finden. Ob das auch wirklich stimmt, kann man nur herausfinden, indem man sich auf den Weg nach Hause begibt. Damit die Wahrheit uns in unserer Tiefe erreichen und transformieren kann, braucht es Praxis. Durch ein tiefes Verständnis von Ego und Essenz wird deutlich, wie die Schritte der Praxis aussehen. Ich habe zehn Schlüssel der Praxis beschrieben, die alle den Weg nach Hause weisen.

Ich habe diesem Buch die Widmung des *Navkar Mantra* vorangestellt, weil sie eine Verbeugung vor allen Menschen beinhaltet, die jemals sich selbst gekannt haben. Zahllose Menschen haben sich immer wieder die gleichen Fragen gestellt: „Wer bin ich, was ist mein Ursprung, wo komme ich her, wo gehe ich hin?" Durch die Praxis konnten die Fragen beantwortet werden, nicht auf eine kognitive, mentale Art, aber durch ein Erfahren der Wahrheit im Hier und Jetzt. Dies ist es, was man spirituelle Praxis nennt, und es gibt sehr viele verschiedene Traditionen der spirituellen Praxis.

Ich verbeuge mich vor allen Menschen, die jemals sich selbst erkannt haben. Ich verbeuge mich vor allen Meistern und Lehrern, die mich begleitet haben auf meinem Weg. Ganz im Besonderen bedanke ich mich bei Osho, der mir die Augen geöffnet hat und mich seit vielen Jahren führt, sogar nachdem sein Körper diese Erde verlassen hat. Ich bedanke mich auch besonders bei A. H. Almaas, der mir durch die *Ridhwan Schule* einen Platz geboten hat, meine Praxis ganz lebendig zu halten und in immer tieferen Dimensionen anzukommen. Ich bedanke mich bei Jiddu Krishnamurti und Faisal Muqaddam, die für Abschnitte meiner Reise meine Begleiter waren.

Ich verbeuge mich vor allen Meistern und Lehrern der vielen verschiedenen Traditionen der spirituellen Praxis. Ich verbeuge mich vor allen Meistern der hinduistischen Tradition, vor allen Meistern der buddhistischen Tradition, vor allen Meistern der Sufi-Tradition, vor allen Meistern der Dao-Tradition, ich verbeuge mich vor den christlichen Mystikern, den mystischen Strömungen aus dem griechischen Raum, den jüdischen Mystikern und den vielen Mystikern, die sich nicht innerhalb einer Religion verorten lassen. Ich bin geneigt, diese vielen Namen der Mystiker aufzulisten, der Klang dieser Namen bringt mein Herz in Schwingung. Diese vielen Namen sind die Verkörperungen des Namenlosen, der Wahrheit, die wir alle in uns tragen und die uns alle verbindet.

Ich verbeuge mich vor allen Menschen, die jemals sich selbst erkannt haben.
Ich verbeuge mich vor allen, die angekommen sind.
Ich verbeuge mich vor allen, die Meister sind.
Ich verbeuge mich vor allen Lehrern.
Ich verbeuge mich vor allen Menschen, die jemals sich selbst gekannt haben.
Uneingeschränkt.

Om shantih shantih shantih

TEIL I

DAS INNERE ZUHAUSE

1

Die Geschichte von Mullahs Eseln

Das Erkennen des Weges nach Hause

Die Geschichte von Mullahs Eseln

Lange Jahre überquerte Mullah Nasruddin immer wieder mit mehreren Eseln eine Grenze. Die Zollbeamten kannten ihn schon, und da die Esel des Mullahs schwer beladen waren und übervolle Satteltaschen mit sich trugen, waren die Zollbeamten überzeugt, der Mullah müsse einen Schmuggler sein.

Sie durchsuchten seine Ladung immer wieder von oben bis unten, sie machten Leibesvisitationen, durchsuchten die Taschen und Gewänder des Mullahs, und manchmal verbrannten sie einen Teil der Ladung oder tauchten sie in Wasser ein, um auf diese Weise dem Geheimnis auf die Spur zu kommen. Mal fanden sie alte Töpfe und Krüge, verblichene Tücher oder verbeulte Hüte. Mal fanden sie Brennholz in den Satteltaschen des Mullahs, mal Farben und Gewürze, sogar zerfranste Teppiche oder zerbrochene Gewerke. Aber nie stießen sie auf etwas, das Schmuggelware hätte sein können. Wenn sie Nasruddin fragten, warum er die Grenze immer wieder überquere, neigte dieser stets den Kopf zur Seite und sagte: „Nun, ich bin Schmuggler."

Aber nie konnten die Zollbeamten Mullah Nasruddin etwas nachweisen. So mussten sie ihn immer wieder ziehen lassen. Dem Mullah schien es mit der Zeit immer besser zu gehen, stetig vermehrte er seinen Reichtum, und eines Tages setzte er sich zur Ruhe.

Viele Jahre später traf einer der Zollbeamten von damals den Mullah wieder. Er sprach ihn an und sagte: „Höre, Mullah Nasruddin, du bist wie ich längst im Ruhestand. Ebenso wie ich, weißt du, dass deine Taten heute verjährt wären, wenn es denn so gewesen sein sollte, dass du wirklich ein Schmuggler warst. Ich bin mir sicher, dass es so war. Verrate mir also, was war es, das du damals an uns vorbeigeschmuggelt hast".

Der Mullah Nasruddin neigte seinen Kopf leicht zur Seite und sagte: „Nun, es waren die Esel."

Das Erkennen des Weges nach Hause

In der Geschichte von Mullahs Eseln wird das, was so offensichtlich ist, übersehen. Die Zollbeamten betrachten die Situation mit dem Verstand ihres Berufes, sie suchen nach Schmuggelware, und ihnen entgeht das Wesentliche. Der Verstand der Zollbeamten geht davon aus, dass Schmuggelware versteckt sein wird – und so wird das Offensichtliche nicht wahrgenommen.

Präsenz

Ganz ähnlich passiert es, dass wir Menschen das, was wir wirklich sind, nicht sehen. Obwohl es eigentlich offensichtlich ist, dass das, was wir wirklich sind, uns ausmacht. Man erkennt nicht, was man wirklich ist, weil die Art, wie wir üblicherweise schauen und suchen, uns keine Antworten gibt. Wir sind gewohnt durch und mit dem Verstand zu schauen. Wir orientieren uns über den Verstand an den Erfahrungen, die wir in der Vergangenheit gemacht haben, und an den Konzepten, die wir aus diesen Erfahrungen folgerten. Wir meinen zu wissen, wonach wir suchen, wir haben eine Vorstellung von dem, was wir suchen – so, wie die Zollbeamten auf der Suche nach Schmuggelware.

Der Verstand trennt die Welt in den Suchenden und das Gesuchte. Das bedeutet, dass er uns dazu verführt, außerhalb von uns zu suchen. Dies ermöglicht uns, uns in der äußeren Welt zurechtzufinden. Wenn wir aber uns selbst suchen, ist diese Außenorientierung ein Hindernis. Wir suchen das, was wir sind, im Außen. Ich meine damit nicht außerhalb des Körpers, aber die Tatsache, dass wir suchen, trennt uns automatisch von dem, was wir suchen. Wir suchen ein getrenntes Etwas. Dabei ist das, was wir suchen, identisch mit demjenigen, der sucht.

Der Verstand orientiert sich an Gedanken und Emotionen. Das, was wir sind, können wir aber nicht denken oder fühlen. Das, was wir sind, können wir nur *sein*. Wenn wir uns in den Gedanken auf die Suche machen nach uns selbst, dann finden wir „was wir denken", nicht „was wir sind". Was wir sind, können wir wahrnehmen und erleben. Wenn wir *sind, was wir sind*, erfahren wir etwas, das man mit Konzepten nur schwer beschreiben kann. Ein Wort, um dies zu beschreiben, ist Präsenz[1].

Selbstverständlich ist Präsenz wieder ein Wort, das etwas, was jenseits von Worten ist, beschreiben soll. Wenn wir aus dem, was mit „Präsenz" gemeint ist, wieder ein Konzept machen, dann wird es zu etwas außerhalb von uns, wonach wir suchen können. Das Wort Präsenz deutet aber auf etwas, das wir nur erleben können. Es ist ein Finger, der auf den Mond zeigt. Wir können auf den Finger schauen, auf das Konzept, aber dann entgeht uns, dass dieser Finger nur da ist, um uns den Mond zu zeigen.

Es ist möglich, das Wort Präsenz zu verwenden und trotzdem in dem Erlebnis der Präsenz verwurzelt zu bleiben. Damit öffnet die Präsenz unsere Augen, um uns zu erleben, anstatt darüber nachzudenken, was wir sind. Es ist so, als würden wir uns an etwas erinnern, das schon immer in uns war. Wie ein Zuhause. Und plötzlich sehen wir die Esel des Mullah.

In der Geschichte der Menschheit hat man viele verschiedene Wege gefunden, um diese Erfahrung der Präsenz zu ermöglichen. Meditation z. B. ist ein Verweilen in der Präsenz, ein Sein im Hier und Jetzt.

Es gibt eine Meditation, die man „Das Objekt in seiner Ganzheit sehen" nennt. Eine Meditation aus einer jahrtausendealten Tantra-Schrift mit Namen *Vigyan Bhairav Tantra*[2]. Das Vigyan Bhairav Tantra ist eine Sammlung von 112 Meditationstechniken. Zur Erklärung: *Tantra* heißt „Praxis", „Methode", oder „Weg", es ist ein praktischer Leitfaden, um den Weg nach Hause zu beschreiten. Es ist nichts Religiöses, man muss an nichts „glauben". Man kann die Methoden ausprobieren, und wenn sie einen ansprechen, kann man damit weitermachen. Diese 112 Meditationstechniken sind Methoden, die einem darin unterstützen, die Perspektive auf das Leben zu verändern. Sie sind wirklich eine Wissenschaft, die es ermöglicht, die menschliche, individuelle Seele so zu transformieren, dass sie ihre wahre Natur wieder erfahren kann.

Die Meditation wird mit folgenden Worten eingeleitet: „Schaue auf eine Schüssel, ohne die Ränder des Materials zu sehen. In einigen Momenten werde bewusst."

Ich habe diese Meditation oft in meinen Seminaren in einer abgewandelten Form angeleitet. Die Teilnehmer suchen sich hierfür einen Partner und setzen sich so, dass sie sich einander anschauen können. Zuerst schauen sie sich ihren Partner durch den analytischen Verstand an, so wie ein Wissenschaftler ihn betrachten würde: Wie groß ist der Partner, aus welchem Material ist er gemacht, was für eine Farbe hat der Partner oder hat er vielleicht verschiedene Farben, welche Konsistenz und welche Form hat er, wie alt ist er usw.

Dann schließen die Teilnehmer der Übung die Augen und schauen, was sie über diesen Partner erfahren haben. Anschließend lassen sie die Eindrücke über den Partner los und spüren in ihr Herz, sie nehmen ein paar Atemzüge, um im Herzen anzukommen und sich im Herzen auszuruhen.

Dann öffnen sie wieder ihre Augen, aber statt mit der Aufmerksamkeit nach außen zu gehen, bleiben sie im Herzen verankert. Wenn sie die Augen öffnen, lassen sie es zu, dass der Partner sie erreichen kann – und spüren nach, was sie im Herzen wahrnehmen, wenn das passiert. Wenn wir auf die erste Art schauen, schauen wir durch einen analysierenden Verstand. Daran ist nichts verkehrt und kann – in vielerlei Hinsicht – von großem Nutzen sein. Was man aber auf diese Art nicht findet, ist die Präsenz. Die Präsenz findet man dadurch, dass man in sich ruht und zulässt, dass die Gesamtheit der Person einen berühren kann.

„In einigen Momenten werde bewusst", heißt es in der Anleitung. Was passiert? Du wirst dir selbst bewusst, du schaust jemanden an und erlaubst, dass der Kontakt etwas in dir berühren kann, du wirst dir deiner selbst bewusst. Dein Blick geht nicht nach außen, wird nicht vom analysierenden Verstand geführt. Du kannst einfach in dir ruhen, in deinem Sein, und dein Blick führt dich nach innen, nach Hause zu dir. „In einigen Momenten werde bewusst." Dein Wesen enthüllt sich blitzartig. Auf einmal siehst du die Esel des Mullahs. Auf einmal spürst du deine Präsenz. Und sie begegnet der Präsenz eines anderen. Nicht nur du siehst dich selbst, du siehst auch dich selbst im anderen, der dich da gerade anschaut, du erkennst dich selbst und erkennst dich auch im anderen. Es passiert eine wirkliche Begegnung. Eine Begegnung auf Augenhöhe.

Wenn ich durch den Verstand schaue, hat man die Möglichkeit zu urteilen; ich kann mich zum Beispiel besser fühlen als du oder als weniger wert. Wenn ich dich in deiner Ganzheit anschaue, dann sehe ich dich, ohne mich zu erhöhen oder zu erniedrigen.

In Indien grüßt man einander mit einer Geste, bei der man die Handflächen vor dem Herz zusammenlegt. Die Bedeutung ist: Ich ehre deine wahre Natur in dir, die ich auch in mir selbst ehre – und ich weiß, dass wir somit eins sind. Eine einfache Geste, die aber einen tiefen Respekt und eine Begegnung auf Augenhöhe zum Ausdruck bringt. Man verneigt sich vor dem anderen, als Anerkennung, dass wir beide die gleiche Natur in uns tragen.

Als ich als junger Mann Osho begegnete, hat er uns jeden Tag mit dieser Geste begrüßt, er hat uns damit jeden Tag wieder an unsere Buddhanatur erinnert. Viele Menschen, die kein Verständnis dieser Dimension haben, interpretierten das Verneigen als Unterwerfung oder als Anbetung eines Gottes. Dabei ist es ein Ausdruck tiefen Respekts: Ich grüße den Buddha in dir, wir sind ebenbürtig, wir kommen aus der gleichen Quelle. Wir unterscheiden uns in der Reife, der eine mag am Anfang seiner Reise nach Hause stehen, während der andere angekommen ist. Aber jeder hat die gleiche Buddhanatur, es ist für jeden von uns möglich, nach Hause zu kommen.

Essenz

Als ich die Präsenz kennelernte, war die Erinnerung an das, was ich bin, so überwältigend, dass ich es wie ein erstes Erwachen erlebte. Ich stand gerade am Anfang einer langen Reise nach Hause, aber mir war das Potenzial dieser Entdeckung vollauf bewusst. Ich hatte noch keine Einsicht in die vielen Dimensionen der essenziellen Erfahrungen, die noch vor mir lagen. Ich war ein ziemlich verwirrter, schüchterner, junger Mann, der ein bestimmtes Bild von sich hatte, das auf verschiedenen Identifikationen beruhte, die aus meiner frühen Kindheit stammten. Ein Mann, der auch viele Verletzungen in sich trug, der über viele dieser Verletzungen nur schemenhafte Erkenntnisse hatte und der sich auch nicht im Klaren darüber war, wie sehr sein Verhalten eine Reaktion auf diese Identifikationen war. Mein verletztes Selbstwertgefühl und meine mangelhafte Identität schienen sich immer wieder in meinem Verhalten zu bestätigen. Trotzdem hatte sich in mir eine Tür geöffnet, sodass ich die Möglichkeit zulassen konnte, dass auch ich vielleicht die gleiche Natur wie ein Buddha haben könnte. Es bedeutete auch, dass es die Möglichkeit gab, mich so zu entwickeln, dass auch ich einige Aspekte meiner wahren Natur verwirklichen könnte. Die Präsenz zeigte mir, dass es ein inneres Zuhause gibt. Dies hallte so tief in mir nach, dass ich es schon als ein erstes „Nach-Hause-Kommen" erfuhr.

Der buddhistische Lehrer Jack Kornfield nennt es das erste Prinzip der buddhistischen Psychologie[3]: „Sehe die innere Nobilität und Schönheit von allen Menschen." Die Erkenntnis, dass sich hinter unserer Rüstung ein Schatz von ungeahntem Wert befindet, kann die Perspektive, mit der wir durch das Leben gehen, grundlegend verändern. Wir sind es gewohnt, uns selbst als beschränkt und mangelhaft zu erleben, sodass wir uns kaum vorstellen können, dass dies ein Missverständnis ist.

Wenn wir uns unsere Präsenz bewusst machen, entsteht eine neue Qualität, wir erfahren „direktes Wissen": Es erstaunt uns, zu entdecken, dass unser Körper und unsere Seele aus Bewusstsein bestehen.

Umso vertrauter wir mit der Präsenz werden, desto mehr wird uns klar, dass wir Bewusstsein sind. Das „direkte Wissen“, das sich durch Präsenz in uns zeigt, wird *Essenz*[4] genannt. Dieses Wissen ist ein anderes Wissen, als das, was der analytische, rationale Verstand uns zur Verfügung stellt. Das Wissen des Verstandes ist zwar auch nur möglich, weil es Bewusstsein in uns gibt, aber der Verstand beruht auf Konzepten, also auf etwas, das uns von der direkten Erfahrung des Bewusstseins trennt. Meditation ist eine Methode, die uns an die Präsenz heranführt, und mit ihr erfahren wir direktes, essenzielles Wissen.

Die bekannte Inschrift auf dem Orakel von Delphi lautet: „*Gnothi seauton* – Erkenne dich selbst“. Dies verweist auf eine Erfahrung direkten Wissens. Das Orakel war die bekannteste Weissagungsstätte in der hellenischen Welt. Auch Heraklit sagte: „Allen Menschen ist zuteil, sich selbst zu erkennen.“ Sokrates[5] lehrte, dass wir die Wahrheit nur über das Essenzielle in uns selbst erfahren können. Essenz ist nicht ein getrenntes Objekt, das wir in uns selbst finden können, es ist das, was wir *jetzt* sind. Es muss nicht entwickelt werden, es ist unsere selbstexistente Natur.

Verschiedene Traditionen haben unterschiedliche Namen für die Essenz[6]. Die monotheistischen Religionen haben es meist das „Spirituelle“[7] genannt, im Buddhismus ist die Rede von der „Buddhanatur“. Es wird oft als „die wahre Natur“[8] dargestellt. In vielen Traditionen wird es als die authentische, ursprüngliche und fundamentale Natur von dem benannt, was wir sind. Es ist das Alpha und das Omega. Es ist das Alpha, weil das Erkennen der Essenz als der Anfang des Weges nach Hause gesehen wird. Es ist auch das Omega, weil es die Bestimmung der Essenz ist, uns den ganzen Weg nach Hause zu führen.

In der heutigen Zeit wurde das Thema Essenz von einem meiner Lehrer, A. H. Almaas[9] sehr differenziert behandelt. Als ich zum ersten Mal mit ihm in Kontakt kam, war das Thema Essenz nicht neu in meiner persönlichen Erfahrung, trotzdem waren seine genauen Beschreibungen für mich ausgesprochen hilfreich, um meine eigenen Erfahrungen einzuordnen, zu integrieren und zu realisieren.

Vieles, was in diesem Kapitel beschrieben ist, wurde von seiner

Herangehensweise und meinen persönlichen Erfahrungen damit inspiriert. Die Essenz hat die Kapazität, unser Wesen ganz zu enthüllen, sodass wir uns direkt und vollständig erfahren und verstehen können. Dies geschieht unabhängig von unserer Bildung oder unserer Vergangenheit. Dieses Wissen ist Teil der Essenz selbst. Das Feld des Bewusstseins kennt keine Grenzen, das bedeutet, dass die Essenz nicht nur die Natur der menschlichen Seele kennt, sondern die Natur der ganzen Existenz.

Die spirituelle Dimension

Essenz ist Bewusstsein

Die menschliche Seele ist das Organ des Bewusstseins. Sie ermöglicht uns, alles, was geschieht, bewusst wahrzunehmen. Sie kann sich nach außen richten und so die Umgebung wahrnehmen. Sie kann sich nach innen richten und die Präsenz wahrnehmen. Präsenz bedeutet, anwesend zu sein. Wenn die Seele anwesend ist, ist das Bewusstsein sich seiner selbst bewusst. Es macht eine direkte Erfahrung seiner Natur.

Bewusstsein kann sich in vielen verschieden Formen zeigen. Liebe ist zum Beispiel eine Form, die das Bewusstsein annehmen kann, genauso wie Vertrauen, Intelligenz oder Mut – alles unterschiedliche Ausdrucksformen des Bewusstseins. A. H. Almaas nennt diese verschiedenen Formen des Bewusstseins auch die Aspekte oder Facetten der Essenz. Auch die Sufis erkennen die Essenz als Ganzheit, die sich in verschiedenen Qualitäten oder Aspekten manifestiert.[10]

Wenn die Weisheitstraditionen über „direktes Wissen" sprechen, dann verweisen sie auf die Seele, das Medium des Wissens, das in einem direkten Kontakt ist mit dem Objekt des Wissens, der Essenz. Wenn dem Bewusstsein bewusst ist, dass es bewusst ist, ist das eine mysteriöse Wahrnehmung, die nicht mehr in der Welt der Dualität stattfindet. Es ist eine non-duale Erfahrung.

Der Verstand erlebt normalerweise, wie beschrieben, ein „Ich", das sich über „etwas" bewusst ist. In der mysteriösen Wahrnehmung aber realisieren wir, dass das Bewusstsein identisch ist mit der Essenz. Sein und Bewusstsein sind untrennbar. Die Seele erfährt sich selbst als Präsenz, zum Beispiel als Intelligenz, als Liebe, als Vertrauen, als Mut.

Essenz ist Lebendigkeit

Das bedeutet, dass sie dynamisch ist, sie wandelt sich stets. Sie bleibt immer Essenz, aber die Art, wie wir sie erfahren, ist lebendig, verändert sich. Wir können sie zwar als eine Substanz wahrnehmen, aber sie bleibt nicht im immer gleichen Zustand, wie eine Substanz das tut. Essenz kann heute fest und morgen flüssig sein, den einen Moment feurig und den nächsten Moment durchlässig wie Luft. Man könnte auch sagen, dass Essenz ganz viele Gesichter hat, viele Eigenschaften oder Facetten. Weil diese Eigenschaften sich in einer gewissen Folge in uns zeigen, „passiert" das Wissen. Man kann sagen: Die Essenz informiert uns.

Essenz ist Existenz.

Essenz ist das, was ich wirklich bin, die „spirituelle Dimension". Dabei ist das Spirituelle nichts Andersweltliches oder etwas Flüchtiges, sondern eine real erlebbare Dimension der Wirklichkeit. Wir können bewusst erfahren, was wir sind. Es ist unsere fundamentale Natur. Man könnte es auch die Dimension des Seins nennen. Sein, weil es nicht auf Aktivität beruht, wir müssen „es" nicht tun. Es ist schon da, es ist, was wir sind, was wir in uns finden, wenn wir nichts tun. Es ist schon perfekt, es ist Wahrheit, es ist Freiheit, es ist Vollkommenheit. Wir müssen es nicht erarbeiten, es ist jetzt in seiner Vollkommenheit anwesend. Es ist unabhängig von Konditionen, es „ist" ohne Bedingungen, es ist wahr. Es ist immer jetzt, und wir können es nur *jetzt* erfahren. Die spirituelle Dimension beschreibt die unzähligen Formen, in der die Essenz sich in uns zeigen kann. Essenz kann sich in einer der vielen Eigenschaften zeigen, die wir als wahre, menschliche Eigenschaften wahrnehmen: zum Beispiel als strahlende Freude, als Mut und Stärke, als Akzeptanz, als Frieden und Stille, als Zuversicht und Bodenständigkeit, als selbstlose Liebe und Güte, als Klarheit und

Objektivität, als Raum, als persönliche Liebe, als Demut, als Weisheit, als Menschlichkeit, als Intelligenz, als Wertschätzung, als Offenheit. Zuerst erleben wir es meist noch durch den „Filter" unserer Ich-Identität, wir erleben, dass wir Freude spüren oder dass wir offen sind oder dass wir in Frieden sind. Wenn wir gewohnt sind, uns als unzulänglich und unvollkommen zu erfahren, ist es ungewohnt, *diese* Eigenschaften der Essenz als unsere zu verstehen. Wir meinen oft, dass wir das, was uns fehlt, erarbeiten müssen. Wenn wir glauben, dass uns der Zugang zur Essenz fehlt, dann vermeiden wir in der Regel solche Erfahrungen. Wir können aber auch lernen, diese Situation mit Präsenz anzuschauen. Diese Praxis nennt sich „Selbsterforschung" – sie ermöglicht uns, die Gründe für den Mangel zu erfragen. Wenn wir üben, da präsent zu sein, wo uns bislang das Bewusstsein dafür fehlte, kann die fehlende Eigenschaft der Essenz sich wieder ausbreiten.

Wenn wir vertrauter werden mit der spirituellen Dimension, dann stellen wir erstaunt fest, dass diese bisher fehlenden Eigenschaften ohne Anstrengung in uns auftauchen. Wir können sie nicht produzieren. Nicht weil wir uns nicht genug anstrengen, sondern weil es Eigenschaften des Seins sind – und nicht des Tuns. Wir können Liebe nicht tun, wir können Vertrauen nicht erzwingen. Sie erscheinen nicht, weil wir moralisch von ihnen überzeugt sind, sondern weil unsere wahre Natur diese Eigenschaften zur Verfügung stellt. Wir können dankbar sein, dass sie uns gegeben werden, wie uns auch das Leben gegeben wurde. Diesen Reichtum zu erleben ist eine Gnade. Wir müssen ihn nicht verdienen, er ist ein Geschenk. Die Wirklichkeit der spirituellen Dimension wird tiefer und feiner, wenn man sie weiter durchdringt. Zuerst erleben wir die Essenz vielleicht in ihren einzelnen Eigenschaften in unserer Seele. Diese Eigenschaften können aber auch zusammen in einer bestimmten, intelligent angeordneten Struktur erscheinen. So kann sich zum Beispiel die Dimension der Führung[11] manifestieren. Alle Eigenschaften der Essenz verbinden sich, um die Person zu führen, um ihr die Eigenschaften zur Verfügung zu stellen, die gebraucht werden, um das innere Zuhause zu finden.

Die meisten Menschen begegnen der Essenz zuerst in Form einer inneren Erfahrung. Diese essenzielle Erfahrung spüren wir körperlich: Zuversicht im Bauch, Liebe im Herzen, Klarheit im Kopf etc. Wir erfahren uns als eine Person, die eine spirituelle Erfahrung macht, wobei wir den Körper als Bezugssystem begreifen.

Ab einem bestimmten Zeitpunkt betreten wir eine neue Dimension, wo die Orientierung „innen" und „außen" an Bedeutung verliert. Wir erfahren Essenz als etwas Grenzenloses, das nicht durch Körpergrenzen limitiert ist. Das erleben wir dann als Einheit, als Ganzheit. Wir nehmen keine Trennungen mehr wahr, und auch uns selbst nicht länger als getrennt. Essenz ist nun eine allumfassende, vollständige Erfahrung – eine universelle, kosmische Erfahrung.

Wahre Natur

Die grundlegende Erfahrung, die uns auf dem spirituellen Weg führt, ist die Erkenntnis, dass die Seele eine wahre Natur besitzt. Wir erfahren diese wahre Natur, wenn die Erfahrung nicht erzeugt oder erdacht ist, sondern spontan „erscheint". Sie ist das, was wir sind.

Wenn man eine direkte Erfahrung der wahren Natur gemacht hat, offenbart sich eine so tiefe Schönheit, eine Kostbarkeit, dass man alles tun möchte für diese Erfahrung. Es ist nicht einfach, in Worten auszudrücken, wie strahlend und magisch sich das anfühlen kann. Wenn du dir bewusst wirst, dass die Natur deiner Seele so prachtvoll und wertvoll ist, möchtest du dein ganzes Leben danach ausrichten.

Die wahre Natur verwandelt unsere Seele, unser Herz und unseren Verstand, sodass es möglich wird, dass wir sie als unsere eigentliche Natur erkennen. Es liegt in ihrer Natur, sich selbst zu offenbaren: Eine Präsenz aus Liebe, Güte und Klarheit, die es uns ermöglicht, durch ihre einfache Gegenwart Verwandlung geschehen zu lassen. Der Raum des Bewusstseins hat keine Grenzen. Die wahre Natur ist eine unermessliche Weite. Sie ist eine grenzenlose Präsenz, Bewusstsein, Einheit, Dynamik und Raum in einem.

Die wahre Natur ist es, die das Feuer unserer Suche entfacht, sie liefert im übertragenen Sinne den Treibstoff. Sie entfacht in uns die Liebe, mehr über unsere Wahrheit zu erfahren. Die Liebe motiviert uns, hinzuschauen und auch da hinzuschauen, wo wir bisher abgewehrt, etwas unterdrückt oder etwas versteckt haben. Aber bevor wir der Liebe zur Wahrheit in uns wirklich folgen können, müssen wir sie erst in uns erkennen.

Die erste Art des Erwachens passiert oft dann, wenn wir durch andere davon hören. Bevor wir uns auf den Weg nach Hause machen, brauchen wir oft jemanden, der den Weg bereits gegangen ist, der uns in das Geheimnis einweiht, das wir, ohne es zu ahnen, in uns tragen. Der Kontakt mit jemandem, der ein Stück des Weges gegangen ist, kann in uns das Verlangen erwecken, mutiger zu werden. Vielleicht passiert dieses erste Erwachen durch Worte, die ausreichen, um eine Resonanz in uns zu erzeugen.

Die zweite Art des Erwachens passiert, wenn wir flüchtige Eindrücke von der wahren Natur erleben. Wenn wir nicht nur von unserem Potenzial hören, sondern wenn wir tatsächlich eine essenzielle Erfahrung machen. Auch wenn es nur ein vorübergehender Einblick ist, öffnet uns dies. Wenn für einen Moment das Licht da ist, können wir vielleicht noch nicht alles erkennen, was es uns gezeigt hat, aber wir haben eine Einsicht bekommen. Einsicht ist eine erste „primitive" Erfahrung von Erleuchtung. Für einen Moment verschwinden die Schatten, und das Licht breitet sich aus. Für einen Moment erleben wir unser Bewusstsein. Es zeigt uns, dass wir etwas anderes sind als das, wofür wir uns gehalten haben.

Die dritte Art des Erwachens passiert, wenn wir eine direkte Erfahrung von unserer wahren Natur machen und erkennen, dass dies vollkommen anders ist, als das, was wir bisher über uns verstanden haben. Wir erfahren, dass die wahre Natur kein mentales Konstrukt ist, kein Gefühl, keine Erinnerung, sondern etwas Totales – ein Mysterium. Denn es ist nicht etwas, das wir tun oder kreieren. Wir realisieren, dass es wie ein Wunder ist, dass es das ist. Und es macht alles wundervoll.

Die vierte Art des Erwachens ist, dass wir uns selbst als wahre Natur erfahren. Nicht nur gibt es die wahre Natur, *ich bin* die wahre Natur – eine non-duale Erfahrung. Es bedeutet, zu realisieren, dass mein Wesen und die Essenz eins sind. Wir nennen dies auch „Selbstrealisierung". Das Licht erkennt sich selbst als Licht.

Die fünfte Art des Erwachens bringt die Erkenntnis, dass nicht nur mein Wesen und die Essenz identisch sind, sondern dass die wahre Natur das Wesen der gesamten Existenz ausmacht. Die Grenzen des Selbst lösen sich auf. Wir realisieren das Einssein der Existenz, eine unbegrenzte, endlose Präsenz. Wir sind der grenzenlose Raum. Diese Realisierung bringt uns dazu, die Non-Dualität und Grenzenlosigkeit in unserem täglichen Leben zu verkörpern.

2|

Die Geschichte von Viktor und dem verlorenen Schatz

Es gibt viele Wege ins innere Zuhause

Die Geschichte von Viktor und dem verlorenen Schatz

Es war einmal ein Mann namens Viktor. Er lebte in einer einfachen Hütte am Stadtrand neben einer Müllhalde, und er war sehr arm. Seine Arbeit bestand darin, dass er im Müll nach wiederverwertbaren Gegenständen suchte, die er dann für ein bisschen Geld verkaufte. So lebte er von der Hand in den Mund. Er fühlte sich so minderwertig, dass er sein Leben lang alleine blieb und sich nie traute, eine Frau anzusprechen, obwohl er das manchmal gerne getan hätte.

Eines Tages wachte er auf und wusste, dass er von einer Schatzkiste geträumt hatte. Er konnte sich genau erinnern, wo er diese Schatzkiste gesehen hatte, und zwar auf dem höchsten Gipfel des Landes unter einem Baum. Einen Moment war er versucht, sich aufzumachen und den Schatz zu suchen. Aber er sagte sich: „Ach, es ist nur ein Traum." Und er blieb in seiner Hütte am Rande der Müllhalde.

Genau ein Jahr später träumte er den gleichen Traum wieder. Auch diesmal blieb er, wo er war. Aber etwas veränderte sich dennoch. Er fing an, seine Arbeit anders einzuteilen, sodass er ein bisschen Geld zurücklegen konnte. Man könne nie wissen, wofür er das eines Tages brauchen werde, dachte er und buddelte ein Loch in den Boden seiner Hütte, wo er sein angespartes Geld sammelte.

So verging ein weiteres Jahr, und wieder träumte er den gleichen Traum. Diesmal entschloss er sich, den Schatz zu suchen. Zuerst wollte er sein angespartes Geld ausbuddeln, um seine Reise zu bezahlen, aber wieder dachte er sich, man könne nie wissen, wofür er das eines Tages brauchen werde, und er vertraute darauf, dass er auch unterwegs Möglichkeiten finden würde, für seinen Lebensunterhalt zu sorgen. Er machte sich auf den Weg und zog durch dunkle Wälder, in denen gefährliche Tiere lebten, und überquerte viele eisige und reißende Flüsse. Bis er schließlich zu dem Gebirge gelangte und dort den höchsten Gipfel des Landes bestieg.

Groß war seine Freude, als er an seinem Ziel angekommen war. Umso mehr, weil der Baum aus seinem Traum genau an der Stelle stand, von der er geträumt hatte, und der Baum tatsächlich genauso aussah wie der Baum aus seinem Traum. Doch etwas verwirrte ihn, denn unter dem Baum, wo er im Traum die Schatzkiste gesehen hatte, stand eine Sitzbank. Und auf der Bank saß eine junge Frau.

Er entschied sich zu warten, bis sie gehen würde, um danach unter der Bank nach dem Schatz suchen zu können. Die junge Frau schien es aber nicht eilig zu haben. Sie blieb den ganzen Tag, und abends legte sie sich auf die Bank und schlief. So vergingen drei Tage und drei Nächte, bis Viktor entschied, ihr von seinem Traum zu erzählen und von der langen Reise, die er auf sich genommen hatte. Er nahm allen Mut zusammen, ging auf sie zu und sagte: „Ich komme von weit her. Ich habe geträumt, dass hier unter diesem Baum ein Schatz auf mich wartet.“ Da schaute die Frau ihm entzückt in die Augen und sagte: „Ich bin dein Schatz, und ich sitze hier, weil ich geträumt habe, dass ein Mann mich hier abholt, mich liebt und zu sich nach Hause führt, wo unter der Erde seiner Hütte ein Schatz begraben liegt.“

In Viktor machten sich eine tiefe Ruhe und eine große Freude breit, er nahm die junge Frau an die Hand und führte sie in seine Hütte am Rande der Müllhalde.

Es gibt viele Wege ins innere Zuhause

Es gibt viele Geschichten von Menschen, die ihr Zuhause verlassen, um nach vielen Erfahrungen transformiert wieder zu Hause anzukommen. Im Grunde ist das eigentlich die Geschichte des Menschen in Kürze. Wir werden geboren in Einklang mit uns selbst, und ohne dass wir es bemerken, haben wir das alles irgendwann verlassen oder verloren. So geht es auch Viktor, er weiß nichts mehr über seine Herkunft, er fühlt sich arm, minderwertig, wertlos. Bis eine Vision ihn aufweckt. Obwohl er sich anfangs noch wehrt, folgt er der inneren Stimme. Er begibt sich auf eine große Reise. Erst am Ende versteht er, dass er nicht minderwertig ist. Viktor findet seine Liebe und seinen eigenen Wert. Er findet sein inneres Zuhause.

Das Feuer der Seele

Viktor hört auf eine innere Stimme, eine Intuition. Es ist, als ob ein Feuer in der Seele entfacht wird. Wenn wir dieser Intuition Gehör schenken, ermöglicht sie uns, etwas Radikales zu tun: die Routine zu verlassen. Es ist eine Art Rebellion. Rebellion nicht als soziales Phänomen, als Reaktion auf äußere Umstände. „Rebellion“ meint das Erwachen des Feuers in der Seele des Individuums[12]. Wenn die Seele erwacht, kann sie nicht anders, als ihrer Wahrheit zu folgen. Wenn die Seele erwacht, entsteht in ihr eine natürliche Intelligenz. Diese Intelligenz ist die Instanz der spirituellen Dimension, sie führt die Seele auf ihrem Weg nach Hause. Dieser innere Führer verursacht eine Art Reibung in der Auseinandersetzung mit den Idealisierungen, den Konzepten und den falschen Annahmen, die wir von uns haben.

Das Erwachen der spirituellen Dimension erweckt den rebellischen Geist. In der Geschichte der Menschheit waren es immer Rebellen, die sich vom Status Quo losgemacht haben, um sich selbst zu verwirklichen. So hat Buddha einen eigenen Weg gefunden, auch wenn er in einer Umgebung aufwuchs, die vom Hinduismus und Jainismus geprägt war.[13] Obwohl er ursprünglich als Yogi den Weg der Askese und der Entsagung ging, rebellierte er und gab diesen extremen Weg auf. Die Meditation zeigte ihm, dass der Verstand nur in den Extremen existieren kann, was *Dukkha*, Leid verursacht. Er fand eine Praxis, die er den „Weg der Mitte" nannte. Buddha sah sich weder als Gott noch als Vermittler einer göttlichen Lehre. Er erklärte, dass er durch Meditation zum Verständnis der Natur seines Geistes und der Natur aller Dinge gekommen sei. Er warnte vor Dogmatismus und appellierte an die Selbstverantwortung des Menschen. Und er mahnte eine Skepsis gegenüber dem geschriebenen Wort an.

Zur gleichen Zeit lebten in Griechenland einige Mystiker, die uns eher als Philosophen bekannt sind. Ihre Spiritualität ist ein frühes Beispiel für die mögliche Existenz einer spirituell-mystischen Ausrichtung außerhalb der Religion. Pythagoras und Heraklit gründeten Mysterienschulen. Sokrates hat die Praxis der Selbsterkundung gelehrt.[14] Er hinterfragt den Verstand mit der Aussage: „Ich weiß, dass ich nicht weiß."

Die sokratische Methode stellt das konzeptuelle Wissen infrage und führt uns an die direkte Erfahrung heran. Sokrates lehrte, dass wir die Wahrheit über das Essenzielle nicht von anderen erfahren können. Wir kommen nur über Selbst-Erinnerung zu diesem Wissen. Er sah, dass die Seele tiefere Dimensionen birgt, die uns mit dem Spirituellen verbinden. Er brach mit dem Status Quo seiner Zeit und wurde letztendlich zum Tode verurteilt.

Jesus von Nazareth rebellierte gegen die jüdische Tradition. Jesus bezeichnete sich als Sohn Gottes. Er sagte: „Ich bin der Weg, die Wahrheit und das Leben; niemand kommt zum Vater denn durch mich." Er zeigte damit, dass er ein Wegweiser für andere ist. Jesus beanspruchte den Weg zu Gott nicht für sich selbst, zu seinen Jüngern sagte er: „Ihr seid das Licht der Welt, ein Licht zündet man nicht an, um es unter den Scheffel zu stellen, sondern auf einen Leuchter, damit es allen Menschen im Haus leuchte."

Er wurde wegen seines Messiasanspruchs vom Hohen Rat schuldig gesprochen und dem römischen Statthalter Pilatus überstellt, der das Todesurteil durch das Kreuz vollstreckte.

Es gibt noch viele weitere Beispiele in der Geschichte, die zeigen, wie Mystiker sich rebellisch positionieren. Sie haben die Dogmen und Credos ihrer Zeit hinterfragt und sind den Weg gegangen, den ihre innere Führung aufgezeigt hat. Manche haben dafür mit dem Leben bezahlt.

Spiritualität und Religion

Der Rebell lebt individuell, sein Leben wird von seiner Intelligenz bestimmt. Nicht nur, dass er in Freiheit lebt, er erlaubt es auch jedem anderen, in Freiheit zu leben. Der Rebell lebt im Hier und Jetzt, er wird nicht von der Vergangenheit beherrscht. Trotzdem assoziieren wir Spiritualität oft mit Religion, mit Frömmigkeit, mit Mönchen, die in Armut und Enthaltsamkeit leben, abgeschieden und isoliert von der Welt. Religionen sind meist aus den spirituellen Erfahrungen von Mystikern entstanden. Der Mystiker kann zwar seine Lehre in Worten ausdrücken, aber wenn der Zuhörer dies zu wörtlich nimmt, wird sich diese ursprünglich lebendige Lehre irgendwann zu religiösen Dogmen, zu Lehrsätzen entwickeln. Oft werden diese Offenbarungen innerhalb der Religion zu religiösen Ideologien, in der die Offenheit und Freiheit, die gerade die „Offenbarung“ ermöglicht haben, verloren gegangen sind. Religionen haben die Spiritualität vereinnahmt. Weil die Seele hauptsächlich Gegenstand der Religion gewesen ist, setzen wir Spiritualität oft mit Religiosität gleich.

In letzter Zeit wird der Begriff Spiritualität mehr und mehr außerhalb eines religiösen Kontextes verwendet, wobei Spiritualität als die Wahrnehmung der Einheit der Wirklichkeit verstanden wird. Die direkte Erfahrung unseres Bewusstseins ist eine Erfahrung von Wahrhaftigkeit, Schönheit, Freude und Liebe. Man muss keiner religiösen Orientierung angehören, um diese Erfahrung zu machen.

Im 20. Jahrhundert entstand immer mehr eine Spiritualität, die losgelöst ist von einer religiösen Einordnung. Jiddu Krishnamurti (1895-1986) wurde ursprünglich durch die *Theosophische Gesellschaft* zum Weltlehrer einer neuen Religion erklärt. Er sagte sich aber von der Theosophischen Gesellschaft wieder los und verkündete eine Lehre der vollständigen Freiheit.[15] Er meinte, dass jeder selbst für seinen Weg verantwortlich sei. Keine Religion könne zur Wahrheit führen. Er erklärte: „Ich behaupte, dass die Wahrheit ein unwegsames Land ist und dass es keine Pfade gibt, die zu ihr hinführen – keine Religion, keine Sekten. Die Wahrheit ist grenzenlos, sie kann nicht konditioniert, sie kann nicht auf vorgegebenen Wegen erreicht werden." Obwohl er tausende Vorträge gehalten hat, wollte er nicht, dass so eine Theorie entsteht und betonte immer, dass man alles anzweifeln solle, was er sagte, die Wahrheit könne man nicht in Gedanken oder Schriften, sondern nur in sich selbst finden.

Osho, geboren in einer Familie, die der Jaina-Religion angehörte, rebellierte schon seit seiner Jugend gegen jede religiöse Zugehörigkeit.[16] Seine rebellische Haltung, die Erfahrung der Meditation und die Konfrontation mit dem Tod hatten einen tiefen Eindruck auf ihn. Die Erleuchtung geschah im Alter von 21 Jahren. Im Jahr 1970 fing er an, Schüler anzunehmen, er nannte sie „Sannyasins". Im Hinduismus ist das die Bezeichnung für Praktizierende, die in Entsagung leben, zölibatär und bettelnd. Er wollte zeigen, dass Spiritualität mitten im Leben möglich ist. Er gab damit dem Wort *Sannyas* eine neue Bedeutung. 1974 gründete er einen Ashram, ein Meditationszentrum im indischen Pune. Er gab jeden Tag Diskurse, und es kamen immer mehr Besucher, viele wurden Sannyasins. Er sprach in seinen Vorträgen über verschiedene Formen der Spiritualität und propagierte eine authentische Erfahrung von Spiritualität – ohne Zugehörigkeit zu einer Religion.

A. H. Almaas ist das Pseudonym von Hameed Ali, einem spirituellen Lehrer, der aus Kuwait stammt und im Alter von 18 Jahren in die USA auswanderte. Er entwickelte einen Ansatz von Spiritualität, der Praktiken der Weisheitstraditionen mit der westlichen Psychotherapie verbindet. Er nennt seine Lehre *„The Diamond Approach to Self-Realisation"*.[17] Der *Diamond Approach* ist ein tiefer Prozess der Transformation und ein lebendiger Ansatz, der sich immer weiterentwickelt. 1976 wurde die *Ridhwan Schule* gegründet, eine Schule der inneren Arbeit, die der Realisierung der wahren Natur gewidmet ist.

Man könnte den *Diamond Approach* eine Phänomenologie des Seins nennen, die Lehre beschreibt sehr genau die verschiedenen Aspekte und Dimensionen des Seins. Es sind Einflüsse des Sufismus, des Neoplatonismus, des Buddhismus und der modernen Psychologie zu erkennen. Zentrales Element ist die Selbsterforschung (Inquiry) und die Praxis der Präsenz. Der *Diamond Approach* steht nicht in irgendeiner religiösen Tradition.

Nachdem wir Beispiele einer Spiritualität angeschaut haben, die losgelöst von Religion existieren kann, bleibt noch die Frage: Kann Religion auch förderlich für die Spiritualität sein?

Es hat religiöse Traditionen gegeben, die sehr lebendig waren. So gab es zu Zeiten Nagarjunas im Norden Indiens die große buddhistische Nalanda-Universität, ein architektonisches Meisterwerk mit großen Meditationshallen, Seen und Parks, die über 10.000 Studenten und 2.000 Lehrer beherbergte. Die Studenten kamen aus Indien, Nepal, Tibet, Sri Lanka, China, Korea, Japan, Persien, Türkei. In 1193 n. Chr. wurde die Universität von einem muslimischen Usurpator komplett verwüstet.[18]

Auch die Zen-Tradition, eine spirituelle Ausrichtung vom Buddhismus und vom Daoismus geprägt, wurde von einem lebendigen Patriarchen an den nächsten weitergegeben, man nennt das die „Dharma-Übertragung". Es ist eine bis heute lebendige Tradition.[19] Man sagt, dass die wortlose Übertragung des Zen angefangen habe mit Buddhas berühmter „BlumenPredigt".

Buddha erschien mit einer Blume vor der Versammlung der Mönche. Nur sein Schüler Mahakashyapa lächelte, er verstand die Botschaft, und Buddha reichte ihm die Blume. Zen hat auf diese Weise viele menschliche Blüten zum Entfalten gebracht, aber dieses Erblühen muss immer wieder in der nächsten Generation aufgefrischt werden, sonst wird eine lebendige Religion zu einer toten Religion, in der das Verständnis der Lehre verloren geht. Man kann zwar in eine Religion hineingeboren werden, aber eine spirituelle Entfaltung kann nur in dir geboren werden, wenn du von einer inneren Führung inspiriert nach Hause findest.

Gott und Spiritualität

Man kann die spirituelle Dimension beschreiben, ohne das Wort Gott zu benutzen. Wir können sie „Essenz“ nennen, sie ist die authentische Präsenz von dem, was wir sind. Die spirituelle Dimension beschreibt das Formlose, das unsterblich ist. Manche meinen mit „Gott“ die Herrlichkeit und Reinheit der wahren Natur, ohne an einen Gott im Himmel zu denken. Göttlich bedeutet dann „aus dem Jenseits“, nicht aus der physischen Welt, nicht aus der mentalen Welt, nicht aus der Vergangenheit oder aus der Zeit. Unberührt, pur.

All diese Namen, die wir gefunden haben, um das Formlose zu beschreiben, sind letztlich Konzepte. „God is a concept by which we measure our pain“, singt John Lennon.[20] Göttliches Licht, Liebe, Buddhanatur, Essenz, die spirituelle Dimension, Heiliger Geist – sind alles Konzepte, Etiketten. Sie deuten auf etwas, das wahr, wirklich und formlos ist. Jede Art von Konzept versucht, das Formlose in eine Form zu geben und mit einem Namen zu bezeichnen. Der Weg ins innere Zuhause verlangt von uns, dass wir an einer bestimmten Stelle frei werden von Namen, Formen und Konzepten. Wir wollen nicht den Konzepten einer Religion oder einer spirituellen Schule entsprechen, sondern wir wollen unseren eigenen Weg nach Hause finden, uns an die eigene Wahrheit erinnern.

Es gibt einige Traditionen, die den spirituellen Weg als die Suche nach dem Göttlichen gesehen haben. Dies ist zum Beispiel im Sufismus[21] der Fall, der mystischen Dimension des Islam. Er bezieht sich auf das Eine, es gibt keinen Gott neben Gott. Sufismus wird verstanden als eine Heilung des Herzens, um dieses abzuwenden von allem außer

Gott. Die Sufis werden durch verschiedene Stationen geführt, bis sie in der Vereinigung mit Allah sind.

Im Hinduismus war vor allem im 15. und 16. Jahrhundert *Sant Mat*, der Weg der *Sants* (Meister), bekannt. *Sant* wird verstanden als jemand, der die ultimative Realität verwirklicht hat. Es bezieht sich auf Vertreter der *Bhakti*-Tradition, die den Weg nach Hause als einen Erlösungsweg in Form der Gottesliebe verstehen. Chaitanya, Mirabai[22] und Ramakrishna[23] sind einige Beispiele. Auch die *Bauls* von Bengalen[24] singen ihre Poesie als Ausdruck ihrer Liebe zum Göttlichen. Berühmte Dichter dieser Tradition sind Kabir[25], Mirabai und Lalla[26]. Auch Nanak Dev, der Begründer des *Sikhismus*, ist ein *Sant*. Es gibt Parallelen zur *Bhakti*-Bewegung bei den Sufis im Islam.

Meister Eckhart[27], der im 13. und 14. Jahrhundert lebte, wurde stark inspiriert von einer vom Neoplatonismus geprägten Schrift des Dyonisius aus dem sechsten Jahrhundert, die *Theologica Mystica*[28] hieß. Eckhart prägte den Begriff *Seelengrund*, als „Ort" in der menschlichen Seele, an dem Gott anwesend ist und die Vereinigung passieren kann. Das nannte er „Gottesgeburt", was nur möglich wird, wenn der Mensch ihm dafür Raum schafft und das entfernt, was im Wege steht.

Die Seele erkennt die Göttlichkeit ihrer eigenen Natur und findet so Gott in sich selbst. „Soll ich Gott erkennen, so muss Gott geradezu ich werden und ich geradezu er, so völlig eins", sagt Eckhart.

Führung

Jiddu Krishnamurti meinte, dass jeder für seinen Weg selbst verantwortlich sei. Es sei nicht möglich, von einer Religion, einem spirituellen Meister oder einer spirituellen Praxis zur Wahrheit geführt zu werden. Wenn man folge, sei man ein Imitator, man gehe höchstens den Weg eines anderen, aber das könne niemals der eigene Weg sein. Für Krishnamurti ist der Weg nach Hause also eine individuelle Erfahrung. Im Zen gibt es ein *Koan*, eine paradoxe Aussage, das das Thema so beschreibt: „Der Verstand kann nicht der Buddha werden, der Körper kann nicht der Buddha werden, nur das, was nicht der Buddha werden kann, kann der Buddha werden."

In ganz ähnlicher Weise lehrte auch der Philosoph Sokrates, dass wir die essenzielle Wahrheit nicht von außen erfahren, sondern nur in uns selbst erkennen können.

Trotzdem, meine ich, können ein lebendiger Meister, seine Gemeinschaft und die Lehre dabei helfen, die Orientierung auf dem Weg zum inneren Zuhause zu finden. Nicht um dem Weg eines anderen zu folgen. Aber wir können etwas über unsere eigene Wahrheit verstehen, wenn wir jemandem begegnen, der sein inneres Zuhause bereits gefunden hat. Durch die gemeinsame Bewegung in der Gemeinschaft, die einen lebendigen Meister umgibt, können wir voneinander lernen, uns selbst zu verstehen und unsere innere Führung finden. Durch die Orientierung an einer Lehre können wir zu einem Verständnis von unserer inneren Welt kommen.

Im Buddhismus nennt man das die „drei Juwelen der Zuflucht"[29]: Buddha (der Meister), *Sangha* (die Gemeinschaft) und *Dhamma* (die Lehre). Eine lebendige Mysterienschule kann wie ein Trittstein sein, es wird dir nicht deine Erleuchtung garantieren, aber die vielen Trittsteine machen es möglich, deine eigenen Schritte zu finden. Nur wenn der Verstand aufhört, dir die falschen Antworten zu geben, kannst du in dich hineinhorchen und die Antwort deiner wahren Natur hören.

Ein spiritueller Lehrer, eine Mysterienschule und ein Ansatz für Selbstverwirklichung können da sehr unterstützend sein. Traditionen sind nicht nutzlos, entscheidend ist die innere Haltung, mit der man sich innerhalb dieser Tradition bewegt.

Wenn du versuchst, das Wesentliche an der Tradition zu erspüren, wenn du dein Herz öffnest und etwas in dir in Resonanz gehen kann, dann wird deine Seele irgendwann erblühen. Der Same war schon immer da, die Blume hat geduldig gewartet, bis die Zeit der Entfaltung gekommen ist.

Gott und die Welt

Der Hinduismus, aber auch andere Religionen, die aus ihm hervorgegangen sind, kennt das Konzept von *Maya*[30]. *Maya* bedeutet Illusion, Täuschung. Es beschreibt die Illusion, die entsteht, wenn wir meinen, die Welt mit unserem Denken zu erkennen. Wir können dadurch das *Brahman*, die absolute Wahrheit, nicht erkennen und leben in Ignoranz. In verschiedenen Religionen ist so eine Abkehr von der Welt entstanden, als würde das Weltliche ein Hindernis für die Verwirklichung des Göttlichen sein. Mönche haben sich abgesondert von der Welt, um sich auf das Spirituelle zu konzentrieren.

Ich meine, diese Vorgehensweise deutet auf ein Missverständnis von Spiritualität hin. Es basiert auf einer Spaltung von Gott und der Welt. Als würden Gott und die Welt sich gegenseitig ausschließen. Es gibt aber keinen Zwiespalt zwischen Gott und der Welt. Die Welt ist der sichtbar gewordene Gott, das Formlose erscheint in der Form. Die Welt ist nicht das Problem, der Zwiespalt ist es. Man sagt, die Welt sei *Maya*, Illusion. Aber nicht die Welt ist ursächlich für die Illusion, sondern der Verstand, der spaltet. Die Illusion ist nicht aufgehoben, wenn man sich aus der Welt zurückzieht, die Illusion wird aufgelöst, wenn man sich von dem Verstand zurückziehen kann.

Wir können sinnbildlich die Mauern des Klosters niederreißen und die ganze Welt als Kloster, als Praxis, als spirituellen Tempel sehen. So wird das Leben ein großer Tempel, ein Heiligtum ohne Mauern. Mit diesem Verständnis ist Spiritualität kein Aussteigen aus der Welt mehr. Spiritualität ist eine Auseinandersetzung mit der realen Welt, die eine Transformation des Selbst möglich macht, und ein Leben, das durch innere Werte wie Achtsamkeit, Mitgefühl, Klarheit, Vertrauen, Authentizität, Liebe und Gelassenheit getragen wird. Es ist verlockend, sich an den transzendenten Zustand zu klammern, um von der Welt und ihrem Leiden weg zu sein.

Wenn sich unsere Erkenntnis vertieft, sehen wir jedoch, dass wir uns nicht wirklich von den Schmerzen und Leiden anderer trennen können. Wir sind alle miteinander verbunden, und das Leiden der Welt ist unser eigenes Leiden. Wenn wir, bildlich gesprochen, die Bergspitze verlassen und in die Welt zurückkehren, erfüllen wir unser Leben und werden authentische, zugewandte Menschen, die zum Wohle aller Wesen arbeiten.

Spiritualität und der Körper

Religionen haben uns beigebracht, gegen den Körper zu kämpfen, gegen den Hunger, gegen die Lust, gegen die Sinnlichkeit, gegen den Instinkt, gegen den Sexualtrieb. So haben Millionen Menschen den Körper abgelehnt, um das Spirituelle zu erreichen. Aber alles, was sie damit erreicht haben, sind Leid, Schmerz, Ernsthaftigkeit, Dummheit. Dabei ist es ganz offensichtlich: Eine wahre Spiritualität kann nicht gegen das Leben sein. Kontrolle ist nicht der Weg zur Spiritualität, sondern Erkenntnis.

Wie kann der Geist der Meister des Körpers sein? Schon die Idee, Geist und Körper wären unterschiedlich, ist falsch. Du bist eine Einheit. Wenn man jenseits der Dualität von Körper und Geist schaut, kann man sehen, dass der Körper das manifestierte Spirituelle ist – und dass das Spirituelle der unmanifestierte Körper ist. Der Körper kann nicht ohne die Seele leben, die Seele braucht den Körper, um sich zu erfahren. Die Spaltung zwischen Körper und Seele ist eine große Last für das menschliche Herz. Man kann Spiritualität leben und auf der materiellen Ebene funktionieren. Beide Aspekte können sich Hand in Hand bewegen.

Wir können uns am Leben beteiligen. Wir können unsere Körper genießen, wir können köstliche Mahlzeiten zubereiten, wir können in der Sexualität eine Lebendigkeit und eine Befriedigung finden, wir können Häuser bauen, Gemüse anbauen, uns einsetzen gegen die Armut, uns der Heilung von Krankheiten widmen, wir können uns darum kümmern, das ökologische Gleichgewicht zu bewahren. Der Spiritualität wird all das zugutekommen. Im Grunde gibt es diese zwei Kategorien nicht, denn das Spirituelle bedeutet das Zentrum deines

Wesens, das Materielle die Peripherie. Die Welt ist der sichtbare Körper der Existenz, der sichtbare Teil des Universums. Der unsichtbare Teil des Universums ist das, was man fühlen kann – die Schönheit einer Blume, die Glückseligkeit der Stille, die Ekstase im Erfahren des eigenen Wesens.

Es gibt auch die weit verbreitete Vorstellung, wonach Spiritualität und Armut zusammengehören. Als müsste ein spiritueller Mensch auf Besitz verzichten. In vielen Traditionen sind Mönche Bettler. Spiritualität bedeutet aber nicht die Entsagung von Besitz, sondern die Freiheit von Besitzgier. Man kann sich nicht von der Besitzgier durch ein Leben in Armut befreien. Ein Bettler ist nicht frei von Besitzgier, weil er bettelt. Freiheit geschieht in einem Herzen, das nichts mehr verlangt, das versteht, dass es nichts festhalten kann, dass alles immer in Bewegung ist, dass alles, was gekommen ist, auch wieder gehen muss.

Spiritualität und Gender

Eine Spaltung, die auch die Spiritualität betrifft, ist die zwischen Mann und Frau. Die Geschichte der Spiritualität beschreibt fast nur Beispiele von Männern, die sich selbst verwirklicht haben. Es scheint, als wären Frauen nicht nur in der materiellen Welt schlechter gestellt, sondern auch in der Welt der Spiritualität unbedeutend.

Haben die Männer, die aus der Welt der Dualität aufgewacht sind, zugelassen, dass die Hälfte der Menschheit ausgebeutet, unterdrückt und missbraucht wird? Buddha hat den „mittleren Weg" schon vor 2500 Jahren gelehrt, trotzdem gibt es noch viel Ungleichheit zwischen den Geschlechtern – auch im Buddhismus. Es gibt leider immer wieder Beispiele von spirituellen „Meistern", die ihre Schülerinnen missbrauchen und damit viel Schaden, Schmerz, Verletzung und Verwirrung anrichten.

Es würde sicherlich viel mehr Frauen geben, die sich auf den Weg in ihr inneres Zuhause begeben, wenn Männer es zuließen. Männer haben Frauen durch die Jahrhunderte hindurch als zweitklassige

Spezies behandelt, sie haben sie versklavt, sie haben von Frauen Gehorsam verlangt und sie für ihre sexuellen Bedürfnisse missbraucht.

Frauen wurden und werden davon abgehalten, sich zu bilden, sich frei zu bewegen, sich zu zeigen. Sie sind in vielen Fällen von der religiösen oder spirituellen Bildung ausgeschlossen. Weibliche Priester sind in den meisten Religionen nicht erlaubt. Weibliche Genitalien werden in vielen Kulturen verstümmelt. Unter solchen Umständen ist es Frauen fast nicht möglich, sich selbst zu verwirklichen.

Natürlich haben Frauen das gleiche Potenzial zur Verwirklichung wie Männer. Es gibt Beispiele in der Geschichte, die belegen, dass Frauen trotz Unterdrückung erwacht sind. Wenn wir diese Geschichten hören, fällt auf, dass Frauen eine eigene Art haben, ihre Erfahrung zu teilen. Auch wenn Frauen und Männer, die nach Hause kommen, den gleichen Ursprung finden, haben Frauen diese Erfahrung oft anders geteilt.

Männer haben oft Worte bemüht, um diese Erfahrung auszudrükken. Frauen teilen ihre Erfahrung meist auf eine ganz andere Art mit, nämlich über ihre Präsenz, ihr Herz, ihre Liebe, ihre Hingabe, ihr Gebet, ihre Verehrung, ihre Anmut durch Tanz, durch Gesang, durch eine Explosion von Ekstase und Freude. Es ist eine andere Art, sich auszudrücken, die vielleicht sogar näher an der Erfahrung ist.

Unter den vielen Sufi-Derwischen gibt es eine Frau, die legendäre Mystikerin Rabia Al Adawiyya[31]. Sie lebte im achten Jahrhundert nach Christus. Sie prägte die Lehre der mystischen Liebe zu Gott, die *Ishq* genannt wird. Die göttliche Liebe, die Liebe zur Wahrheit, *Ishq-e-Haqeeqi,* wurde die Grundlage für ihre Selbsterkundung. Die Selbsterkundung ermöglichte ihr zu differenzieren, wann sie, um Angst zu vermeiden, in einer ablehnenden Haltung war, und wann sie in einer verlangenden Haltung war, um nach dem Glück zu greifen. Sie lernte durch die Liebe zur Wahrheit *(Ishq)*, jeden Moment so anzunehmen, wie er kommt, ohne eine Haltung von Ablehnung oder Verlangen einzunehmen. Sie betete: „Oh Herr! Wenn ich Dich aus Angst vor der Hölle anbete, dann verbrenne mich dort, und wenn ich Dich in der Hoffnung auf das Paradies anbete, dann schließe mich dort aus. Doch wenn ich Dich aus Liebe zu Dir selbst anbete, entziehe mir nicht Deine göttliche Schönheit."

Es gab eine Strömung im Hinduismus, in der die Frau mit Respekt behandelt wurde. Eng verwandt mit dem Yoga entstand die Tantra-Tradition[32] und der Shaktismus. Diese Orientierung bezieht sich auf die Verehrung weiblicher Götter. Shakti wird als die weibliche Urkraft des Universums betrachtet. Gorakhnath[33]der als Begründer des Hatha Yoga gilt, lehrte eine Form von Tantra. Er legte Wert auf die Verehrung Shaktis und deswegen auf die Verehrung der Frau. Tantra ist für ihn ein Weg der Nicht-Dualität, das bedeutet, dass nichts im Leben abgelehnt werden soll. Tantra strebe nach Befreiung mitten im Leben, es nutze alle Potenziale des Lebens, emotionale, intellektuelle, sexuelle und spirituelle, um die volle Entfaltung des Bewusstseins zu erlangen.

In der Tradition von Gorakhnath gab es viele sogenannte Yoginis, Frauen, die diese Tradition praktizierten. Tantra hat auch den Buddhismus beeinflusst. Der „tantrischer Buddhismus" wird *Vajrayana* genannt. Als einer der Begründer gilt Saraha[34], der als hinduistischer Brahmane geboren wurde, aber an der buddhistischen Universität Nalanda studierte. Er gilt auch als Begründer des indisch-tibetischen *Mahamudra*, eine dem Zen ähnliche meditative Praxis. Obwohl man sich in erster Linie an Sarahas Namen erinnert, waren seine zwei wichtigsten Meister und Gemahlinnen Frauen, deren Namen nicht überliefert sind.

Wenn wir uns mit den Ursprüngen der tibetischen Tantra-Tradition befassen, dann sehen wir, dass nicht nur Saraha, sondern auch Padmasambhava[35] und Tilopa[36] weibliche Meister kannten. So ähnlich ist es auch bei den anderen Gründervätern des *Vajrayana*: Auch wenn oft angenommen wird, dass die Entwicklung des tantrischen Buddhismus das Werk von Männern sei, gibt es Belege, dass diese Entwicklung von vielen weiblichen Meisterinnen geprägt war. Frauen haben alle Tiefen der Praxis gemeistert und als Meisterinnen ihre Einsichten weitergegeben[37].

Die Bewegungen des Tantra im Buddhismus und im Hinduismus haben zusammen mit der zur gleichen Zeit auftretenden Bewegung des *Bhakti* und des *Sant Mat* in Indien, Frauen die Teilnahme an spiritueller Praxis ermöglicht. Sie haben die spirituelle Praxis im mittelalterlichen Indien und Tibet grundlegend verändert. Lalla oder Lalleshwari, wie sie auch genannt wird, lebte im zwölften Jahrhundert, sie war eine Bhakti-Mystikerin aus Kaschmir[38]. Ein Kaschmiri Sprichwort sagt: „Kaschmir kennt nur zwei Namen, Allah und Lalla." Sie drückte ihre spirituelle Hingabe in Poesie aus, in der sie ihre mystischen Erfahrungen schilderte. Sie war auch in Kontakt mit den Sufis in Kaschmir. Lalla hat alles, was sie besaß, aufgegeben – selbst ihre Kleidung; sie lebte nackt. Es gibt noch einige andere Beispiele von verwirklichten Frauen aus der Bhakti-Tradition, Mirabai[39], Sahajo[40] und Daya[41]. Sie sind berühmt für ihre tiefgründige Poesie.

Eine der prominentesten Frauen des 20. Jahrhundert, die als „die perfekteste Blume, die Indien hervorgebracht hat", beschrieben wurde, war Anandamayi Ma[42]. Sie hatte eine charismatische Ausstrahlung, und Tausende Menschen pilgerten zu ihr, um ihre Führung zu empfangen oder in ihrer Präsenz zu verweilen. Geboren in Bengalen, begann mit 21 Jahren ihre sechsjährige *Sadhana* – ihre spirituelle Suche. Sie hatte keinen Lehrer, ihre *Sadhana* entfaltete sich spontan aus ihr heraus, dabei sprach sie bestimmte Mantren; sie tanzte, meditierte und machte Yoga-Übungen. Nach drei Jahren verweilte sie immer mehr in Stille, Übungen waren überflüssig geworden.

Nach ihrer Erleuchtung reiste sie fünfzig Jahre lang durch den indischen Subkontinent und gründete 28 Ashrams, Orte der spirituellen Praxis. Sie sagte, dass ihr Bewusstsein sich nie mit ihrem Körper identifiziert habe. Sie sei dieselbe vor ihrer Geburt gewesen und sei immer dieselbe geblieben. Sie lehrte, dass es die höchste Berufung eines jeden Menschen sei, sich selbst zu verwirklichen. Sie befürwortete nicht eine Methode für alle. Wir dürften das Unendliche nicht begrenzen mit der Idee, dass es einen Weg für alle gebe. Sie lehrte die Einheit aller Religionen und wurde von Hindus, Jainas, Moslems, Buddhisten, Christen, Sikhs und Parsen verehrt. Sie plädierte für spirituelle Gleichwertigkeit von Frauen. Sie starb im Jahr 1982 im Alter von 86 Jahren.

Spiritualität und Psychologie

In der westlichen Zivilisation sind die Bereiche der Psychologie, der Religion und der Wissenschaft voneinander getrennte Fachbereiche. Die Psychologie studiert das Selbst, die Religion studiert Gott und die Wissenschaft studiert die Welt. Spiritualität verweist auf eine Zusammengehörigkeit zwischen dem Selbst, Gott und der Welt.

Die westliche Sichtweise bringt eine Abkopplung der spirituell empfundenen Ganzheit mit sich. In diesem Verständnis kommt es schnell zu einer Spaltung, die auf jeder Ebene als Verlust spürbar ist. Eine Religion, die sich vom Weltlichen und vom Körperlichen abwendet, befremdet uns. Wir spüren auch eine gewisse Enttäuschung über die Begrenztheit der Wissenschaft und der Technologie, wenn es um die Befriedigung der tieferen Bedürfnisse der Menschen geht. Wir fühlen uns von einer Psychologie, die beabsichtigt, Konflikte auf der psychologischen Ebene mit dem Verstand zu lösen, in der Tiefe unserer Essenz nicht verstanden.

Die altgriechischen Philosophen betrachteten die Psyche noch im ganzheitlichen Sinne von „Seele als dem Ort unseres subjektiven Erlebens“, was den Verstand, das Herz, das Spirituelle und das Bewusstsein beinhaltet. Das griechische Wort „Psyche“ bedeutet Seele. Von daher sollte die Psychologie eigentlich die Wissenschaft der Seele sein.

In der westlichen Welt ist die Psychologie aber vor allem die Wissenschaft des (Ego-)Selbst geworden. Nach Freuds Auffassung sind unsere Handlungen begründet in psychischen Motiven. Er bezeichnet „Psyche“ als das System, in dem Wahrnehmung und Denken gründen. Die Psychologie ist eine Wissenschaft geworden, die gewissermaßen ihre Seele verloren hat, sie hat sich zwar sehr weit entwickelt, um das Ego zu beschreiben, aber die spirituelle Dimension ist in der Psychologie nach meinem Dafürhalten völlig unterrepräsentiert. Auf ähnliche Weise scheint der Religion ihr Selbst abhandengekommen zu sein. Die Religion hat sich vom Materiellen, von der Welt abgewendet, sodass viele Menschen dort keine Antworten auf ihre alltäglichen, weltlichen und psychologischen Fragen mehr gefunden haben.

Im 20. Jahrhundert wuchs immer mehr das Verständnis dafür, dass es eben diese Spaltung ist, die Leid verursacht. Allmählich dringt der spirituelle Ansatz auch in der Psychologie durch. Es entsteht die Erkenntnis, dass Meditation und Achtsamkeit eine entscheidende Rolle in psychotherapeutischen Prozessen spielen können. Auch in therapeutischen Prozessen wird mehr und mehr die Spiritualität als Ressource anerkannt. Trotzdem kann man immer noch ein Psychologie-Studium absolvieren, ohne je mit Spiritualität in Berührung gekommen zu sein.

Dabei könnten beide Ansätze sehr voneinander profitieren. Viele Erkenntnisse ergänzen sich, und vieles wird auf einer tieferen Ebene verständlich, wenn beide Ansätze sich begegnen. Auch die Spiritualität profitiert von der Psychologie. Zum Beispiel hat die Psychologie eine sehr genaue Beschreibung von der Entwicklung des Egos gefunden. Dieses Verständnis ist auf dem spirituellen Weg sehr hilfreich.

Osho hat in seiner Mysterienschule eine Begegnung und gegenseitige Wechselbeziehung der östlichen Praxis der Meditation und Selbsterforschung mit den Methoden der modernen, westlichen Psychotherapie ermöglicht. A. H. Almaas versteht seinen Ansatz zu Selbstrealisierung, als Synthese zwischen den spirituellen und psychologischen Domänen der Erfahrung.

Genpo Merzel, ein amerikanischer Zen-Meister, hat den *„Big Mind Process"*[43] geschaffen, eine Synthese aus Zen und *„Voice Dialogue"*. Statt jahrelanger, mühsamer Meditationspraxis scheint diese Methode sehr direkt zu wirken. Sie erlaubt der Person, aus dem Ego herauszutreten und eine Erfahrung von „universellem Geist" zu machen.

Ken Wilber nannte den *„Big Mind Prozess"* die wichtigste und originellste Entdeckung in den letzten zwei Jahrhunderten des Buddhismus. Und Jon Kabatt-Zinn[44], der die Achtsamkeitspraxis als Methode der Stress-Reduktion in der Medizin und der Psychotherapie entwikkelte, hat als Student unter anderem bei Thích Nhât Hanh und anderen buddhistischen Lehrern gelernt.

Dies sind nur einige Beispiele dafür, dass die strikte Trennung, die zwischen der Psychologie und der Spiritualität bestand, sich in eine gegenseitige Durchdringung verwandelt. Es ist zu erwarten, dass sich diese Tendenz im 21. Jahrhundert weiter fortsetzen wird.

Spiritualität und Wissenschaft

Eine weitere Spaltung gibt es zwischen Wissenschaft und Religion. Die Wissenschaft hat sich während der Renaissance von der Religion wegbewegt, als sich der Humanismus entwickelte, der ein Studium außerhalb der religiösen Zusammenhänge forderte. Das theozentrische Weltbild des Mittelalters wurde von einer stärker anthropozentrischen Sicht abgelöst. Es entstand das Bedürfnis nach einer Entwicklung einer wissenschaftlichen Ausrichtung, die sich von den dogmatischen Standpunkten der Religion freimachen konnte.

René Descartes war einer der prägenden Figuren dieser Zeit. Er war verantwortlich für die Entkopplung von Gott, Seele und Welt. Er reduzierte das Wissen auf das Funktionieren des rationalen Verstandes. Doch die Entwicklung des logischen, rationalen Verstandes führte zu einer Abkopplung von der puren Präsenz, was auch zum Verlust von dem führte, was die alten Griechen *Nous* nannten, die direkte, grundlegende Weisheit, die unmittelbar aus der Präsenz entsteht. Auf diese Art wurde der Westen gewissermaßen abgekoppelt von der Einheit des Seins.

Descartes trennte in seiner Erkenntnistheorie Subjekt und Objekt. So war es möglich, wissenschaftlich vorzugehen, das Subjekt studierte die Objekte und die externe Realität – aber auf Kosten des Einsseins. Descartes glaubte, dass wir unser Wesen durch Schlussfolgerungen, durch den Verstand erforschen können.

Sein berühmtes Credo *cogito ergo sum – ich denke, also bin ich,* entkoppelte – theoretisch – das Bewusstsein von der Welt. Bewusstsein wurde jetzt Subjektivität genannt. Die Welt war plötzlich totes Material, das nach den Gesetzen von Ursache und Wirkung funktioniert.

Genauso wie das Mittelalter mit seiner Dogmatik von der Renaissance abgelöst wurde, findet jetzt auch eine Entwicklung statt, in der die Dualität, die aus der Abkopplung von Seele, Gott und der Welt entstanden ist, nach einer neuen Integration sucht. Integration bedeutet nicht den Verlust der gewonnenen Individualität.

Wissenschaft, Psychologie und Spiritualität können sehr gut in einer Verbindung weiter existieren, wenn sie als verschiedene Facetten einer grundlegenden Wahrheit und Einheit verstanden werden. Dann kann die Psychologie von Einsichten aus der Wissenschaft und der Spiritualität profitieren, und genauso können andere Fachbereiche voneinander profitieren, ohne sich vom Boden eines alles verbindenden und fundamentalen Bewusstseins des Seins zu lösen. Wir können uns für das Ökosystem unserer Erde durch intelligente, wissenschaftliche Entwicklungen einsetzen und zugleich unsere spirituelle Präsenz realisieren. Wir können die psychologischen Verstrickungen, in die wir geraten, besser sortieren, wenn wir uns mit Achtsamkeit und Mitgefühl begegnen und die Bedürfnisse unseres Körpers nicht außer Acht lassen. Jede Spaltung, die in uns zur Integration führt, erlaubt es uns, auch gegenüber anderen Menschen eine größere Offenheit und Verbundenheit zu leben.

Spiritualität im 21. Jahrhundert

Jede Zeit hat ihre eigene Gestaltungsform der Spiritualität gefunden. Im 21. Jahrhundert entsteht, wie angedeutet, eine neue Vision der Spiritualität, die auf der Integration dessen beruht, was in der Vergangenheit getrennt war. Der moderne Mensch erlebt eine Spiritualität, die sich von der Zugehörigkeit zu einer Religion gelöst hat. Man kann sich aus verschiedenen Quellen, aus unterschiedlichen mystischen Traditionen, von verschiedenen Lehrern und Lehren inspirieren lassen, ohne dogmatisch zu werden. Einsichten aus der Psychologie und der Wissenschaft beeinflussen den Weg ins innere Zuhause.

Man lebt Spiritualität mitten im Leben, die ganze Welt wird als spiritueller Tempel betrachtet, und trotzdem gibt es das Bewusstsein, dass alles in der Welt vergänglich ist. Das Leben ist, bildlich gesprochen, der alchemistische Kochtopf, in dem die Rohmetalle zum Gold der Wahrheit werden. Der Körper und die Sexualität haben einen zentralen Platz im Leben und im Erleben von Spiritualität. In Beziehungen lernen wir, an der Liebe zu wachsen, Mann und Frau können sich mit gegenseitigem Respekt begegnen. Man kann Zuflucht suchen bei einem Lehrer, in einer spirituellen Schule oder Gemeinschaft oder in einer spirituellen Orientierung.

Es gibt genauso viele Wege nach Hause wie es Menschen gibt. In meiner Wahrnehmung breitet sich diese Einsicht in diesem Jahrhundert mehr und mehr aus. Die Existenz hat eine unendliche Vielfalt. Wir dürfen das Unendliche nicht begrenzen durch den Glauben, dass es *einen* Weg für alle gebe. Es gibt viele Wege ins innere Zuhause.

3

Die Geschichte von Najim und Khidr

Rückkehr aus dem Exil

Die Geschichte von Najim und Khidr

Es war einmal ein Prinz mit Namen Kadir, das bedeutet „der Mächtige“ oder „der Stolze“. Er musste in jungen Jahren ganz plötzlich die Rechte und Pflichten eines Herrschers übernehmen, weil sein Vater, der König, gestorben war. Bevor er den Thron besteigen würde, wollte der Prinz aber eine Frau finden, die er zu seiner Königin machen konnte. Es wurden ihm reiche und schöne Prinzessinnen vorgeführt, aber es gab eine unter ihnen, die seine Liebe besonders entfachte – Rahima, das heißt „die Barmherzige“ –, und so wurde sie seine Frau. Kurz nach der Hochzeit bestieg er den Thron seines Landes und wurde fortan König Kadir genannt.

Der König wünschte sich sehnlichst einen Thronfolger, aber immer wieder wurden er und Königin Rahima enttäuscht, weil eine Schwangerschaft auf sich warten ließ. So gingen sieben Jahre dahin, bis sie irgendwann sehr erfreut waren, als die Königin endlich ein Kind erwartete. Sie konnten den Tag der Geburt kaum abwarten und freuten sich sehr, als die Königin einen Prinzen zur Welt brachte. Sie nannten ihn Prinz Malik, was „der barmherzige Herrscher“ bedeutet.

Die Königin war aber seit ihrer Kindheit von einer seltsamen Krankheit belastet, und die Geburt des Prinzen war eine Herausforderung für ihre Gesundheit gewesen, sodass die Ärzte ihr empfahlen, keine weiteren Kinder zu bekommen. Die Königin war sehr traurig, aber der König liebte sie so sehr, dass er ihr versprach, seine Lust zu zügeln, damit sie gesund bliebe. Dies schätzte die Königin sehr, und sie fühlte sich ihrem Mann gegenüber in der Pflicht, eine besonders gute Frau zu sein, gerade weil sie ihm ihre körperliche Liebe nicht mehr geben konnte.

So gingen wieder sieben Jahre vorbei, bis der König sich doch einmal nicht zurückhalten konnte und die Königin schwanger wurde. Diesmal hatten beide sehr gemischte Gefühle über die Schwangerschaft. Sie freuten sich einerseits ein zweites Kind zu bekommen, andererseits bedeutete die Geburt ein hohes Risiko für die Gesundheit der Königin – und womöglich für ihr Leben. Der König machte sich große Vorwürfe, seine geliebte Frau in Gefahr gebracht zu haben, und verknüpfte das Ereignis und somit das Kind mit seinem Kontrollverlust.

Sie beschlossen, eine Seherin zurate zu ziehen. Die Seherin erzählte dem verzweifelten Königspaar, dass die Königin tatsächlich gesundheitliche Komplikationen durch die Geburt erleiden werde, aber sterben werde sie an den Folgen nicht, es werde nur eine längere Krankheitsphase zu durchstehen sein. Die Seherin eröffnete dem staunenden Königspaar auch etwas über das Kind, welches sie erwarteten. Sie sagte, es sei ein Junge und dieser Prinz sei ein Kind des Himmels und es bringe das Licht der Sterne auf die Erde, es werde später vielen Menschen den Weg nach Hause beleuchten.

So geschah es. Als der neue Prinz nach der Geburt das erste Mal die Augen öffnete und seine Mutter, die Königin, anstrahlte, sah sie das Licht der Sterne in seinen Augen und nannte ihn Prinz Najim, das bedeutet „der Stern“. Die Königin war sehr geschwächt durch die Geburt, und obwohl sie den kleinen Najim sehr liebte, wurde sie bald von ihm getrennt. Eine Kammerdienerin versorgte ihn, aber zu ihr konnte er keine Bindung aufbauen. So wuchs der kleine Prinz Najim ohne den Halt und die Fürsorge seiner Mutter auf. Der König sah aber in Prinz Najim immer noch das Sinnbild seiner Zügellosigkeit und den Grund für die Erkrankung seiner geliebten Frau. Und über die Jahre wurde er durch die Unterdrückung seiner Lust immer wütender, und das bekam vor allem der kleine Prinz zu spüren.

Aus dem Sternenkind Najim wurde schon bald ein kleiner Junge, der versuchte, das Ungleichgewicht in der Familie auszugleichen. Er versuchte, seine Mutter zu entlasten, und stellte seine Bedürfnisse zurück. Er versuchte, ihr Leid durch gute Laune zu mildern. Vor seinem Vater hatte er Angst, und ging auf Distanz zu ihm, und negierte auch seine eigene Wut und Wehrhaftigkeit. Zu seinem größeren Bruder Malik konnte Najim keine Bindung aufbauen, die ihn getröstet und gestärkt hätte, da dieser schon früh in die Aufgaben eines zukünftigen Königs eingeführt wurde. Die beiden sahen sich selten. So wurde aus Najim ein nach innen gekehrtes, stilles Kind, und er verlor mehr und mehr den Kontakt zu dem Sternenlicht, mit dem er auf die Welt gekommen war. Er verlor die Verbindung zu seinem inneren Wert und fühlte sich unzulänglich.

Weitere sieben Jahre vergingen, und Königin Rahima erholte sich trotz der Prophezeiung der Seherin nicht von ihrer Krankheit. Der König wurde immer zorniger und machte Prinz Najim für das Leiden seiner Frau verantwortlich. „Wenn du nicht wärst, würde deine Mutter heute noch bei guter Gesundheit sein", sagte er einmal zu seinem Sohn. Und irgendwann entstand in ihm die Idee, seinen Sohn in ein anderes Land zu verbannen. Vielleicht würde das seine Frau gesund machen, und wenn nicht, würde es auf jeden Fall ihn, den König, davon befreien, immer wieder an sein Versagen erinnert zu werden.

Der König veranlasste, dass der kleine Prinz Najim in ein anderes Land gebracht wurde. Seiner Frau erzählte er, dass ihr Sohn im Wald von einem Tiger gerissen worden sei. Er wollte aber sichergehen, dass Najim seine Herkunft vergaß, um auf jeden Fall eine Heimkehr auszuschließen. So befahl er dem Hof-Hypnotiseur, Najim in eine Art Trance zu versetzen, sodass er sich seiner Herkunft nicht erinnern würde. Der Hypnotiseur erklärte, dass dies leicht machbar sei, aber dass *Khidr*, der mysteriöse Führer der Sufis, der immer in ein grünes Gewand gekleidet war, die Macht habe, die Hypnose ungeschehen zu machen. „Dann soll eben eine Kompanie Soldaten dafür sorgen, dass keine grünen Männchen zu ihm durchdringen!", befahl der König. Und so wuchs Najim, der zweite Sohn des Königs, ab seinem siebten Lebensjahr in einer einfachen Familie auf, und er bekam den Namen Batin, was „der Verborgene" heißt. Seine neue Familie wusste nichts über seine königliche Herkunft, sie lebten in der Annahme, dass Batin ein Waisenkind sei. Batin wurde liebevoll aufgenommen und versorgt, und besuchte mit anderen Kindern die Schule. Da Batin ein aufgeweckter Junge war, fiel ihm der Schulunterricht sehr leicht, und er lernte eifrig und seine Eltern waren stolz auf ihn und hofften, dass er eines Tages eine gute Position bekommen würde.

Wieder gingen sieben Jahre vorbei, und Batin der ein hochbegabter Schüler war, konnte einige Klassen überspringen und hatte alle Voraussetzungen, um an der Akademie der Wissenschaften zugelassen zu werden. Er erhoffte sich, nach seinem Studium eine Position als Inspektor am Büro für Maß und Gewicht zu bekommen. Und mit vierzehn Jahren wurde er an der Akademie angenommen. Dafür reiste er in die Hauptstadt des Landes, weit weg von der Aufsicht der Soldaten seines Vaters, dem König. Dort begegnete ihm im Garten der Akademie *Khidr*, gekleidet in einen schillernden, grünen Mantel, und der sagte: „O Verborgener! Verheißungsvoller Herr! Verlassen Sie den Weg, den Sie gerade gehen wollen, er entfernt Sie immer mehr von dem Ort, an dem Ihre Bestimmung liegt! Treffen Sie mich in sieben Tagen am Brunnen der Stadt!" Darauf verschwand er.

Batin war zwar auf eine für ihn völlig unbekannte Art sehr berührt von dieser Begegnung, aber den Weg zu verlassen, den er sich durch seine hohe Begabung so hart erkämpft hatte, kam ihm vollkommen abwegig vor.

Und weitere sieben Jahre vergingen, in denen er *Khidr* nicht begegnete. Er beendete sein Studium mit dem höchsten akademischen Grad, und man wollte ihn unbedingt als Inspektor für Maß und Gewicht gewinnen. Es schien, als würde alles wahr werden, was er sich vorgenommen hatte. Seinen Eltern, die immer als einfache Leute gelebt hatten, würde er ein eigenes Haus und ein sicheres Auskommen im Ruhestand verschaffen können.

Dennoch: Die kurze Begegnung mit *Khidr* hatte etwas in ihm ausgelöst. Er begann sich Fragen zu stellen, die ihn nie vorher beschäftigt hatten. Fragen nach seiner Herkunft und Fragen nach dem Sinn seines Lebens. Obwohl er *Khidr* all die Jahre nie mehr traf und sich auch manchmal fragte, ob diese Begegnung überhaupt stattgefunden habe, sehnte er sich nach ihm. Und diese Sehnsucht wurde immer größer.

Da passierte es, dass *Khidr* plötzlich in Batins Wohnung auftauchte. Batin freute sich sehr, und bevor *Khidr* etwas sagen konnte, warf er sich auf die Knie, berührte die Füße von *Khidr* und sagte: „O Herr! Ich habe mir so sehr gewünscht, Ihnen zu begegnen!" *Khidr* bat ihn aufzustehen und begrüßte ihn mit gefalteten Händen vor der Brust. Er sagte: „Beende alle deine Geschäfte hier, verlasse die Stadt und treffe mich in sieben Tagen am Grenzfluss." Batin gab alles auf und stieß auf sehr viel Missverständnis. Alle dachten, dass der arme Batin jetzt wohl übergeschnappt sei.

Nach sieben Tagen stand Batin mitten in der Nacht auf, um auf jeden Fall rechtzeitig den Grenzfluss zu erreichen. Groß war seine Freude, als er auf *Khidr* traf. Der sagte: „Zieh dich aus und springe in den Fluss. Wenn du Glück hast, wird dich jemand retten." Obwohl Batin gar nicht begreifen konnte, was er tat, zögerte er keinen Moment, zog seine Kleider aus und sprang in den Fluss. Die Strömung war stark, aber weil er gut schwimmen konnte, ertrank er nicht und trieb viele Meilen flussabwärts, bis jemand am anderen Ufer ihn bemerkte und ein Seil in den Fluss warf. Batin bekam das Seil zu fassen, und wurde an Land gezogen. „Sind Sie des Wahnsinns, was machen Sie da bloß?", fragte der Mann. Batin sagte: „Das weiß ich selbst auch nicht." „Kommen Sie mit", sagte der Mann. „Dann können Sie sich an der Feuerstelle wärmen." Er reichte Batin einfache Kleider, gab ihm zu essen und pflegte ihn, bis er sich erholt hatte.

Batin hatte so den Grenzfluss überquert und war, ohne es zu wissen, zurückgekehrt in das Land, in dem er als Prinz Najim geboren worden war. Er dankte dem Mann, der ihn aus der Strömung gerettet hatte, und wanderte durch das Land. Er fühlte sich rastlos, er wusste nur, dass er etwas suchte, was er verloren hatte, aber er wusste nicht, was es war oder wo er es finden konnte. Er verrichtete gelegentlich einfache Arbeiten, wohnte mal hier, mal dort, begegnete vielen Menschen, mit denen er über dieses und jenes sprach. Dabei war er immer dringender mit der Frage seiner Herkunft beschäftigt. So lag er eines Sommerabends im Gras und schaute in die endlose Weite des Himmels, bis er einen ganz besonderen Stern am Himmel erblickte, der ihn faszinierte. Es war ihm, als hätte er diesen Stern noch nie zuvor am Nachthimmel erblickt. Er hatte die Empfindung, als würde dieser Stern sein wahres Ich darstellen. Er fühlte, wie diese Erkenntnis in ihm etwas hervorbrachte, das lange Zeit verborgen gewesen war. Er empfand sich selbst als wandernden Stern, der eine Bestimmung hat, eine Erfüllung, als ob eine bestimmte Gravitation diesen Stern, der er selbst war, bewegen würde. Er musste nur genau hinspüren, in welche Richtung es ging.

So zogen wieder sieben Jahre ins Land, in denen Batin immer mehr zu sich selbst zurückfand. Seine Augen begannen allmählich wieder zu leuchten wie das Sternenlicht. Seine Ausstrahlung brachte die Menschen, denen er begegnete, dazu, über sich nachzudenken und neue Orientierung in ihren Leben zu finden. Hatte er sich früher im Studium sehr bemüht, war es heute oft so, dass er den Eindruck hatte, gar nichts zu tun, aber seine einfache Anwesenheit brachte Licht in die Welt. Im Laufe der sieben Jahre verbreitete sich die Nachricht, dass er besondere Fähigkeiten besitze, die den Menschen Einsichten verschafften. Man vermutete, dass Batin eine verborgene Weisheit in sich habe, und dass er sehen könne, was für andere

Augen verborgen blieb. Er selbst erlebte das ganz anders: Er fühlte den Raum des Himmels in sich. Ein endlos weiter, grenzenloser Raum, in dem alles Platz hat. Ein neutraler Raum, der nicht beurteilt, ob es Wolken oder Wind oder Regen am Himmel gibt. Dieser Raum wirkte wie ein leerer Spiegel auf die Menschen, die zu ihm kamen. Und weil der Spiegel leer war, konnten die Menschen sich in ihm erkennen. An diesem Himmel strahlte sein ganz besonderer Stern, der den Menschen zeigte, wo es in ihnen dunkel war und weshalb sie sich nicht zurechtfanden.

Batins Ruhm hatte auch das Königshaus erreicht, und eines Tages wurde er an den Hof gerufen. Königin Rahima wünschte seinen Rat. Er fühlte sich sehr geehrt und erkundigte sich nach dem Königshaus. Man munkelte, die Königin wolle ihren Sohn, den Kronprinzen Malik, auf den Thron setzen. Der alte König war schon lange krank, hatte das Augenlicht verloren und die Königin viele Jahre an seiner Stelle das Königreich geführt. Vor langer Zeit, so erzählte man Batin, sei die Königin selbst krank gewesen, bis ihr die Nachricht vom Tode ihres zweitgeborenen Sohnes übermittelt worden sei. Der Schock habe etwas in ihr wachgerüttelt und sie wurde gesund, auch wenn sie den Schmerz über den Verlust ihres geliebten Sohnes nie verwunden habe.

So kam der Tag, da Batin den Palast betrat, wo er als Kind gespielt hatte. Aber er erkannte nicht, dass dieser Ort einmal sein Zuhause gewesen war. Er wurde in einen prunkvollen Raum geführt, wo er auf die Königin traf. Sie grüßte ihn, schaute ihn aber nicht an. Sie bat ihn, ein Verschwiegenheitsgelübde abzugeben, weil sie ihn nicht über Staatsbelange befragen wolle, sondern in einer sehr persönlichen Angelegenheit. Sie sprach, dass sie geplagt werde von Zweifeln und dass diese Zweifel ihr so das Herz zerreißen würden, dass sie sich Sorgen um ihre geistige Gesundheit mache. „Was ist es denn, das Ihnen so das Herz zerreißt, Majestät?“, fragte Batin. Da öffnete sie sich, und Batin konnte Tränen in ihren Augen erkennen, als sie erzählte, dass ihr kleiner Prinzensohn einundzwanzig Jahre zuvor im Alter von sieben Jahren von einem Tiger gerissen worden sei. „Das ist jetzt schon sehr, sehr lange her, aber ich habe seither jeden Tag Zweifel, ob er tatsächlich gestorben ist. Ich weiß, dass eine Mutter nur sehr schwer mit dem Verlust eines Kindes umgehen kann, und dass die erste Reaktion auf die Nachricht des Todes häufig ist, dass wir es nicht wahrhaben wollen, dass wir versuchen, den Tod zu verneinen, dass wir denen, die uns die Nachricht übermitteln, keinen Glauben schenken wollen. Ich weiß auch, dass so eine Nachricht viel Zorn und Abwehr auslösen und sogar Neid hervorrufen kann auf alle Eltern, die ihre Kinder heranwachsen sehen dürfen und sie auf den Weg in ihre Eigenständigkeit begleiten können. Ich weiß auch, dass der Abschied eine angemessene Zeit der Trauer braucht und dass Geduld und Mitgefühl notwendig sind, um das Geschehene zu verarbeiten. Trotzdem lässt mich der Zweifel nicht los."

In diesem Moment blickte die Königin zum ersten Mal auf und schaute Batin in die Augen. Beider Blicke verweilten einige Zeit in Stille, bis die Königin in seinen Augen wieder das Sternenlicht sah, das sie bei ihrem Sohn Najim gesehen hatte. Batin schaute in ihre Augen und erkannte seine eigene Mutter in den Augen der Königin. Es war, als würde einen Moment die Zeit stillstehen. „Najim!", rief die Königin. „Mutter!", rief Najim, der plötzlich begriff, dass der Name Batin, den er so viele Jahre benutzt hatte, nicht sein eigentlicher Name war. Die Königin breitete ihre Arme aus, und so begegneten sich Mutter und Sohn nach dieser langen Zeit wieder. Beide weinten vor Glück – aber auch Tränen des Schmerzes über die vielen Jahre der Trennung.

Prinz Najim kehrte so wieder nach Hause zurück. Auch Prinz Malik war voller Freude und Dankbarkeit, als er erfuhr, dass sein kleinerer Bruder gar nicht von einem Tiger gerissen worden war, sondern lebte. Als aber sein Vater, der König, hörte, dass sein verlorener Sohn wiedergekehrt war, ergriffen ihn große Angst, Zorn und Verzweiflung.

Er wusste sich nicht zu helfen und nahm sich das Leben. Dem Volk wurde mitgeteilt, der König sei nach einer langen Leidenszeit an seiner Krankheit gestorben. Bald wurden die Vorbereitungen getroffen, dass Malik den Thron besteigen konnte. So wurde aus ihm König Malik, der barmherzige Herrscher. Prinz Najim blieb am Hofe und stand seinem Bruder mit Rat und Tat zur Seite. Najim gründete eine mystisch-spirituelle Gemeinschaft, die er dem Mann widmete, der ihm im Garten der Akademie erschienen war und ihn wieder nach Hause geführt hatte. Jetzt verstand er, dass es *Khidr*, der mysteriöse Führer der Sufis, gewesen war. Seine Mutter, die Königin, zog sich aus allen Staatsangelegenheiten zurück und folgte der Gemeinschaft ihres zweiten Sohnes, um den mystischen Weg zu praktizieren.

Rückkehr aus dem Exil

Ich habe die Geschichte von Najim im Stil einer Sufi-Geschichte erzählt. Die Sufi-Tradition verkörpert die mystische Dimension des Islam, sie ist eine Liebesaffäre mit dem Göttlichen. Der Sufi richtet sich innerlich aus, um mit dem Ganzen eins zu werden, um das Ganze in sein Herz einzuladen. Es ist ein Sich-Verlieben in die Existenz[45].

In der Sufi-Tradition wird durch Geschichten gelehrt. Die Geschichten verweisen auf das Mysterium. Sie sind wie ein Wink, und wenn man dem Wink folgt, kommt man in Kontakt mit einer tieferen Dimension. Nur wenn man sein Herz öffnet, wenn man mit Offenheit und Sympathie zuhört, wird man verstehen, was der Sufi meint. Der Sufi erkennt, dass die Existenz nur wartet, bis man nah genug ist, bis man sein Herz geöffnet hat. Und wenn man in tiefer Liebe ist, entfaltet sich die wahre Natur und offenbart ihre Geheimnisse.

Die Geschichte von Najim ist eine Lebensgeschichte. Ich habe sie nicht geschrieben, damit wir uns ein Vorbild nehmen an Najims Geschichte. Jeder Mensch hat seine eigene Geschichte und muss seinen eigenen Weg finden. Trotzdem gibt es Elemente in Najims Geschichte, die universell sind, weil sie uns alle betreffen. Das Offensichtliche ist nicht die Wahrheit. Seine Geschichte kann etwas über die verborgene, spirituelle Dimension zeigen.

Wir sind Kinder des Himmels

Najim ist ein Kind des Himmels. Das ist nicht nur wahr für Najim. Wir alle sind Kinder des Himmels. Der Himmel ist ein Sinnbild für das Essenzielle, für das Göttliche, weil der Himmel alles umfasst und alles enthält. Gleichzeitig ist der Himmel eine Metapher für das

Nichts – ein Raum, eine Abwesenheit. Er ist unsere Natur, und er ist auch das, was jeder Einzelne in seiner tiefsten Tiefe ist. Wenn wir den Himmel als das, was wir sind, wahrnehmen, erfahren wir das wie ein „Nach-Hause-Kommen“. Das Herz zeigt sich als Wohnstätte für das Ganze. Das Herz wird ein Fenster zu Gott.[46] Wir alle werden in absoluter Einheit mit unserer wahren Natur geboren. Und die Entwicklung der menschlichen Seele ist eine Reise von der Unschuld des Kindes zu der Unschuld einer „realisierten Seele“.

Osho hat dies sehr treffend beschrieben: *„Die Entwicklung des Menschen führt von Unschuld zu Unschuld. Die erste Unschuld ist Ignoranz, die zweite Unschuld ist leuchtend. Die erste Unschuld ist eine Art von Schlaf, die zweite Unschuld ist ein Erwachen. Die erste Unschuld ist ein Geschenk Gottes, die zweite Unschuld ist die eigene Leistung, ein Verdienst, die Arbeit an sich selbst. Die erste kann verloren gehen, die zweite kann nicht verloren gehen. Die erste muss gehen – es liegt in ihrer Natur, sie kann nicht ewig währen; aber die zweite, wenn sie kommt, bleibt für immer – sie ist ewig. Bedenke: Was bewusst erlangt wird, kannst du besitzen, nur das.*“[47]

Das Kind ist eins mit der Essenz, es ist sich nicht bewusst, dass *es ist.* Das bedeutet nicht, dass das Kind unbewusst wäre. Das Bewusstsein ist da, aber es hat sich noch kein Selbst, noch kein Ich entwickelt, dass sich als getrennt wahrnimmt. Ein Selbstbewusstsein hat sich noch nicht entwickelt. Wir haben noch keine reflektierende Instanz in uns, die weiß, dass der Himmel da ist, und dass wir der Himmel sind. Wir müssen aus dieser ersten Unschuld herausfallen, es geht kein Weg daran vorbei.

Das Zuhause verlassen

So ist die Geschichte von Najim die Geschichte eines Menschen, der sein Zuhause verlassen muss, um nach einer langen Reise und viel Selbsterforschung wieder anzukommen. Viele mystische Traditionen stimmen darin überein, dass es ein „Vergessen“ unserer wahren Natur gibt. Während der Zeit, in der sich das Ego entwickelt, entstehen in unserer Seele Strukturen und Muster der Identifikation, die uns hindern, den Kontakt mit unserer essenziellen Natur aufrechtzuhalten. Spirituelles Wachstum bedeutet eine Umkehrung dieses Prozesses. Die Praxis der Präsenz wird auch „Selbst-Erinnerung" genannt. Wenn wir präsent sind, erinnern wir uns selbst. Das hat nichts mit kognitiver Erinnerung zu tun, es bedeutet eher ein Wiedererleben im Hier und Jetzt.

Der griechisch-armenischer Mystiker Gurdjieff[48](1866-1944) hat die westliche Welt mit der Methode der Selbst-Erinnerung bekannt gemacht. Buddha nennt es *Sammasati*[49], das bedeutet „rechtes Erinnern". Buddhas Wort für die wahre Natur ist *Dhamma*, die ultimative Wahrheit aller Dinge. Er sagt, dass das *Dhamma* direkt sichtbar sei, es wartet, bis es erkannt wird und der Platz, wo wir es erfahren, ist in uns selbst.

Die Entwicklung des Egos ist eine Serie von Verlusten[50]. Wir gewinnen zwar ein Gefühl von Identität und wir lernen, uns auf andere zu beziehen und zu funktionieren. Aber wir verlieren das Gefühl von der Glückseligkeit der Einheit, das Gefühl von unantastbarem Urvertrauen, das aus der ungeteilten Zugehörigkeit mit unserem Ursprung hervorgeht. Wir lernen, Gut und Böse zu unterscheiden, wir lernen, das Selbst von anderen zu unterscheiden. Diese Unterscheidungen beruhen auf Spaltungen, sodass bestimmte Bereiche von dem, was wir sind, nicht mehr erfahrbar sind.

So entsteht durch Identifikation unser Vergessen. Damit das Ich sich integrieren kann, versuchen wir, ein geliebtes Kind zu sein. Wir identifizieren uns mit einigen Eigenschaften unserer Eltern, von anderen disidentifizieren wir uns. Wir identifizieren uns sowohl mit negativen als auch mit positiven Eigenschaften und mit Menschen, die auf irgendeine Art und Weise wichtig sind für uns. Langsam formt sich aus vielen Erfahrungseindrücken ein integriertes Ich. Ein Selbst, das sowohl gute als auch schlechte Eigenschaften hat. Und wir bearbeiten unser Selbst unser ganzes Leben lang weiter.

So wurde aus dem Sternenkind Najim schon bald ein kleiner Junge, der versuchte, das Ungleichgewicht in der Familie auszugleichen. Er versuchte, seine Mutter zu entlasten, und stellte seine Bedürfnisse zurück. Er versuchte, ihr Leid durch gute Laune zu mildern. Vor seinem Vater hatte er Angst, und ging auf Distanz zu ihm, und negierte auch seine eigene Wut und Wehrhaftigkeit. Zu seinem größerer Bruder Malik konnte Najim keine Bindung aufbauen, die ihn getröstet und gestärkt hätte, da dieser schon früh in die Aufgaben eines zukünftigen Königs eingeführt wurde. Die beiden sahen sich selten. So wurde aus Najim ein nach innen gekehrtes, stilles Kind, und er verlor mehr und mehr den Kontakt zu dem Sternenlicht, mit dem er auf die Welt gekommen war. Er verlor die Verbindung zu seinem inneren Wert und fühlte sich unzulänglich.

Weil die Entwicklung des Egos heißt, dass der Zugang zu der essenziellen Dimension zum Teil verloren geht, betrachten wir das Ego oft als eine Fehlentwicklung. Das ist aber ein Missverständnis. Die Ego-Entwicklung[51] ist eine unbedingte Notwendigkeit. Nicht wissend, wer du bist, musst du deine Identität finden, sonst wird es unmöglich, in der Welt zu leben. Du kannst nicht sofort zum Buddha werden, ohne Selbstbewusstsein wirst du die Buddhanatur nicht erkennen.

Wir meinen oft, dass wir aufgrund der Dinge, die Mutter und Vater uns angetan haben, leiden. Das mag zum Teil stimmen, aber wir leiden in erster Linie, weil das, was in der Beziehung mit ihnen passiert ist, uns von unserer Natur weggeführt hat: Dies löst dann das Bestreben aus, wieder nach Hause zurückzukehren. Wir entwickeln nach und nach – innerhalb von etwa drei Jahren – ein Gefühl von Identität, wir identifizieren uns mit einer bestimmten Form, mit einem Körper, mit einer bestimmten Lebensgeschichte und mit bestimmten Charaktereigenschaften. Auch mit einer äußerlichen Erscheinung, einem Namen, einem Geschlecht, einer Familienzugehörigkeit, einer Nationalität, einer Muttersprache etc. Diese Formen sind sehr greifbar und offensichtlich.

Andererseits ist unsere spirituelle Realität formloser Raum, ein Mysterium, das mit Zeit oder Geschichte keine Verbindung hat. Etwas, das uns Menschen verbindet, das uns nicht unterscheidet, das wir alle miteinander teilen. Wir haben alle ein Herz, das Liebe spüren kann, ein Bewusstsein, das präsent sein kann. Dieser Aspekt hat keine Form, keine Definition, keine Gestalt.

Der innere Führer

Die spirituelle Realität ist nicht so offensichtlich wie unsere Form. Auch wenn das Ego sich vielleicht gegen die Anerkennung der Essenz wehrt, ist die wahre Natur dennoch immer da. Sie ist präsent mit Herz, mit Freundlichkeit und mit Intelligenz. Eine besondere Art, wie sie sich zeigen kann, ist Führung. In der Sufi-Tradition nennt man diese Führung *Khidr*, der mysteriöse Führer der Sufis, der immer in ein grünes Gewand gekleidet ist[52]. Hier wird der Führer als Mensch dargestellt, aber es ist eine Art innerer Führer, wie sich unsere wahre Natur zeigen kann. Auch wenn wir uns mit dem Ego identifiziert haben und unseren inneren Raum so strukturiert haben, dass viele spirituelle Erfahrungen uns nicht erreichen, gibt es Momente der Entspannung oder auch krisenhafte Momente, in denen sich plötzlich ein Fenster in unserer Seele öffnet und wir Zugang zu einer anderen Dimension bekommen. So geschah es auch Najim in der Zeit, in der er nichts von seiner königlichen Herkunft ahnte.

> Da begegnete ihm im Garten der Akademie Khidr, gekleidet in einen schillernden, grünen Mantel, der sagte: „O Verborgener! Verheißungsvoller Herr! […] Batin war auf eine für ihn völlig unbekannte Art sehr berührt von der Begegnung, aber die Aufforderung, den Weg zu verlassen, den er sich durch seine hohe Begabung so hart erkämpft hatte, kam ihm vollkommen abwegig vor.

Die Dimension der Führung hatte ihn berührt, aber er war noch so sehr in seine Ego-Identifikation verstrickt, dass er es nicht schaffte, seiner inneren Stimme zu folgen. Die spirituelle Dimension kann sich zwar bemerkbar machen, aber wenn das Ego an seinem defensiven

Verhalten festhält, drängt die Führung sich nicht auf. So führte Batin sein gewöhnliches Leben weiter, und im Hintergrund wirkte die kurze Begegnung mit *Khidr* nach.

Er begann, sich Fragen zu stellen, die ihn nie vorher beschäftigt hatten. Fragen nach seiner Herkunft und Fragen nach dem Sinn seines Lebens. Obwohl er Khidr all diese Jahre nie mehr traf und sich auch manchmal fragte, ob diese Begegnung überhaupt stattgefunden habe, sehnte er sich nach ihm.

Jetzt war er innerlich bereit, Khidr zu begegnen und ihm zu folgen. Als sein Ego seine verteidigende Haltung aufgab und sich für die Begegnung öffnete [...], *da passiert es, dass Khidr plötzlich in Batins Wohnung auftauchte.*

Die innere Führung ist eine Form, wie sich die wahre Natur zeigt[53], man nennt sie auch den „wahren Freund". Der Freund enthüllt dir die Wahrheit, es mag sein, dass das nicht dem entspricht, was du willst, und vielleicht willst du auch etwas anderes hören, aber die innere Führung ist nicht daran interessiert, was du willst, sondern daran, was du brauchst. Weil sie ein Aspekt deiner Natur ist, weiß sie besser, was du brauchst als du (das Ego) selbst.

Vielleicht verstehst du nicht, warum du diesen Weg gehen sollst, aber der Kontakt mit der inneren Führung gibt dir eine Ahnung, dass du das jetzt machen sollst.

Die wahre Identität

So kehrt Batin zurück in das Land seiner Herkunft, obwohl er das selbst noch nicht begreift. Er wird sich mehr und mehr der Falschheit seiner Identität bewusst. *Er fühlte sich rastlos, er wusste, dass er etwas suchte, was er verloren hatte, aber er wusste nicht, was es war oder wo er es finden konnte. [...] Dabei war er immer dringender mit der Frage seiner Herkunft beschäftigt.*

Die Suche nach der wahren Identität kann in uns eine spirituelle Dimension öffnen, die manchmal wie ein brillanter Stern oder ein Lichtpunkt erlebt wird. *So lag er eines Sommerabends im Gras und schaute in die endlose Weite des Himmels, bis er dort einen ganz besonderen Stern erblickte.* [...] *Er hatte die Empfindung, als würde dieser Stern sein wahres Ich darstellen.*

Der Stern verkörperte seine wahre Identität.[54] Batin begegnete dem inneren Stern, den man auch den Lichtpunkt oder das Höhere Selbst nennt. Die Ego-Identität wird „falsche Identität" genannt, weil sie auf Ideen über das beruht, was ich vermeintlich bin, und nicht einer wirklichen Präsenz entstammt. Der Stern ist eine Identität, die tatsächlich da ist. Wir spüren, dass wir Essenz sind. Das Ego kann vorübergehende essenzielle Erfahrungen machen. Wenn wir den Stern realisieren, erfahren wir, dass wir selbst essenziell sind. Mit dieser Erfahrung geht ein Empfinden von Wert, Orientierung und Sinnhaftigkeit einher: Ich weiß nichts, nur, dass ich bin. Ich habe ein Empfinden, wo es für mich hingeht. Der Stern gibt die Orientierung, ein Potenzial von Kreativität, er zeigt, was du hier zu tun hast, deinen Sinn, deinen Zweck auf Erden. Das Licht spricht nicht zu dir, es inspiriert dich. Es ist der Stern, an dem du dich orientierst, der dir den Weg zeigt, er bringt dich auf eine Linie mit der Wahrheit, mit dem größeren Feld der Existenz.

Nach Hause kommen

Letztendlich fand Batin wirklich nach Hause, als er den Raum des Himmels in sich fand. Er hat die Reise von der Unschuld des Kindes zu der Unschuld einer realisierten Seele vollbracht.

> So zogen wieder sieben Jahre ins Land, in denen Batin immer mehr zu sich selbst zurückfand. Seine Augen begannen allmählich wieder zu leuchten wie das Sternenlicht. Seine Ausstrahlung brachte die Menschen, denen er begegnete, dazu, über sich nachzudenken und neue Orientierung in ihren Leben zu finden. Hatte er sich früher im Studium sehr bemüht, war es heute oft so, dass er den Eindruck hatte, gar nichts zu tun, aber seine einfache Anwesenheit brachte Licht in die Welt. Im Laufe der sieben Jahre verbreitete sich die Nach-

richt, dass er besondere Fähigkeiten besitze, die den Menschen Einsichten verschafften. Man vermutete, dass Batin eine verborgene Weisheit in sich habe, und dass er sehen könne, was für andere Augen verborgen blieb. Er selbst erlebte das ganz anders: Er fühlte den Raum des Himmels in sich. Ein endlos weiter, grenzenloser Raum, in dem alles Platz hat. Ein neutraler Raum, der nicht beurteilt, ob es Wolken oder Wind oder Regen am Himmel gibt. Dieser Raum wirkte wie ein leerer Spiegel auf die Menschen, die zu ihm kamen. Und weil der Spiegel leer war, konnten die Menschen sich in ihm erkennen. An diesem Himmel strahlte sein ganz besonderer Stern, der den Menschen zeigte, wo es in ihnen dunkel war und weshalb sie sich nicht zurechtfanden.

Und im Moment der Erkenntnis, da er seine Mutter ansah und sie als seine Mutter wahrnahm, war er nicht nur nach Haus zurückgekehrt, sondern wusste auch, dass er ein Königssohn namens Najim war. So kehrte Prinz Najim wieder zurück nach Hause.

4

Die Geschichte meines eigenen Weges

Die Herkunft vergessen

Die Geschichte meines eigenen Weges

Wenn es nach meiner Mutter gegangen wäre, wäre ich Arzt geworden. Meine Mutter hatte seit ihrer frühen Kindheit eine Hüftdysplasie, die zu spät entdeckt wurde. Ihre Hüfte wurde eingerenkt und sie musste danach einen Spreizgips tragen. So hat sie sehr viel später als andere Kinder zu gehen gelernt und hatte dabei große Schmerzen. Sie hat sich sehr geschämt und minderwertig gefühlt. Weil die Hüfte erst so spät behandelt wurde, kam es im Erwachsenenalter zum vorzeitigen Verschleiß. Ich erinnere mich, dass sie immer gehinkt hat, ihren Schmerz hat sie mit einem erzwungenen Lächeln zu unterdrücken versucht.

Ich habe den Schmerz meiner Mutter immer gespürt, auch wenn sie alles tat, um ihn zu verdrängen. Ich habe dieses Kind in der Gipsschiene, das nicht wie die anderen Kinder herumrennen und spielen konnte und quälende Schmerzen hatte, immer bemitleidet. Ich habe dieses Kind auch in meiner erwachsenen Mutter gesehen, ich habe ihre Bedürftigkeit gespürt und ihr Leid. Ich habe versucht, ihr Leid zu mildern und sie nicht zusätzlich mit meinen Nöten zu belasten. Ich habe gelernt, meine Wünsche wegzulachen und zu sagen, dass alles okay sei mit mir.

Während sie mit mir schwanger war, hat sie einen Arztroman gelesen. Der Arzt in diesem Roman wurde so von ihr angehimmelt, dass sie mir den gleichen Vornamen gab. Ich sollte in seine Fußstapfen treten. Die Geburt war eine große Belastung für sie und bald nach meiner Geburt wurde sie an der Hüfte operiert, und lag ein halbes Jahr in einem Krankenhausbett zu Hause. Ihr Bein war in die Höhe gestreckt, und mit einer Schlinge an der Decke festgebunden. Da war es wieder, das kleine Mädchen, festgehalten in einer Situation der Unbeweglichkeit, während das Leben woanders stattfand. Das Leben, das war ich. Ich aber hätte eine Mutter gebraucht, die mir Halt und Sicherheit gibt. Stattdessen lebte ich seit früherer Kindheit in einer Atmosphäre von Schmerz, Ohnmacht und Bewegungslosigkeit. Ich bin ihr nie böse gewesen, und sie war so stolz, dass ich so ein ruhiges Kind war, das ganz alleine zurechtkam. Ich bin ihr kleiner Held geworden, indem ich mich zurücknahm.

Nach meinem Abitur bemühte ich mich, Medizin zu studieren. Es gab aber an den niederländischen Universitäten einen Numerus clausus für das Medizin-Studium und ich wurde nicht ausgelost. So hat sich die Existenz dagegen gewehrt, dass ich in die Fußstapfen jenes Doktors aus dem Arztroman trete. In so einem Moment, in dem das Leben plötzlich eine unerwartete Wende nimmt, öffnet sich ein Spalt, und anstatt im vorprogrammierten Trott weiterzugehen, wurde ich durch meine innere Führung herausgefordert. Ich entschied, Psychologie zu studieren, obwohl ich selbst nicht wusste, warum.

Das Psychologie-Studium habe ich nach ein paar Jahren wieder abgebrochen. Ich habe mich in der Welt der Psychologen in den 70er-Jahren nicht zurechtgefunden. Ich sehnte mich nach einem Ansatz, der nicht drauf ausgerichtet war, „Störungen" zu beseitigen, sondern der den Menschen in seiner Ganzheit annimmt. Heilung im Sinne von „wieder ganz werden". Ohne es zu wissen, sehnte ich mich nach den Teilen meiner Seele, die ich abgespalten hatte, aus Mitgefühl für meine Mutter und aus Angst vor meinem manchmal gewalttätigen Vater.

Nach dem Abbruch des Studiums fiel ich zunächst in ein Loch. Das geregelte Leben eines Studierenden hatte mich abgelenkt von den vielen, ungelösten Themen in mir, die jetzt an die Oberfläche kamen. Plötzlich war ich damit konfrontiert, selbst die Frage zu beantworten, was ich in dieser Welt machen wollte. Das überforderte mich. Es wurde mir immer mehr bewusst, dass es eine gewisse Unverbundenheit zwischen mir und meinem Leben gab, zwischen mir und der Welt, zwischen mir und den anderen. Ich war sehr gehemmt, schüchtern, emotional verwirrt, geprägt von Minderwertigkeitsgefühlen, und ich fühlte mich unbeholfen im Kontakt zu Frauen. Ich hätte andere imitieren können, hätte ein anderes Studium oder eine Ausbildung machen können. Aber solange mich nichts im Herzen erreichte, fühlte ich mich weiter als Fremder, getrennt vom eigenen Leben – und äußerst verloren in der Welt. So fing ich an zu reisen. Es gab etwas in mir, das sich bewegen, das sich in der Welt umschauen wollte. Ich wusste nichts über Spiritualität, und ich wäre niemals auf die Idee gekommen, einen spirituellen Meister zu suchen. Bis ich gerufen wurde.

Eine dieser Reisen führte mich nach Süd-Frankreich, ich hatte gehört, dass hier junge Menschen eine alternative Lebensgemeinschaft gründen wollten. Ich blieb nicht da, weil das tägliche Leben von einer kleinen Gruppe von Junkies geprägt wurde, die sehr destruktiv waren. Aber in der Nacht, bevor ich abreiste, bekam ich ein französisches Pamphlet in die Hand mit dem Bild eines indischen Mystikers – Osho oder, wie er damals hieß, Bhagwan Shree Rajneesh. Darin war die Beschreibung von einer Meditation. Ich verstand nicht genug Französisch, um die genaue Erklärung der Meditation zu verstehen, aber das Bild machte einen so tiefen Eindruck auf mich, dass ich nachts einen sehr genauen visionären Traum hatte, in dem ich ihn sah – umringt von vielen in Rot gekleideten Schülern. Der Traum war sehr beeindruckend, umso mehr, da ich zu der Zeit nichts über Osho wusste, auch nicht, dass seine Schüler damals rote Kleidung trugen.

Der Traum ließ mich nicht mehr los, weil ich die deutliche Empfindung spürte, dass er mich gerufen hatte. Am nächsten Tag fuhr ich zurück in meine WG. Bald darauf besuchte uns ein Freund einer der

Mitbewohner. Wir hatten ziemlich große Töpfe in unserer Wohngemeinschaft, und dieser Freund fragte, ob er die Töpfe benutzen dürfe, um seine Kleidung rot zu färben, da er auf dem Weg zu Bhagwan nach Indien sei. Das war die erste Bestätigung meines Traums, und es machte einen so tiefen Eindruck auf mich, dass ich sofort ein Buch von Bhagwan kaufte. Ich hatte noch nicht das erste Kapitel zu Ende gelesen, da wusste ich, dass ich nach Indien fliegen würde. Der Ruf hatte mein Herz berührt und ich machte mich auf den Weg, obwohl ich noch keine Vorstellung hatte, wohin mich das führen sollte.

Ich war damals 21 Jahre alt, und wenn ich heute Menschen in dem Alter sehe, kann ich mir manchmal nicht mehr vorstellen, was mich damals bewegt hat. Ich fing an, Geld zu sparen, damit ich in Indien Fuß fassen konnte. Ich kaufte ein Flugticket und erzählte meinen Eltern, dass ich für immer weggehen würde. Die Radikalität dieses Schritts und das vollkommene Vertrauen, dass meine Entscheidung richtig war, erstaunen mich heute noch. Ich wusste damals noch nichts von der Kraft der inneren Führung. Ich kann nur im Nachhinein bestätigen, wie eindeutig die Führung damals war.

Ich habe eine weite Reise gemacht in eine für mich sehr fremde Kultur. Ich habe mein Studium abgebrochen, meine Familie und meinen Freundeskreis verlassen. Ich hatte keinen Beruf oder eine Ausbildung. Ich bin alleine gereist, ohne jemanden zu kennen, der das Gleiche tat wie ich. Trotzdem war das für mich eine Reise nach Hause. Es war ein erstes „Nach-Hause-Kommen" – ich stand aber erst am Anfang der Reise. Ich war ein westlicher, junger Mann, in relativem Wohlstand aufgewachsen, aber in einer Kultur, die sich von ihrer Seele abgewandt hatte. Ich hatte einige Jahre Psychologie studiert, und doch hatte ich da nichts gefunden, was mich in meiner Tiefe, in meinem Herzen berühren konnte. Ich hatte keine Vorstellung davon, dass es ganz natürlich sei, sich entwurzelt zu fühlen, und dass es aber auch möglich sei, sich selbst zu finden und sich selbst zu verwirklichen. Ich war bisher keinem Menschen begegnet, der das gelebt hatte, der diesen Weg gegangen war und dies in seinem eigenen Leben zum Ausdruck brachte. Bis ich Osho begegnete. Ich kann sagen, er hat mich gerufen, und das ist eine Perspektive der Wahrheit, weil die wahre Natur sich unermüdlich in uns offenbaren möchte. Man kann auch sagen, dass die Begegnung mit ihm mir zeigte, was es war, dass ich die ganze Zeit vermisste. Meine suchende Seele fühlte sich auf einmal begegnet, mein suchendes Herz wurde berührt.

Das ist das Prinzip der spirituellen Entwicklung. Zuerst gestehen wir uns ein, dass wir nichts wissen, und in dieser Haltung entfaltet sich die innere Führung – und erst die Antworten machen uns klar, was es ist, das wir gesucht haben. Ich wusste nichts von der spirituellen Dimension. Ich begegnete hier aber jemandem, der mich in meiner Hilflosigkeit verstand, jemand, der meiner Ignoranz eine Orientierung gab, jemand, der selbst angekommen war, und mich respektierte als jemanden, der das gleiche Potenzial in sich trägt. Die Tiefe meiner Seele fühlte sich berührt, weil etwas in mir Resonanz fand, als würde mir eine Wahrheit vermittelt, die ich an einem bestimmten Platz in mir schon immer gekannt hatte. Es war mein erstes Erwachen.

Aus diesem ersten Erwachen entstand der Wunsch, den ganzen Weg zu gehen. Ich wollte mich dazu bekennen. In Oshos Mysterienschule gab es dafür eine Art Initiation, eine symbolische Handlung, die deutlich macht, dass man sich auf den Weg begeben möchte. Man nennt das Sannyas[55], eine Einweihung, ein Entschluss, sich nicht an der Vergangenheit, sondern am Jetzt zu orientieren. Eine Verantwortung, die von innen, aus dem Bewusstsein herrührt. Es ist eine Entscheidung, sich dem Leben anzuvertrauen, zu vertrauen, statt der Angst zu folgen. Das Erkennen von Präsenz und das Bekenntnis, sich dieser Präsenz hinzugeben. Als Symbol dieser Kehrtwendung bekam man einen neuen Namen. So verlor ich den Namen des Arztes aus dem Roman und bekam den Namen Samarona. Es bedeutet „Feierlichkeit“. Osho sagte zu mir: „Ich unterrichte keine Philosophie, kein Dogma, kein Credo. Ich unterrichte dir eine glückselige Art, das Leben zu leben von Moment zu Moment. (...) Alles, was du brauchst, ist die Fähigkeit, dich zu freuen – und das ist in jedem da. Es ist Teil des Lebens. Es ist nicht etwas, das hinzukommt. Es muss nur entdeckt werden. (...) Ein Sannyasin muss wieder wie ein Kind werden. Lösche alles, was die Gesellschaft dir gegeben hat, werde eine unbeschriebene Tafel und fang wieder bei ABC an. Lass Sannyas eine neue Geburt sein, ein neuer Anfang, und du wirst staunen, wie plötzlich ein neuer Schwung von Energie kommt. Du wirst meine Sannyasins hier sehen, wie sie tanzen, sich freuen, singen. (...) Sie sind wieder Kinder geworden. Wenn du ein Kind bleiben kannst bis an dein Lebensende, sogar wenn du stirbst, dann hast du wirklich gelebt. Und dann hast du erkannt, was das Leben ausmacht, sein Wunder, sein Staunen, sein Mysterium"[56].

Im Buddhismus nennt man den Schritt, der in Oshos Schule Sannyas genannt wird, *Sotapanna*[57] – in den Strom eintreten. Als würde es einen Fluss geben und wir stehen am Ufer des *Samsara*, das mit Leiden und Ignoranz behaftete Ufer, und wir erkennen, dass der Strom zum *Nirvana*, zur Befreiung fließt. Derjenige, der in den Strom eintritt, hat ein intuitives Verständnis von der Wahrheit und ein tiefes Vertrauen in die Richtigkeit dieses Schrittes. Sogleich versteht er, dass alles, was entstanden ist, unbeständig ist und irgendwann im Strom untergehen wird. In diesem Bewusstsein tritt er in den Strom ein.

Osho gab täglich Vorträge zu vielen verschiedenen Themen der *conditio humana*. Während dieser Vorträge meditierten wir für einige Stunden. Durch seine Worte war unser Verstand beschäftigt und das hielt ihn davon ab, seine eigenen Gedanken zu produzieren. In der Offenheit und der Stille zwischen den Worten fand eine nonverbale Übertragung statt, sodass wir Präsenz erfahren konnten. Die Herzen fingen an, im gleichen Rhythmus zu schwingen. Sein Licht verbreitete sich in uns allen. Natürlich war das nur möglich, wenn wir offen dafür waren. Eine Regentonne, die umgekehrt auf der Erde steht, wird kein Regenwasser aufnehmen.

Durch diese Resonanz geschah bei mir ein zweites Erwachen. Nachdem ich von meinem Potenzial gehört hatte, fing ich an, flüchtige Eindrücke meiner wahren Natur zu erleben. In diesen Momenten erfuhr ich plötzlich eine Klarheit und Einsicht in mein Leben, wie ich es bis dahin nicht gekannt hatte. Es waren zwar nur flüchtige Eindrücke und bald nach der Meditation kehrte die alte, bekannte Welt meistens wieder zurück. Trotzdem öffneten diese Erfahrungen mich und sie bestätigten, dass Praxis wirkliche Verwandlung möglich macht.

Durch die Erfahrungen in der Meditation verstand ich, dass Osho ein Wegweiser sein konnte, der mir für das Potenzial, das in mir schlummerte, die Augen öffnete. Ich verstand aber auch, dass es noch einen anderen Lehrer gibt, nämlich das Leben selbst. In der Meditation wurde mir eine andere Perspektive auf das Leben möglich. Für Momente wurde ich an eine andere Realität herangeführt. Das zweite Erwachen machte mir bewusst, dass ich diese Präsenz nicht nur in Osho verkörpert sehen konnte, sondern dass ich sie in mir selbst erfahren kann. Weil es aber nur flüchtige Begegnungen mit dieser anderen Welt waren, entstand in mir die Neugier, herauszufinden, warum diese Erfahrungen im alltäglichen Leben nicht greifbar waren. Ich verstand, dass es ein anderer Aspekt der spirituellen Praxis ist, diese Präsenz ins Leben zu bringen. Es bedeutete eine völlig neue Haltung dem Leben gegenüber einzunehmen.

In Oshos Mysterienschule wurde zwar die Meditationspraxis gelehrt, aber Osho hat immer verdeutlicht, dass Meditation keine Flucht aus dem Leben bedeuten sollte[58]. Sannyas sollte kein Entsagen vom Leben sein, kein Ausweg aus der Welt, kein Ausweichen vor der Liebe und der Sexualität. Spiritualität ist nur wahrhaftig, wenn wir sie ins Leben einbringen. Nicht nur braucht die Spiritualität eine Erdung im Leben und im Körper. Das Leben verwandelt sich auch durch Präsenz, die Arbeit wird zur Hingabe. Die Beziehung ist dann ein Platz, in der man an der Liebe wachsen kann. Der Körper ist der Tempel, in dem sich die göttliche Präsenz manifestiert. Das zweite

Erwachen zeigte mir, dass Präsenz einen natürlichen und fundamentalen Aspekt meines Potenzials ausmacht.

Ich lebte und arbeitete viele Jahre in dieser Gemeinschaft, die sich um Osho gebildet hatte. Am Anfang und am Ende jedes Arbeitstages standen die drei *Gacchamis*, eine Tradition, die ursprünglich aus dem Buddhismus stammt[59]: Die Tradition der dreifachen Zuflucht. Sie stellt die drei Pfeiler der Lebenspraxis dar, die da sind: der Erwachte (der Buddha), die Gemeinschaft um den Erwachten (die Sangha) und die Lehre des Erwachten (das Dhamma). Wir sangen jeden Morgen und Abend gemeinsam:

Buddham Sharanam Gacchami
Ich nehme Zuflucht zum Erwachten
Sangham Sharanam Gacchami
Ich nehme Zuflucht zur Gemeinschaft des Erwachten
Dhammam Sharanam Gacchami
Ich nehme Zuflucht zur ultimativen Wahrheit des Erwachten

Mein Alltag wandelte sich. Durch die drei *Gacchamis* wurde er von etwas Oberflächlichem zu einer von Präsenz geprägten Praxis. Die Zufluchtnahme bedeutete, dass alle Herausforderungen, die das Leben mit sich bringt, als Gelegenheit begriffen wurden, um zu erkennen, dass wir ein Potenzial in uns tragen, uns von dem Leid befreien zu können. Die anderen Pfeiler der Zuflucht sind die Einsicht, dass es Erwachte gibt, die bereits nach Hause gekommen sind, und das ich in einer Gemeinschaft lebe, wo ich täglich meine Entfaltung und die der anderen erlebe, sodass die Seele sich in diesem Feld verwandeln und reifen konnte.

Aus all dem entstand in mir ein neues Interesse an Psychotherapie. Hatte ich im Studium vermisst, dass die Psychotherapie einen ganzheitlichen Ansatz verfolgt, war ich jetzt an den genauen Zusammenhängen der Räume, die mir in der Meditation eröffnet wurden, und an den psychologischen Strukturen interessiert, die diesen Räumen Grenzen setzen. Ich ahnte, dass die Buddhanatur in gewisser Weise von in der Kindheit geprägten inneren Strukturen gefangen gehalten wurde und spürte ein tiefes Verlangen, die Seele zu befreien. Allerdings verstand ich noch zu wenig von den Zusammenhängen, die für diese Situation verantwortlich waren. Hier war die Psychologie nicht mehr eine Methode, die Störungen im Verhalten zu überwinden versuchte, sondern ich interessierte mich für die Befreiung der Seele. Ich fing an zu verstehen, dass die Suche nach dem inneren Zuhause zwei komplementäre Prozesse beinhaltet. Einerseits die Verwirklichung unserer Natur und andererseits eine Befreiung von einengenden psychischen Strukturen. Ich fing an, mich in verschiedenen psychotherapeutischen Richtungen auszubilden. Meine Ausrichtung galt nicht ausschließlich der psychotherapeutischen Arbeit, sondern vor allem dem Freilegen der Essenz. Durch die Auseinandersetzung mit der Psychotherapie, die eingebettet und getragen wurde von Meditation, konnte meine Seele viele psychologische Prägungen loslassen.

So begann ich mich zu verwandeln von jemandem, der schüchtern und ängstlich ist, zu jemandem, der dem Leben vertraut, von jemandem, der verletzt ist, zu jemandem, der mitfühlen kann, von jemandem, der wütend ist, zu jemandem, der sich aus Verstrickungen lösen und autonom agieren kann, von jemandem, der sich minderwertig fühlt, zu jemandem, der Würde hat, von jemandem, der stolz ist, zu jemandem, der Demut empfinden kann, von jemandem, der sich innerlich leer fühlt, zu jemandem, der seine Präsenz spüren kann, von jemandem, der bedürftig ist, zu jemandem, der seinen inneren Reichtum spüren kann. Natürlich ist dies ein langer, allmählicher Prozess, der mehrere Jahre in Anspruch nimmt und sich immer weiter vertieft.

Die Gemeinschaft war ein sehr lebendiges und transformierendes Feld, in dem viele Menschen ihre Kenntnisse von Spiritualität und

Psychotherapie einbrachten und in der neue Ansätze des spirituellen Wachstums gefunden wurden. So entwickelte ich nicht nur mich selbst, ich machte mich auch vertraut mit verschiedenen Methoden des inneren Wachstums, die es in der Form, wie sie hier entstanden, vorher noch nicht gegeben hatte. Ich bekam in dieser Mysterienschule die Gelegenheit, den Weg, den ich gegangen war, mit anderen zu teilen, und konnte durch das Begleiten von anderen auf ihrem Weg ins innere Zuhause meinen Beitrag leisten. So wurde ich zu einem Wegbegleiter und Reisegefährten. Dies war weniger eine neue Identität, als etwas ganz Natürliches. Genau dies zu tun war die Erfüllung meines eigenen Weges, und ich spürte, dass es ihn immer mehr vertiefte, wenn ich ein Gefährte für andere sein konnte. Bald wurde ich in verschiedene Länder eingeladen, um diese Arbeit mit Menschen zu teilen, die sich dafür interessierten. Es wurde mir immer klarer, dass sich jedes Herz nach dieser Vereinigung mit seinem Ursprung sehnt.

Auf einer dieser Reisen bekam ich die Nachricht, dass meine Mutter Darmkrebs hatte. Der Krebs war bei einer Routineuntersuchung festgestellt worden. Ich flog nach Holland. Weil die Krankheit in einem frühen Stadium entdeckt wurde, gab es die Hoffnung, dass die Entfernung des Tumors und die anschließende Chemo-Therapie und Bestrahlung den Krebs besiegen würde. Durch die Auseinandersetzung mit der Krankheit und der Vergänglichkeit, spürte ich die tiefe Verbundenheit zu meiner Mutter und zugleich die Loslösung von ihr.

Das Thema Loslösung sollte mich noch sehr lange begleiten. Nach der Operation flog ich wieder nach Indien. Osho war wegen seines Gesundheitszustandes schon über ein halbes Jahr nicht mehr in der Versammlung der Sannyasins erschienen, um seine Vorträge zu halten. Er besuchte uns aber, wenn er konnte, in Stille, um uns mit einem „Namaste“ zu grüßen und für einige Momente bei uns zu sein. Als ich ihn das erste Mal nach meiner Rückkehr sah, war ich sehr berührt zu sehen, wie geschwächt sein Körper war. Seine Präsenz schien davon unberührt. Ich sah, dass es ihm fast nicht mehr möglich war, seinen Körper zu bewegen. Zwei Wochen später starb er. Sein Körper wurde der indischen Tradition entsprechend an den Fluss getragen und dort, auf einem Feuerbestattungsplatz, verbrannt. Ich blieb bis tief in die Nacht dort sitzen und schaute zu, wie nicht nur der Körper und das Holz auf dem Körper verbrannten, auch der Rauch, der aus dem Feuer aufstieg, löste sich auf und verschwand in einem Nichts im Himmel. Der Fluss floss weiter ungestört zum Ozean, und ich erinnerte mich, wie „ich in den Strom eingetreten war" in dem Bewusstsein, dass alles, was unbeständig ist, irgendwann den Strom hinunterfließt. Dass Osho so schnell gehen würde, hatte ich nicht erwartet, er war erst 58 Jahre alt. In mir war es, als ob alles anhalten würde, und doch war es auch ein Nach-Hause-Kommen.

Zu meinem Erstaunen machte ich nach Oshos Tod die Erfahrung, dass seine Präsenz noch genauso spürbar war wie zuvor, als er in seinem Körper anwesend war. Ich fühlte nicht, dass er mir fehlte oder dass ich etwas vermisste. In mir geschah dennoch eine Veränderung; ich spürte eine erhöhte Dringlichkeit, ich fühlte mehr Verantwortung, meine spirituelle Praxis zu pflegen. Jetzt, da Osho nicht mehr in seiner Verkörperung zur Verfügung stand, fühlte ich den Drang, die Präsenz in *meiner* Seele zu verkörpern. Meine Meditation vertiefte sich, und durch die Psychotherapie geschah ein Infragestellen meiner üblichen Identität. Die zuerst nur flüchtigen Momente von Präsenz wurden beständiger, nicht zuletzt, weil ich ein tieferes Verständnis über die Struktur meiner Persönlichkeit hatte, die verantwortlich für die Unter- brechungen in der Präsenz war.

Während ich meiner eigenen Praxis nachgehen konnte und auch als Wegbegleiter für andere immer mehr innere Zusammenhänge verstand, verschlechterte sich der Gesundheitszustand meiner Mutter, und ich bewegte mich zwischen Holland und Indien hin und her. Der Krebs war wieder zurück und es wurde ein qualvoller, sechsjähriger

Leidensweg für sie. In der Auseinandersetzung mit ihrem Schmerz und ihrer Ohnmacht, konnte ich mit meiner Liebe und Präsenz bei ihr sein. Dies konfrontierte mich aber auch mit meiner gesamten frühkindlichen Geschichte. So war die Begleitung und der Sterbeprozess auch ein Wandlungsprozess für mich. Auch in mir fing etwas an zu sterben – die Orientierung an der Vergangenheit. Die Loslösung von der körperlichen Präsenz von Osho und meiner Mutter war für mich auch ein Prozess der Individuation. Äußerlich drückte es sich im Abschied von Indien und der Gemeinschaft aus. Innerlich war es ein drittes Erwachen. Ich verstand mich selbst grundsätzlich anders. Es wurde mir bewusst, dass meine alte Identität ein Konstrukt in meinem Verstand war. Ich machte eine direkte Erfahrung meiner Natur und erkannte, dass diese pure, totale Erfahrung etwas sehr Mysteriöses ist, etwas Kostbares, das nicht von meinem Tun abhängig ist, ein Segen, eine Gnade. Nicht dass meine Ego-Identität damit aufgelöst gewesen wäre, aber das dritte Erwachen machte deutlich, wie stark meine Identität auf Konzepten beruht, und dass die Wirklichkeit eine völlig andere ist.

Meine innere Führung hatte mich einmal nach Indien gebracht. In dieses Land, das von so vielen Buddhas berührt wurde, dass der ganze Kontinent von dieser Energie vibriert. Diese Vibration der Meditation ist es, die den Reichtum Indiens ausmacht. Wenn man sich dafür öffnen kann, ist Indien eine Metapher, eine Poesie, ein unsichtbares Feld von Bewusstsein. Wenn man dies einmal in sich gespürt hat, dann ist dieser Duft der Meditation immer bei einem. Jetzt spürte ich, dass ich nicht länger nach Indien fahren musste, um nach Hause zu kommen. Das eigene Herz war die Wohnstätte des Ganzen geworden. So zeigte die Führung mir jetzt den Weg zurück in die westliche Welt. Ich wusste, dass ich eine neue Heimat suchte, die es mir ermöglichen würde, mich in meiner Arbeit mitten im Leben zu verwirklichen. Anfangs war unklar, ob ich in Europa, Australien oder den USA landen würde. Es schien mir alles möglich.

Letztendlich verschlug es mich nach Deutschland. Hier ergab sich alles auf eine Art, wie es mir entsprach. Ich fand in Köln eine lebendige Sangha (Gemeinschaft) und ein Meditationszentrum, an dem ich meine Arbeit anbieten konnte. Einige meiner besten Freunde zogen mit, und ich verliebte mich in eine junge Kölnerin, die später meine Frau wurde. In Köln angekommen, passierte eine besondere Art der Führung: In der Woche, in der meine Mutter starb, entstand in Deutschland eine neue Gemeinschaft, die mich faszinierte, die *Ridhwan Schule* und ich wurde Schüler von A. H. Almaas. So setzte sich meine Praxis in einer neuen Umgebung fort.

Ich hatte mich jahrelang als „Sucher auf dem spirituellen Weg" verstanden, jetzt wollte ich diesen Weg „in der Welt" gehen. Ich bewegte mich mit verschiedenen Rollen in dieser Welt: als Psychotherapeut, Meditationslehrer, Trainer oder Ausbilder. Die Grundlage meiner Praxis war es, im „Sein", in der Präsenz verwurzelt zu sein. Zugleich war die Rolle, die ich annahm, auch ein „Tun", eine Tätigkeit. Nacheinander manifestierten sich verschiedene Ansätze, die das östliche Verständnis der Spiritualität mit der westlichen Psychotherapie verknüpften. Diese Ansätze habe ich für Gruppen oder als Einzelsitzungen bei verschiedenen Instituten angeboten. Und viele nahmen diese Angebote an, um so mit mir als einem Weggefährten ein Stück ihres Weges nach Hause zu gehen. Der Erfolg ließ nicht lange auf sich warten. Bald hatte ich einen vollen Terminkalender und eine florierende Praxis. Ich teilte meine Erfahrungen mit den vielen Menschen, die zu mir kamen. Bisher hatte ich gearbeitet, um meine Aufenthalte in Indien finanzieren zu können. Jetzt war ich dabei, mir eine eigene Existenz aufzubauen. Meine Freundin und ich entschieden uns zu heiraten und suchten ein geeignetes Grundstück, um ein Haus zu bauen. Ich gönnte mir ein schönes Auto. Es sah danach aus, dass ich „in der Welt" angekommen war. Neben meiner Berufstätigkeit pflegte ich meine Meditationspraxis und die Praxis der Selbsterforschung. In der *Ridhwan Schule*, meiner neuen spirituellen Heimat, setzte ich mich auf eine differenzierte Weise mit meiner spirituellen Entwicklung auseinander.

Ich war jetzt in einer Lebensphase, die von äußerlichem Erfolg geprägt war, und spürte in mir Demut und Dankbarkeit dafür. Ich verstand, dass dieser Erfolg eine Gnade ist, ein Segen, der aus dem Kontakt mit der wahren Natur herrührt. Trotzdem konnte ich beobachten, wie es in mir eine Instanz gab, die sich diesen Erfolg ans eigene Revers heften wollte. Mein altes Ich wollte sich diese Erfolge aneignen, es glaubte selbst für die spirituelle Entwicklung verantwortlich zu sein. Es wollte Lob für den kreativen Prozess, der die verschiedenen Formen meiner Arbeit ermöglicht hatte. Selbst dafür, dass ich eine hübsche Frau an meiner Seite hatte, ein schönes Auto fuhr und ein schönes Haus gebaut hatte. Mit anderen Worten: Mir wurde bewusst, wie sich meine alte Ego-Struktur durch den Narzissmus aufrechterhielt. Da konnte noch so viel essenzielle Realisierung passiert sein, es war, als ob die Ego-Identität sich in ihrer defensiven Struktur verschanzt hatte und nicht willens war, Macht abzugeben.

In der *Ridhwan Schule* wird Narzissmus als Verlust der essenziellen Identität[60] definiert. An einem Punkt in der Ego-Entwicklung, den man „der große Betrug" nennt, verliert die Seele die Verbindung zur Ganzheit: Sie fängt an, sich als ein getrenntes Ego zu begreifen. Statt die Fülle der essenziellen Präsenz zu erleben, nimmt das Ego-Selbst sich als eine Hülle wahr, eine Schale, die innen drin leer ist. Diese Leere fühlt sich sinnlos an, unzulänglich, beschämend und falsch.

Weil dies alles sehr unangenehme Empfindungen sind, entwickelt das Ich verschiedene Verdrängungsmechanismen, um mit dem Schmerz dieser narzisstischen Verwundung umzugehen. Mir wurde bewusst, dass mein Narzissmus sich hauptsächlich darin zeigte, Minderwertigkeitsgefühle und Scham mit Stolz zu überspielen. So gesehen waren jetzt die Erfolge in meinem Leben Futter für den Stolz. Ich war mir der Arroganz dieser Haltung durchaus bewusst. Ich verstand auch, dass die Erfolge nicht unbedingt auf meinem Verdienst beruhten. Aber etwas in meiner Persönlichkeit versuchte sich dennoch durch diese Haltung zu behaupten. Es wurde mir bewusst, dass diese Haltung, der Welt zu zeigen, dass ich okay bin, in der Tiefe auf der Überzeugung ruhte, minderwertig, unzureichend und falsch zu sein. Es war ein schmerzhafter und mühsamer Prozess, diesen abgespaltenen Ecken meiner Persönlichkeit mit Freundlichkeit und Akzeptanz zu begegnen, bis auch hier eine Transformation möglich war. Solange diese Aspekte in mir abgespalten und verdrängt waren, war ich darauf angewiesen, an den äußerlichen Errungenschaften festzuhalten. Ich begegnete auch der Angst, dass die Verarbeitung dieses Narzissmus´ vielleicht bedeuten würde, mich von allen äußerlichen Erfolgen, auf die ich so stolz war, zu verabschieden. Noch wusste ich nicht, wie bald ich eine Bestätigung dieser Angst erfahren sollte.

Kurz nachdem meine Frau und ich unser neues Haus bezogen hatten, wurde ich krank. Es folgten einige Jahre mit verschiedenen Verdachtsdiagnosen und entsprechenden Therapieversuchen, ohne dass wirklich klar war, was für eine Krankheit vorlag. Ich bekam einen Schlaganfall und landete in der Klinik. Dort wurde letztendlich eine Autoimmunerkrankung festgestellt. Es war eine unheilbare Krankheit, die mich den Rest meines Lebens begleiten würde. Die Auseinandersetzung mit der Krankheit machte es mir unmöglich, meinen Stolz und damit den Narzissmus aufrechtzuerhalten. Die Ohnmacht, mit der die Erkrankung mich konfrontierte, machte deutlich, dass meine bisherige Überzeugung, ich sei gesund, weil ich mich gesund ernährt hatte und auch durch Meditation für eine seelische Gesundheit gesorgt hatte, nicht aufrechtzuerhalten war. Gesundheit war nicht mein Verdienst. Wenn Gesundheit mein Verdienst gewesen wäre, müsste ich jetzt, da ich krank war, mir die Schuld an der Erkrankung geben. Die Krankheit stellte meine gesamte narzisstische Überzeugung, meinen Stolz auf alles, was ich mir erarbeitet hatte, infrage.

Auch in anderen Lebensbereichen war ich mit Verlusten konfrontiert. In meiner Ehe fing es an zu kriseln, wir machten eine Paartherapie –

und ein Jahr nach meiner Krankheitsdiagnose zog meine Frau aus und beendete die Beziehung. Zur gleichen Zeit ging es einem der Institute, bei denen ich meine Arbeit anbot, so schlecht, dass es Insolvenz anmelden musste. Ich verlor dadurch die Hälfte meines Einkommens. Ich fuhr im Regenwetter nach Hause und geriet mit meinem schönen Auto ins Schleudern, bis ich in einem zerbeulten Auto zum Stehen kam. Ich hatte meine Gesundheit, einen großen Teil meiner Arbeit, meine hübsche Frau und mein schönes Auto verloren und war in einer so prekären Situation, dass ich nicht wusste, ob es möglich sein würde, mein Haus zu behalten.

Eine schmerzvolle Zeit, in der ich einiges, was mir kostbar war, verloren habe. Die Kehrseite von Stolz auf Erfolg ist die Empfindung einer Niederlage bei Misserfolg. Die gleiche Instanz in mir, die sich vorher an dem Stolz hochgezogen hatte, fing jetzt an, mich zu beschuldigen, zu verurteilen. Hinter dem Gefühl der Niederlage verbarg sich die Ohnmacht, was durch die Augen der Ego-Orientierung betrachtet etwas Falsches, Vernichtendes, Minderwertiges hatte. An einem Punkt fing ich aber an zu begreifen, dass Ohnmacht manchmal nichts anderes sagen will als: „Es liegt nicht in meiner Hand.“, eine Erkenntnis, dass ich weder für den Erfolg noch für den Misserfolg verantwortlich bin, weder für die Krankheit noch für meine Gesundheit, dass ich es nicht bestimme, ob meine Frau bei mir bleibt oder nicht, dass ich es nicht beeinflussen kann, ob das Institut, das meine Arbeit organisiert, solvent oder insolvent ist.

Die Auseinandersetzung mit den äußeren Verlusten erlaubte es mir, mich von „demjenigen, der tut“, zu lösen. Ich verstand, dass das Leben mir etwas zeigen will, was ich bisher noch nicht realisiert hatte. Es machte mir klar, dass ich keine kleine, getrennte Einheit mit einem eigenen Willen bin. Das war der Gnadenstoß für den Narzissmus. Ich habe augenfällig zwar eine Wahl, kann mich auflehnen gegen das Leben, aber ich kann mich nicht unabhängig vom Leben bewegen. Ich *bin* das Leben und das ist immer dynamisch. Alles, was kommt, muss wieder gehen. Ich erkannte mich als das Leben. Wenn das Leben mir Krankheit bringt, ist es das, was ich bin, und wenn das Leben den Tod bringt, dann akzeptiere ich auch das.

Dies war eine vierte Art des Erwachens, in der ich mich als wahre Natur erfuhr. Es war die Realisierung, dass mein Sein essenziell ist, und dass dieses Leben seine eigene Dynamik hat, es bewegt sich ständig. Leben ist Aktivität. Ich muss nichts tun, das Leben ist schon dynamisch an sich. Ich kann diese Bewegung in Dankbarkeit annehmen. Die Vorstellung, dass ich es bin, der gestaltet, ist ein Missverständnis. Während im Feld des Bewusstseins vielleicht noch Gefühle, Reaktionen und Erinnerungen stattfinden, nehme ich eine Dynamik, eine Bewegung wahr, die vom Licht der Essenz geführt wird. Es gibt die Erkenntnis, dass nicht ich für Veränderung sorge, sondern die essenzielle Erfahrung sich nach ihren eigenen Gesetzmäßigkeiten entfaltet, weil es in meiner Natur liegt, mich zu entfalten. Dies ermöglicht es mir, mich unmittelbar zu erkennen, ohne auf Erfahrungen der Vergangenheit Bezug zu nehmen.

Auch in der äußeren Welt ging das Leben weiter. Nach einer Zeit des Alleinseins kam wieder eine neue Frau in mein Leben. Weil ich nicht mehr derselbe war, war nun eine andere Art der Beziehung möglich. Die Grundlage für die Beziehung ist die gleiche wie die Grundlage für die spirituelle Praxis, sie basiert auf der Liebe zur Wahrheit. Auch mein Arbeitsleben regulierte sich. Die Arbeit, die ich durch die Insolvenz verloren hatte, ging in neuen Formen und an anderen Orten weiter. Ich empfand mein Arbeiten immer als Hingabe, ich war dankbar, dienen zu können. Das Leben ging seinen ganz normalen Gang, auch wenn da jetzt kein Empfinden mehr war von demjenigen, der tut und gestaltet. Wenn die alten Meister des Zen gefragt wurden, was ihre tägliche Praxis sei, sagten sie: „Holz hacken und Wasser vom Brunnen holen." Das ganz gewöhnliche Leben geht weiter, obwohl es in mir ein anderes Verständnis gibt von demjenigen, der die Bewegungen des Lebens ausführt.

Meine Krankheit forderte mich zu einer Neuorientierung auf. Es entwickelten sich weitere Krankheitsbilder, und ich war mit verschiedenen Symptomen konfrontiert, die nicht gedeutet werden konnten. Fünfmal schien es so, dass es eine Krebserkrankung sein könnte. Und die Möglichkeit, dass mein Leben ein baldiges Ende haben würde, konnte ich nicht länger leugnen. Ich lernte mit verschiedenen Formen des Schocks umzugehen. Jeder Schock zeigte mir, dass etwas in mir an der bekannten Definition meines Selbst festhielt, es war vor allem die Orientierung an einem Körperbild, das sich auf innere Empfindungen, auf motorische Fähigkeiten oder die Wahrnehmung von Körperbewegung im Raum bezog. Diese Körperbilder strukturierten sehr stark, wie ich mich selbst wahrnahm. Sie bestimmten eine innere Atmosphäre, ein Gefühl, das mir lange ein Gefühl von „das bin ich“ gegeben hatte. Durch die Krankheit veränderte sich dies, ich erkannte meinen eigenen Körper nicht mehr; es war, als wäre ich das nicht mehr.

Diese Auseinandersetzung mit Krankheit und Vergänglichkeit führte mir vor Augen, wie stark ich mit dem Körper identifiziert war und wie sehr ich daran festhielt. Es war, als ob ein Schleier über der Wirklichkeit liegen würde. Und hinter dem Schleier eine Leere – in der alles verschwindet. Der Verstand versuchte sich an den alten Körperbildern und des dazugehörigen Selbstbildes festzuhalten. Auch die Angst, nicht mehr geliebt zu werden, machte sich an dem Verlust dieses Selbstbildes fest. Anders als der Verstand fürchtete mein Herz die Leere nicht, in der alles verschwindet. In meinem Herz war eine Liebe, die sich selbst im Mysterium der Leere auflösen wollte. Eine leidenschaftliche Liebe, die nicht ruht, bis sie nach Hause gekommen ist. Eine Kraft, die erlösend ist, die im Stande ist, sich von jeglicher Form der Verbindung und von dem Festhalten zu lösen, bis nur noch die Leere da ist.

Ich nehme in meinem Herzen eine Bewegung wahr, die sagt: „Ich möchte alles loslassen, was ich bin. Alles. Ich möchte mich aufgeben, aber ich weiß auch, dass ich es nicht bin, der etwas tun kann, ich möchte genommen werden." Es ist der ultimative Ausdruck von der Liebe zur Wahrheit, von der Bewegung zurück nach Hause. Es ist Hingabe an den Raum, der nicht länger von Körpergrenzen bestimmt wird, die Erfahrung der Formlosigkeit. Es ist ein Ankommen in der grenzenlosen Weite des Seins. Die Seele ist die Seele des Universums, das Herz ist in Wirklichkeit das Herz des Universums und seine Natur ist Liebe. Die Leere ist so leer, dass alles sich frei in ihr manifestieren kann: das Herz erwacht, der Verstand wird klar, der Körper ist befreit.

Ich bewege mich hin und her zwischen der Identifikation mit dem bekannten Selbst und der Realisierung der grenzenlosen Dimension. Nach und nach verwirklicht sich diese Grenzenlosigkeit in meiner Seele in seiner Ganzheit. Ich verstehe immer mehr, dass alle spirituellen Dimensionen ihren Ursprung in dieser non-dualen Einheit haben. Nicht nur die Natur der Seele ist essenziell, es ist die Natur der gesamten Existenz. Ich habe keine individuelle Existenz, ich bin das Leben. Ich habe keine Form. Ich bin die Formlosigkeit. Nicht nur gibt es mich nicht als individuelle Identität – auch alle, die ich als andere bezeichnet habe, existieren nicht eigenständig. Es hat weder mich noch die anderen jemals gegeben. Die grenzenlose Weite ist das, was ist, und gleichzeitig ist es eine Nicht-Existenz, eine Leere, ein Nichts.

Die fünfte Art des Erwachens ist das Erkennen, dass die wahre Natur das Wesen der gesamten Existenz ausmacht. Selbstgrenzen sind Illusion. Die Existenz ist eins. Alles ist eine ungeteilte Präsenz, ein Raum ohne Grenzen.

Die Geschichte von meinem Weg nach Hause ist eine Geschichte, eine Geschichte kann nie die Wahrheit abbilden. Trotzdem habe ich versucht, mit dieser Geschichte etwas begreiflich zu machen über das, was im Leben geschehen ist. Eine Geschichte kann nur einen

Ausschnitt beleuchten und muss ganz vieles weglassen. Eine Geschichte ist auch eine Vereinfachung. Die verschiedenen Stufen der Erkenntnis entsprechen keinem Moment, in dem plötzlich eine Erkenntnis da wäre. Sie sind immer das Ergebnis eines längeren Prozesses. Die Wirklichkeit hat keine Ebenen. Es ist alles wahre Natur. Aber wir realisieren die wahre Natur meist nicht in ihrer Gesamtheit – im Augenblick. Es gibt Ebenen der Erkenntnis und auf jeder Ebene oder jedem Grad des Verständnisses existiert die Wahrheit. Wir haben nicht nur *die* Wahrheit, wenn wir alles in seiner Vollkommenheit sehen. Letztendlich sehen wir, wie unsere alltägliche Erfahrung nichts anderes ist als unsere wahre Natur – wir bewegen uns hin zu der Realisierung von purem Sein – die Einheit der non-dualen Wirklichkeit.

Anzukommen im inneren Zuhause ist kein Prozess, der irgendwann anfängt und zu einem anderen Zeitpunkt seine Vollendung findet. Die spirituelle Praxis und die Realisierung sind zwei Seiten einer Münze. Die Praxis hat kein letztendliches Ziel, und Realisierung fängt schon mit dem ersten Schritt an, den wir gehen. Wir denken, dass wir uns von A nach B bewegen, aber in Wirklichkeit bewegen wir uns anders. Wir suchen nicht nach einem bestimmten Zustand, der für immer stabil ist. Unsere wahre Natur entfaltet sich endlos und eine Realisierung folgt auf die nächste. Es gibt kein Ende der Realisierung, und es gibt auch kein Ende der Praxis. Wenn wir uns am Anfang auf den Weg machen, begreifen wir dies noch nicht, wir sehen die Welt durch die Augen des Egos, durch die Augen der Kausalität, und denken, dass wir praktizieren, um irgendwann in Zukunft nach Hause zu kommen. Realisierung findet aber immer hier und jetzt statt. Wenn wir praktizieren, bedeutet das ein Ankommen im Hier und Jetzt. Ein Ankommen in einem sich selbst entfaltenden Jetzt. Wir hören auf, uns selbst zu verlassen, und kommen so nach Hause.

Die Herkunft vergessen

Ich erinnere mich noch gut, als Gwen[61] zum ersten Mal in meine Praxis kam. Eine attraktive, junge Frau – gestresst und streng zu sich selbst. Sie war in der Zeit sehr bemüht, ihre homöopathische Praxis erfolgreicher zu gestalten. Obwohl sie sehr gut ausgebildet war und viele verschiedene heilkundliche Kompetenzen besaß, war ihr Terminkalender nicht sehr voll. Die Situation bereitete ihr viel Druck. Auch im Privatleben fehlte ihr Halt, sie traute sich nicht, sich auf eine Beziehung einzulassen. Sie machte sich viele Vorwürfe und meinte, sie sei hässlich, sie habe keinen Humor und keine Freude am Leben und es sei kein Wunder, dass sich niemand für sie interessiere.

Statt sich anzustrengen, um etwas aus ihrem Leben zu machen, würde sie mir jetzt die Ohren volljammern, mit Selbstmitleid würde man auch keinen Blumentopf gewinnen. Sie redete mit einer rastlosen Geschwindigkeit, und ich hatte den Eindruck, dass ihr gar nicht bewusst war, wie aggressiv und hart sie mit sich selbst umging. Als ob sie kein Gespür mehr hätte für ihre eigene Empfindsamkeit, als würde sie den Schmerz, den sie sich zufügte und den sie vielleicht auch in ihrem Leben erlebt hatte, nicht mehr fühlen wollen. Später erfuhr ich von ihr, dass sie sich schon früh vorgenommen hatte, auf keinen Fall zu einer Verliererin zu werden wie ihre Mutter, die immer nur alles ausgehalten hätte. Sie habe sich immer gewünscht, dass ihre Mutter ihren alkoholabhängigen Vater verlassen würde. Stattdessen habe sie, Gwen, die Situation immer wieder retten müssen, sie hatte ihren Vater davon abgehalten, gewalttätig zu werden, sie musste immer auf der Hut sein, es gab kaum eine entspannte Minute. So hatte sie gelernt, ihre eigenen Ängste, ihren Schmerz und ihre Bedürftigkeit zu unterdrücken – und darin ist sie wirklich gut geworden. Sie hat ihre Mutter und sich selbst geschützt, und obwohl die Situation sich nie entspannt hat, hat sie Schlimmeres vermieden.

In ihrem Leben als selbstständige, junge Frau war sie jetzt mit einer immensen Angst konfrontiert, zu versagen und die Kontrolle über ihr Leben zu verlieren. Die Strategie, die sie erfolgreich in ihrer Kindheit für sich gefunden hatte, sollte jetzt auf keinen Fall scheitern. Langsam wurde es ihr bewusst, dass diese Kontrolle nicht nur dazu da war, im Leben klarzukommen, sondern dass sie sie nutzte, um ihre Ängste, ihre Hilflosigkeit und ihren Schmerz abzuwehren. Für Momente entstand in ihr ein Interesse, ein Gefühl für dieses Kind, das sich so zusammengerissen hat, weil es sich in seiner Familie nicht willkommen gefühlt hat, aber schnell wechselte sie immer wieder in eine kontrollierte Verbissenheit und verteidigte das als „etwas, das mich stark macht".

Gwen stand jetzt an einer entscheidenden Kreuzung in ihrem Leben. Sie hatte noch keine Einsicht über Ego-Strukturen oder spirituelle Dimensionen, aber sie begann langsam zu realisieren, wie sehr die Strategien, die sie sich angeeignet hatte, sie bestimmten, wie wenig Freiheit sie ihr erlaubten und wie abgeschnitten sie von ihrer Lebensfreude war, von ihrem Humor und dem Empfinden ihrer Schönheit.

Die Ego-Struktur

So wie Gwen geht es vielen Menschen. Irgendwann wird uns bewusst, wie begrenzend die Strategien sind, die wir uns in der Kindheit angeeignet haben. Einerseits meinen wir, diese Strategien unbedingt zu brauchen, aber andererseits begreifen wir auch, wie sie verantwortlich sind für die fehlende Freiheit und das fehlende Vertrauen ins Leben, für den fehlenden Selbstwert, für die fehlende Selbstliebe, für die fehlende Lebensfreude. Verantwortlich dafür ist die Ego-Struktur. Sie sorgt dafür, dass wir uns von der spirituellen Präsenz im Hier und Jetzt abwenden und uns an Eindrücken orientieren, die wir in unserer frühen Kindheit gemacht haben. Das Ego ist im Grunde genommen eine Ansammlung von Eindrücken, Prägungen und Erfahrungen. Wir halten diese Eindrücke fest in unserem Verstand, und so werden diese gespeicherten Erinnerungen zu Konzepten und Bildern von etwas, das wir zu sein glauben. Diese formen unser Selbstbild. Wir orientieren uns an dieser Identität in allem, was wir tun, und meinen, ohne diese Identität nicht funktionieren zu können.

Die alten Meister haben immer wieder gesagt, dass die Ego-Struktur eine Illusion sei. Aus der Perspektive von jemandem, der sich befreit hat, stimmt das sicherlich. Durch die Brille des Egos gesehen ist es aber Unsinn. Wenn wir uns an der Ego-Struktur festklammern und ihr durch unser Verhalten immer wieder einen Platz einräumen in unserem Leben, dann ist das, was wir erfahren, in hohem Maße bestimmt durch unsere Ego-Struktur.

Wenn das Ego seine defensive Haltung beibehält, kann der Prozess des inneren Wachstums nicht vollzogen werden. Die Ego-Struktur kann nur existieren, wenn wir dafür sorgen, dass sie immer wieder erscheint. Wenn wir uns selbst „in Ruhe" lassen, wird sich das Ego mehr und mehr verflüchtigen. Meditation ist eine hilfreiche Methode, weil sie uns einlädt, den Regungen des Egos mit Gleichmut zu begegnen, sodass wir zuerst Lücken in unserer Erfahrung erleben können, wo das Ego abwesend ist. Letztendlich lernen wir dadurch, uns an einem anderen Platz zu verankern als in der Ego-Struktur, nämlich in der Präsenz des unmittelbaren Augenblicks.

Eine neue Perspektive

Gwen war in dieser Phase ihres Lebens sehr unzufrieden, weil sie die Begrenztheit ihrer Ego-Strategien wahrnahm, auch wenn sie das selbst vielleicht noch nicht so beschrieben hätte. Sie hielt an den gelernten Mechanismen fest, weil sie meinte, nur so funktionieren zu können. Sie begann allmählich, ihre Ego-Struktur wahrzunehmen, und sie sehnte sich nach Leichtigkeit, Humor und Lebensfreude.

Durch Krisen, Krankheit, Scheitern führt das Leben uns manchmal an einen anderen Platz, wir nehmen eine neue Perspektive ein, wir beginnen, etwas zu hinterfragen, das für uns bislang immer selbstverständlich war. Für einen Moment kann das Licht uns erreichen und eine Wende einleiten. So war es jetzt für Gwen, auch wenn es ihr nicht leichtfiel, konnte sie etwas von ihrer defensiven Haltung preisgeben, und sie öffnete sich für eine neue Herangehensweise.

Gwen hatte eine beschwerliche Kindheit, mit einem gewalttätigen, alkoholabhängigen Vater und einer sich unterordnenden Mutter. Diese und viele andere Tatsachen haben dazu beigetragen, dass sie sich eine ganz bestimmte Ego-Struktur angeeignet hat. Wir benötigen aber keine traumatischen Kindheitserfahrungen, um eine Ego-Struktur zu entwickeln. Es ist kein Fehler eine Ego-Struktur zu haben – im Gegenteil, die Entwicklung einer Ego-Struktur ist eine der notwendigen Schritte des Lebens. Sogar wenn wir in einem zugewandten, liebevollen Umfeld aufgewachsen sind und eine sichere Bindung zu unseren Eltern aufbauen konnten, wenn wir ein angemessenes Verhältnis zwischen Halt und Eigenständigkeit erfahren haben, wenn wir mit Achtung, Respekt und Liebe behandelt wurden, auch dann entwickeln wir eine Ego-Struktur.

In der Entwicklungspsychologie wird die Ego-Entwicklung als ein eigenständiger und abgeschlossener Prozess beschrieben[62]. Wenn wir die spirituelle Dimension als Teil des menschlichen Entwicklungsprozesses miteinbeziehen, dann ist es sinnvoll, die Ego-Entwicklung als unvollständige Entwicklung zu sehen. Sie vervollständigt sich, wenn durch die spirituelle Transformation die Ego-Identifikationen verdaut und integriert werden kann. Dann orientieren wir uns nicht mehr an unserem Selbstbild, sondern an einer unmittelbaren Präsenz[63].

Die Kraft der Transformation

Wir kommen alle in die Welt als leuchtende Sterne mit einer offenen Seele und einer lebendigen Präsenz. Die Seele ist ursprünglich ohne Struktur, eine formlose, eher flüssige Substanz, sie kann verschiedene Formen annehmen. Die essenzielle Natur kann sich in verändernden Formen in der Seele zeigen: als eine mutige Präsenz, aber genauso gut als eine freundliche, warme, liebevolle Präsenz oder als Intelligenz. Im ersten Lebensjahr gibt es noch keine Ego-Struktur in der Seele. Dies wird nicht nur von spirituellen Lehrern vertreten, auch die moderne Psychologie beschreibt die Geburt des Egos als einen Prozess, der in den ersten Lebensjahren passiert. Weil die Seele formlos ist, kann sie auch durch die Entwicklung einer Ego-Identität, durch Konzepte und Bilder in bestimmte Muster gegossen werden. Weil die Ego-Struktur auf Identifikationen beruht, verliert die Seele ihre Formlosigkeit, wird fest und kann Eigenschaften aufweisen wie Härte, Kälte, Undurchdringlichkeit. Eine harte Kruste ist entstanden, die den Weg zur Freiheit, zu Liebe und Vertrauen versperrt.

Die Ego-Entwicklung ist ein notwendiger Schritt des menschlichen Wachstums. Die Seele kann zwar von der Buddhanatur gesättigt sein, sie hat aber noch keine Identität, mit der sie sich selbst erkennen kann. Weil wir nicht wissen, wer wir sind, brauchen wir eine Identität. Ohne Identität können wir nicht in der Welt leben. Zu wissen, dass wir eine wahre Natur haben, die unser Wesen ausmacht, stellt eine sehr subtile Erkenntnis dar, die ohne Identität nicht möglich ist. Zuerst entwickelt das Kind also ein Ego, das die Fähigkeit hat zu reflektieren, mit Genauigkeit wahrzunehmen und Unterscheidungen festzustellen.

Diese Entwicklung macht es möglich, ein Bewusstsein zu entwickeln, das Unterscheidungsvermögen hat. Als Erwachsene ermöglicht uns dieses Bewusstsein zwischen der Ego-Erfahrung und der Präsenz zu unterscheiden, und es ist an der Auflösung des Egos beteiligt. Der Prozess der Verwirklichung kann als ein Verdauungsprozess gesehen werden, der uns erlaubt, die Selbstbilder, also die Bausteine der Ego-Struktur, zu verdauen. Jeder verdaute Teil der Struktur wird absorbiert und gibt etwas mehr Raum frei für das Licht unserer wahren Natur.

Für Gwen war es z. B. eine große Herausforderung, langsamer zu werden. In ihrer Rastlosigkeit war es ihr möglich, sich mit Härte zu verurteilen, ohne dass ihr wirklich bewusst war, dass sie aggressiv gegen sich selbst war. Durch die Verlangsamung fing sie an zu fühlen, was ihre eigenen Worte für eine Auswirkung auf ihr Empfinden hatten.

Das fiel ihr anfangs schwer. Ein großer Teil ihrer Ego-Strategie war darauf ausgerichtet, nicht mehr zu fühlen.

Als sie anfing zu fühlen, spürte sie den Schmerz, den ihre Selbstverurteilung in ihr auslöste. Sie weinte aus tiefstem Herzen, weil sie plötzlich die Seiten wechseln konnte. Statt hart gegen sich selbst zu sein, konnte sie spüren, was ihre Härte mit ihr machte.

Das Fühlen des Schmerzes war anfangs bedrohlich, sodass sie dies jeweils nur kurz zulassen konnte. Der Raum für Präsenz war sehr fragil. Sie wechselte schnell wieder in eine Haltung von Selbstverurteilung und Selbstbeschämung zurück. Es dauerte einige Zeit, bis sie verstand, dass sie es war, die sich verurteilte. Das gab zuerst auch wieder Raum für mehr Verurteilung. Aber irgendwann wurde ihr auch bewusst, dass, wenn sie für ihre Verurteilung verantwortlich war, es auch möglich sein sollte, mit der Verurteilung aufzuhören.

Dies half ihr zu verstehen, dass sie diese Muster von ihrem Vater gelernt hatte. So lernte sie mehr und mehr, ihre Härte abzulegen. Die Härte hatte ihr vermeintlich Schutz geboten, aber in Wirklichkeit hatte sie sich selbst damit angegriffen, so, wie auch das Verhalten ihres Vaters für sie wie ein Angriff gewesen war. Durch das Langsamerwerden und das Entwickeln einer Haltung von Mitgefühl konnte sie nach und nach ihre Härte aufgeben. Als sie lernte, mit Freundlichkeit und Empathie auf sich zu schauen, entdeckte sie wieder ihre Schönheit, ihren Humor und ihre Lebensfreude.

TEIL II

DIE SPIRITUELLE PRAXIS

5

Die Geschichte von Völva und der Regenbogenbrücke

Völvas Weg nach Hause

Die Geschichte von Völva und der Regenbogenbrücke

In einem längst vergessenen Land im hohen Norden lebte einmal eine Frau, die Völva genannt wurde. Sie war im ganzen Land bekannt und wurde für ihre Weisheit und ihr tiefes Verständnis für die Nöte der Menschen geachtet. In ihrer Sprache bedeutete Völva einfach „die Frau mit dem Stab“, der Stab symbolisierte ihre Macht. Damit war aber keine irdische Macht gemeint, sondern die Macht des Übernatürlichen. Die eigentliche Bedeutung von Völva war „die Prophetin“ oder „die Seherin“. Sie war auch nicht immer Völva genannt worden. Ihr Geburtsname war Embla gewesen.

Man erzählte, dass Embla zu Völva wurde, nachdem sie die Regenbogenbrücke überschritten hatte. Man glaubte in diesem Land im hohen Norden, dass die Erde und der Himmel miteinander verbunden seien. In kurzen Momenten, wo Sonne und Regen sich begegneten, könne man diese Brücke sehen. Die Menschen glaubten, dass diese Brücke immer da sei. Genauso wie die Sonne nicht weg ist, wenn es regnet. Die Regenbogenbrücke wurde auch „der schimmernde Weg“ genannt, er begann auf der Erde, verlief durch den Himmel und kam wieder zurück auf die Erde. Die Erde, wo die Menschen lebten, wurde „Midgard“, Mittelgarten genannt, weil sie zwischen dem Himmel und der Unterwelt lag. Die Wohnstätte der Götter hieß „Asgard“, der Garten der Götter.

Bevor Embla zu Völva wurde, hatte sie ein aufregendes Leben geführt und sowohl Erfüllung und Erfolg erlebt als auch Verlust und Leid. Schon ihre frühe Kindheit war von Verlust geprägt, ihre Mutter starb, als sie nur sechs Jahre alt war. Embla selbst erkrankte in dem darauffolgenden Jahr so stark, dass man befürchtete, sie würde auch sterben. Lange Zeit saß man an ihrer Seite und betete. Ohne dass man hätte sagen können, wie es dazu kam, erholte sich ihr Körper von der Krankheit, und ihre Seele reifte auf eine Art, wie es Kinder sonst selten erleben. Schon damals vermutete die Schamanin, Embla habe in der Zeit ihrer Krankheit die Regenbogenbrücke überquert und sei verändert in die irdische Welt zurückgekommen. Nach ihrer Heilung weigerte sie sich, Fisch, Fleisch oder Met zu sich zu nehmen, das war zwar ungewöhnlich in ihrer Kultur, aber jeder freute sich so sehr, dass die kleine Embla wieder gesund war, dass man dies nicht weiter beachtete. Mit den Jahren entwickelte sie sich zu einer wunderschönen jungen Frau. Sie bewegte sich mit einer zarten Eleganz, die ihre Schönheit noch mehr zum Vorschein brachte. Schon bald gab es viele Verehrer, die sich bemühten, ihre Aufmerksamkeit zu bekommen. Die anderen Frauen waren neidisch auf ihre Erscheinung. Sie sagten: „Du könntest sogar den Sohn des Königs haben, wenn du wolltest. Du bist gesegnet mit etwas, das uns fehlt, und so wirst du uns immer an unser Minderwertigsein erinnern.“ Embla aber sagte, dass ihr Aussehen ja nur ihre äußere Erscheinung sei und mit ihrem eigentlichen Wert nichts zu tun habe. „Sagt einfach, dass ihr anders ausseht als ich, genauso wie ihr auch untereinander jeweils anders ausseht. Ob das von Vorteil ist oder nicht, kann keiner von uns beurteilen.“

Eines Tages wurde Embla von einer Gruppe von Männern in einen Hinterhalt gelockt, um sie zu schänden. Nur weil ein anderer erfahren hatte, dass dies geplant war und Gegenmaßnahmen getroffen hatte, wurde das Schlimmste verhindert. Mutig war dieser Mann für sie eingetreten. Als der Vorfall bekannt wurde, sagten die anderen Frauen: „Jetzt müssen wir dir doch recht geben, das ist dir nur passiert, weil du so hübsch bist.“ Embla aber sagte: „Auch jetzt weißt du nicht, was es bedeutet, du kannst nur sagen, man wollte mich belästigen und man hat mich beschützt, ob das jetzt gut oder schlecht war, kann niemand beurteilen.“ Da lachten die Frauen, Embla war schon immer etwas komisch gewesen.

Der Mann, der sie durch sein mutiges Einschreiten beschützt hatte, trug den Namen Ábyrgur. Embla und Ábyrgur kamen sich mit der Zeit näher, freuten sich aneinander und eine schöne Liebe entfaltete sich zwischen ihnen. Ábyrgur wandte sich an Emblas Vater und bat ihn um ihre Hand. Emblas Vater erklärte sein Einverständnis und so wurden sie ein Paar. Als die anderen Frauen davon hörten und auch mit eigenen Augen sehen konnten, wie sehr sie sich liebten, mussten sie sich eingestehen, dass Embla mal wieder recht gehabt hatte. Aber auch jetzt sagte Embla: „Redet nicht so, als wäre jetzt alles gut, man kann nur feststellen, dass Ábyrgur und Embla sich getroffen haben und dass ihre Liebe erblüht ist, ob das gut ist, kann man nicht wissen. Weil es nur ein Teil des Lebens ist und niemand von uns das Ganze sehen kann."

Ábyrgur baute Boote, mit denen er auf das Meer hinaussegelte, um zu fischen. Das war zwar etwas merkwürdig, weil Embla weder Fleisch noch Fisch anrührte, aber sie respektierten sich gegenseitig in ihrer Andersartigkeit. Sie liebten sich innig, und sie bekamen drei Söhne, die die Namen Óspakur, Ljúfur und Djarfur trugen. Mit der Zeit hatte Ábyrgur viele Boote gebaut, segelte als Anführer seiner Flotte und brachte sehr viel Fisch nach Hause, was zu Reichtum und Ansehen in seinem Volk führte. Mit der Zeit lehrte er auch seinen Söhnen das Segeln und das Fischen. Embla liebte ihre Söhne sehr. Óspakur, der Älteste, war sehr klug, aber auch unruhig und friedlos. Ljúfur, der Zweitgeborene, hatte eine sanfte Natur, er tat sich oft als Vermittler in schwierigen Situationen hervor. Djarfur fürchtete nichts, er war überaus mutig, er hatte ein tiefes Vertrauen ins Leben. Embla sagte, ihre Söhne würden drei Aspekten des Menschen entsprechen, Óspakur sei der Kopf, Ljúfur das Herz und Djarfur der Bauch.

Óspakur lernte von seinem Vater die Kunst, Boote zu bauen, aber er entwickelte einen Ehrgeiz, die Boote nicht so zu bauen, wie es in der Zeit üblich war, sondern er arbeitete an einem Entwurf für ein Langschiff, so groß wie noch keiner eines gesehen hatte. Ábyrgur lehnte es ab, so ein Boot zu bauen. Er sah keine Notwendigkeit für ein solches Schiff. Er argumentierte, dass man nicht wisse, wie so ein Schiff sich auf stürmischer See verhalten würde. Aber Óspakur war nicht aufzuhalten, er träumte davon, mit diesem Schiff neue Fischgründe oder vielleicht auch fremde Länder entdecken zu können. Seine Begeisterung war so groß, dass er es schaffte, einige andere junge Männer anzustecken. So machten sie sich an die Arbeit. Dies führte zu einem Riss in der Gemeinschaft, es schien nur noch Befürworter oder Gegner des Schiffes zu geben. Nur Embla blieb unbeteiligt. „Wir können uns kein Urteil darüber machen, ob das Schiff uns Erfüllung oder Leid bringen wird“, sagte sie. „Wir können aber auch nicht die Zeit zurückdrehen und an etwas festhalten, was schon dabei ist, sich zu verändern.“

Einige Frauen nannten das Schiff spöttisch „Hringhorni“. In ihrer Mythologie wurde erzählt, dass der Gott Balder, der Sohn von Odin, ein sehr großes Schiff hatte, das Hringhorni hieß. Balder hatte irgendwann einen Albtraum von seinem eigenen Tod. Balders Mutter Frigg ging daraufhin zu jedem Tier und jeder Pflanze in der Welt, um ihnen den Eid abzunehmen, Balder nicht zu verletzen. Sie vergaß aber den Mistelzweig, und so erzählte man, dass Balder durch einen Mistelzweig gestorben sei. Sein Leichnam wurde auf dem Schiff Hringhorni bestattet. Es gab kein Schiff, das größer war. Mithilfe einer Riesin wurde es zum Meer gerollt, aber unter der Wucht fingen die Rollen Feuer und entzündeten das Schiff und den Leichnam. So wurde Balder auf einem brennenden Schiff bestattet. Man erzählte, dass mit dem Tod Balders auch das Glück und die Schönheit aus der Welt verschwanden.

Óspakur schaffte es durch seine Klugheit und durch die begeisterte Unterstützung seiner Männer, ein sehr schönes und prächtiges Langschiff zu bauen. Kurz vor der Sommersonnenwende wurde es zu Wasser gelassen. Das Schiff wurde getauft und Óspakur segelte als Kapitän das Schiff auf das Meer hinaus. Sie steuerten auf eine

Inselgruppe zu und wollten einmal die Inseln umrunden, um dann wieder in den Heimathafen zurückzukehren. Alles verlief nach Wunsch, das Schiff machte einen sehr stabilen Eindruck, und die ganze Mannschaft war froh, dass ihre Anstrengungen sich ausgezahlt hatten.

Die Gemeinschaft beging die „weißen Nächte“, so wurden jene Nächte um die Sommersonnenwende genannt, wo die Sonne nur für kurze Zeit unterging und es auch nachts nicht wirklich dunkel wurde. Die Feier fand im Tempel statt. Óspakur ergriff das Wort, er dankte den Männern, die ihn unterstützt hatten, das neue Langschiff zu bauen, er dankte auch denjenigen, die das Projekt kritisch beäugt hatten, dass sie es nicht verhindert hatten, das Schiff zu entwickeln, er dankte den Göttern für die erfolgreiche Jungfernfahrt, und er schwor den Eid, die Besatzungsmitglieder zu schützen und neue Länder zu entdecken, um die Gemeinschaft zu bereichern. Man sang zusammen einträchtig noch viele Lieder, bis die Sonne wieder höher am Himmel stand.

Nachdem die Mittsommerfeierlichkeiten abgeschlossen waren, machte man sich wieder an die Arbeit. Óspakur bereitete sich mit seinen Männern auf die erste große Fahrt vor. Die Taue wurden alle noch mal geprüft, das Segel bekam besondere Aufmerksamkeit. Die Werkzeuge, die für die Schiffsarbeit notwendig waren, wurden mitgeführt. Da das Schiff erst eine kurze Fahrt absolviert hatte, sollte es von zwei Begleitbooten eskortiert werden. Das eine wurde von Ábyrgur und das andere von Ljúfur und Djarfur geführt. Die Männer waren in einer heiteren, aufgeregten Stimmung.

Nur Embla konnte die freudige Erregung nicht teilen. Sie schien eher von einer gewissen Ernsthaftigkeit berührt zu sein. Als der Tag der Abfahrt gekommen war, drückte sie ihren Mann und ihre Söhne auf eine sehr innige Weise an ihr Herz, und sagte zu ihnen: „Mein lieber Mann, danke, dass du zu mir gekommen bist und dein Leben mit mir geteilt hast, und meine lieben Kinder, ich danke euch für das Leben, das ihr zu uns gebracht habt. Auch wenn wir eure Eltern sind, haben wir euch das Leben nicht geschenkt, euer Leben ist ein Geschenk für uns. Das Leben verlangt nach sich selbst, und das hat euch zu uns gebracht. Das Leben ist da, um ans andere Ufer, um zur Erfüllung zu kommen. Ich liebe euch, und Liebe bedeutet auch, dass ich euch loslasse, denn euer Leben gehört mir nicht und ihr müsst euren Weg durch den Ozean finden, der vor euch liegt. Meine Liebe wird euch immer begleiten." Dann umarmte sie ihre Söhne und ihren Mann und küsste sie. Ábyrgur und seine Söhne verabschiedeten sich von Embla, und fuhren hinaus auf das offene Meer.

Das Langschiff, das Óspakur gebaut hatte, war sehr schnell. Es hatte einen geringen Tiefgang und glitt mit beachtlicher Geschwindigkeit über die Wellen. Ábyrgur hatte nach wie vor kein volles Vertrauen in das Schiff. Bei schönem Wetter gab es keine Probleme, aber würde es auch wirklich seetüchtig sein, wenn ein Sturm aufkam? Vor allem das große Segel und der Mast waren gefährdet. Da alle Segler auch Schiffsbauer waren, hatten sie eine entsprechende Ausrüstung an Bord, um in Notfällen Reparaturen durchführen zu können.

Am zweiten Tag ihrer Reise verdunkelte sich der Himmel, und die Windgeschwindigkeit nahm drastisch zu. Zuerst wurden die Segel verkleinert. Es wurden Seitenspanten aufgestellt und der Kiel wurde durch einen Quergurt unter dem Schiff gesichert, der auf dem Deck festgezurrt wurde. Als der Sturm an Heftigkeit zunahm, stellte Óspakur fest, dass der Druck auf den Mast zu stark war und er die Takelage absenken und die Segel reffen musste. Der Sturm nahm weiter zu und nun musste auch das Segel geborgen werden. Trotz aller Fürsorge wurde das Schiff vom Sturm, vom starken Seitenwind und den hohen Wellen so sehr beansprucht, dass es bei einer Orkanböe anfing zu kentern. Die gesamte Mannschaft wurde über Bord geschleudert. Manche konnten sich an dem gekenterten Schiff festhalten, einige wurden ins offene, tobende Meer gewirbelt. So auch Óspakur. Ábyrgur hatte das Kentern beobachtet und sah, wie sein Sohn zu ertrinken drohte. Er band sich ein Seil um und sprang ins Wasser, um seinen Sohn zu retten. Er schaffte mit äußerster Kraftanstrengung seinen Sohn und auch noch einige andere Schiffsbrüchige an Bord seines Bootes zu bringen. Aber er selbst schaffte es nicht mehr, sein Boot zu erreichen. Ábyrgur ertrank in den Wellen.

Nach und nach legte sich der Sturm, und man zählte die Verluste. Außer Ábyrgur waren noch vier Besatzungsmitglieder in den Wellen ertrunken. Man schaffte es, das Schiff von Óspakur zu drehen. Es war einiges von der Ladung verloren gegangen, aber das Schiff war nach wie vor seetüchtig, solange der Sturm nicht wieder an Heftigkeit zunehmen würde. Die Begleitschiffe hatten genügend Ausrüstung, um die Schäden, die entstanden waren, so weit zu beseitigen, dass man den Weg zurück zum Heimathafen antreten konnte. Die Erschütterung über den Verlust der fünf Männer war immens. Óspakur war verwundet, sein linkes Bein war tief aufgerissen. Aber tiefer als die Wunde nagte an ihm, dass sein Vater in dem Versuch, ihn zu retten, selbst ertrunken war, und ebenso vier weitere Männer. Er fühlte sich dafür verantwortlich und empfand es als tiefe Niederlage, dass er den Eid, den er in der Mittsommernacht geschworen hatte, die Männer an Bord zu schützen, gebrochen hatte. Wie konnte er wieder nach Hause zurückkehren? Es schien ihm unmöglich, der Gemeinschaft diese Nachricht zu überbringen. Wie konnte er seiner Mutter erzählen, dass sein Vater ertrunken war? Er wollte nicht zurück nach Hause. Was hatte sie gesagt? „Liebe bedeutet auch, dass ich euch loslasse, denn euer Leben gehört mir nicht und ihr müsst euren Weg durch den Ozean finden, der vor euch liegt. Meine Liebe wird euch immer begleiten."

Plötzlich entstand eine Kälte in seinem Herzen, die seinen Schmerz betäubte, dies gab ihm wieder das Gefühl, handeln zu können. Auch wenn seine Handlung destruktiv sein würde: Er kam zu der Schlussfolgerung, dass er nicht mit den anderen zurückfahren konnte, er wollte auf und davon und sich das Leben nehmen und damit seine Schuld sühnen. Er überlegte ganz fokussiert, dass er nachts zum Bug des Schiffes gehen würde und mit einem Seil seinen Körper am Anker festzurren und samt Anker in der Tiefe des Ozeans versinken würde. Diese Vorstellung gab ihm wieder Ruhe und nahm ihm das Gefühl der Ohnmacht. Er wartete still ab, bis es dunkel war, die See hatte sich wieder beruhigt, die meisten Männer waren erschöpft eingeschlafen. So bemerkte niemand, dass Óspakur zum Anker ging und seinen Körper mit einem Seil damit verknotete. Er vollzog seinen Plan ganz sorgfältig. Als er sicher war, dass er es nicht überleben würde, warf er sich und den Anker ins Wasser. In dem Moment, als der Anker ins Wasser ging, schaute Djarfur, der jüngere Bruder von Óspakur, vom anderen Boot aus auf, und sah, wie Óspakur im Wasser verschwand. Sofort wusste er, was Óspakur vorhatte, und stieß einen entsetzlichen Schrei aus und sprang hinterher. Er musste zuerst eine ganze Strecke schwimmen, um die Stelle zu erreichen, wo er Óspakur zuletzt gesehen hatte. Er tauchte in die Tiefe und versuchte in Panik seinen Bruder zu finden und zu befreien und geriet dabei in Atemnot. Und so ertrank auch Djarfur in den Wellen. Sein Schrei hatte die anderen alarmiert, aber sie konnten nur feststellen, dass die beiden Brüder ertrunken waren. So war Ljúfur der Einzige der Familie, der überlebt hatte.

Die Gemeinschaft nahm die Nachricht, dass sieben ihrer Söhne nicht wiedergekehrt waren, mit fassungslosem Erschrecken auf. Bald wandelte sich das Entsetzen in Wut gegen Óspakur. Weil er als Verantwortlicher nicht mehr zugegen war, richtete sich der Zorn vor allem gegen Embla – und in etwas abgeschwächter Form auch gegen Ljúfur. Sie wurden dafür verantwortlich gemacht, das Unheil in die Gemeinschaft gebracht zu haben. Die Frauen im Dorf meinten sogar, dass Embla vielleicht schon immer gewusst habe, was passieren würde. Hatte sie nicht schon bei ihrer Heirat gesagt, dass man nicht wisse, ob jetzt alles gut sei? Das sei doch der Beweis, dass sie eine Völva ist. Andere widersprachen ihr, wenn sie wirklich eine Völva sei, dann hätte sie doch alle vor dem Unheil bewahren können. Jetzt, wo Ábyrgur nicht mehr da war, um sie zu beschützen, trafen sich einige der Männer, die sie vor langer Zeit bedrängt hatten, und schmiedeten ein Komplott, um sie aus der Gemeinschaft zu vertreiben. So wurde ihr Haus angezündet, und Embla und Ljúfur flohen. Sie hatten alles verloren, ihre Familie, ihr Zuhause, ihren Besitz, ihre Existenzgrundlage, ihre Zugehörigkeit zu der Gemeinschaft, sie hatten nur noch sich selbst.

Sie kletterten die Felswände des Fjords hinauf, an dessen Fuße das Dorf war. Diese Felswand war bei den Einheimischen als der Feuersteinsteig bekannt. Er galt als unbezwingbar, zum einen wegen des steilen Hangs, aber auch weil die Schärfe der Feuersteine eine Zumutung für jede Art von Fußbekleidung waren. Embla wollte aber diesen Weg gehen, er führte letztendlich zu einem Felsvorsprung, den man *Odins Kliff* nannte, einen erhabenen Platz, hoch über dem Meer, von dem aus man das Dorf beobachten konnte. Der Fels wurde so genannt, weil viele Raben da lebten. Man erzählte sich, dass Odin seine Weisheit zwei Raben, Hugin und Munin, die auf seinen Schultern saßen, zu verdanken hatte, die ihm alles erzählten, was auf der Welt geschah.

Alleine hätte Embla diesen beschwerlichen Weg ganz bestimmt nicht gehen können, Ljúfur war aber körperlich sehr wendig und geschickt. Und so gelang es den beiden, immer höher die Felswand hinaufzusteigen. Von unten wurden sie entdeckt und verspottet, weil sie es sich so schwer machten, das Dorf über den Feuersteinsteig zu verlassen. Obwohl sie ohne Pause kletterten, brauchten sie den ganzen Tag, um die Wand zu bezwingen. Erst bei Sonnenuntergang kamen sie auf Odins Kliff an. Am Ende ihrer Kräfte fielen sie in einen ohnmächtigen Schlaf und schliefen die Nacht und den ganzen darauffolgenden Tag, bis Embla plötzlich aufschreckte, weil sie träumte, dass ein Wolf ihre Wunden lecke. Als sie ihre Augen öffnete, meinte sie noch, einen Schweif verschwinden zu sehen – oder war es doch nur einen Traum gewesen? Es war jetzt kurz vor der Abenddämmerung. Sie schaute sich um und war erleichtert, Ljúfur ein wenig weiter liegen zu sehen. Sie weckte ihn sanft und erkundigte sich, wie es ihm gehe. Beide waren zwar verwundet, die Wunden schienen aber nur oberflächlich zu sein. Zusammen erkundeten sie die Umgebung und fanden einen Bergbach mit frischem Wasser, wo sie ihren Durst stillen und ihre geschundenen Körper reinigen konnten.

„Jetzt haben wir wirklich alles verloren, Mutter", sagte Ljúfur. „Sogar unsere Kleidung." „Gesegnet sind die, die nichts tragen, denn ihnen kann nichts genommen werden", sagte Embla. Nachdem sie noch einen Schluck frisches Bergwasser getrunken hatten, legten sie sich wieder hin und schliefen noch einmal eine Nacht. Am nächsten Morgen erklärte Embla ihrem Sohn, dass sie hierbleiben wolle. Sie werde ein einfaches Leben führen, Früchte sammeln und Heilkräuter pflücken. Sie wolle eine Hütte bauen, wo sie meditieren und auf das Meer und die Siedlungen am Fjord schauen könne.

Ljúfur sagte, er könne es sich nicht vorstellen, so abgeschieden zu leben, er brauche Menschen, irgendwann vielleicht auch eine Frau, er würde gar nicht klarkommen mit dem Verlust seines Vaters und seiner Brüder, wie könnte er darüber hinwegkommen? Embla sagte: „Das Bild, was du in dir trägst von deinem Vater und deinen Brüdern, entspricht nicht dem, wer dein Vater ist und wer deine Brüder sind. Wenn du an diesem Bild festhältst, wirst du sehr viel Leid erfahren, sie haben sich längst weiterentwickelt. Sag nicht, dass dein Vater und deine Brüder gegangen sind. Wenn du der Wahrheit tief in die Augen schaust, dann siehst du, dass sie hier mit uns sind am Bach, der unsere Wunden gereinigt und geheilt hat. So haben sie für dich gesorgt. Sie sind in deinen Tränen, aber auch in deinem Lachen, sie sind da, wenn eine Frau dich irgendwann mit Liebe berührt, sie sind da in dem Lachen des Kindes, das vielleicht zu dir kommt. Sie sind da in den fragilen Flügeln einer Libelle, aber auch in den Wasserflöhen, die von der Libelle gefressen werden, oder in der Katze, die die Libelle erwischt. Sag nicht, dass dein Vater und deine Brüder gegangen sind, sag, dass alles lebt und in Bewegung ist, sage, dass sich etwas manifestieren und wieder auflösen kann, um niemals mit dem Spiel aufzuhören. Formen verändern sich, aber das Leben ist ewig. Liebe das Leben, aber lasse die Formen, die das Leben nimmt, los. Halte dich nicht fest an den Formen, nicht an den äußeren Formen und nicht an denen, die du in dir gespeichert hast. Weine deine Tränen, aber verstehe auch, dass Schmerz und Freude eins sind. Lass dein Herz offen." Während sie zu ihrem Sohn sprach, hielt sie ihn ganz fest an sich gedrückt, und er erlaubte sich, schwach zu sein und die Fürsorge seiner Mutter zu spüren. Durch ihren Halt konnte er nun loslassen, und ein tiefer Schmerz des Verlustes brach aus ihm hervor.

Ljúfur entschied, noch bei seiner Mutter zu bleiben. Er brauchte die Zeit, um seine Wunden in ihrer Nähe heilen zu können, und wollte sie beim Bauen ihrer Hütte und beim Herstellen von Kleidung unterstützen. Nach einigen Monaten entschied er sich, seinen eigenen Weg zu suchen und verabschiedete sich von Embla, seiner Mutter, für den Aufbruch ins Unbekannte. Embla beschränkte sich ab jetzt auf das, was wirklich zum Überleben notwendig war. Ansonsten verbrachte sie ihre Zeit in ihrer Hütte auf Odins Kliff in Meditation. Lange war sie nicht allein, auf dem Dach ihrer Hütte saßen bald die Raben Hugin und Munin. Hugin bedeutete „das Bewusstsein" und Munin „das wahre Erinnern". Aber das waren nicht die einzigen Tiere, die Embla in ihrer Meditation begleiteten. Um ihre Hütte herum streunten zwei Wölfe. Schon am ersten Tag hatten diese Wölfe ihre Wunden geleckt. Es waren Geri und Freki. Geri bedeutete „Verlangen, Hoffnung" und Freki „Ablehnung". Unten im Dorf beobachtete man, dass Embla ihre Hütte auf Odins Kliff gebaut hatte. Man nahm zur Kenntnis, dass Odins Raben Hugin und Munin sich auf dem Dach niedergelassen hatten und auch, dass Geri und Freki auf der Lauer lagen.

Embla gab sich voll und ganz der Meditation hin, und dies ermöglichte ihr, den Verlust ihres Ehemanns und ihrer zwei Söhne zu spüren. Sie spürte nicht nur ihre eigenen persönlichen Verluste, sondern das Leid aller Menschen, die Tod und Krankheit erfahren haben. Sie spürte den Tod ihrer Muttor, als sie ein Kleinkind war, und sie fühlte, wie sie selbst als Kind fast gestorben wäre. Sie spürte, wie die Männer aus dem Dorf sie als junges Mädchen angegriffen hatten. Sie spürte das Leid im Herzen dieser Männer, die gleichen Männer, die sich später eingesetzt hatten, sie und Ljúfur aus der Gesellschaft zu verjagen. Sie spürte, wie es war, zusammen mit Ljúfur vertrieben und aus der Gemeinschaft ausgestoßen zu werden. Sie spürte das Leid der anderen Familien, die einen ihrer Mitglieder beim Schiffsunglück verloren hatten. Und sie konnte den Wunsch spüren, jemanden für dieses Unglück beschuldigen zu wollen. Sie spürte die Ohnmacht in den Herzen der Menschen, mit Tod und Verlust umzugehen, und sie spürte, wie die Herzen, eingefroren in Hass, versuchten, etwas zu zerstören, was sie für die erlebten Verletzungen verantwortlich machten. Sie spürte den Zwist und die Uneinigkeit in ihrer Gemeinschaft, aber auch die Zerstrittenheit, die es überall auf der Welt gab.

In Momenten der Ablehnung, wenn sie ihre Mitte verlor, weil sie für einen Moment anfing zu urteilen oder etwas in ihr die Geschehnisse nicht wahrhaben wollte, kam stets Freki zu ihr und zeigte sein gefräßiges Gesicht. Sie spürte den Widerstand und die Ablehnung in den Herzen der Menschen, wenn Freki die Überhand gewann, und den Schmerz, den diese Haltung der Ablehnung bereitete. Sie spürte, wie Freki in den Herzen der Menschen dafür verantwortlich war, dass sie und Ljúfur ausgestoßen wurden.

Es gab immer wieder Momente, in denen etwas in ihr sich an das Bild ihres Mannes und ihrer zwei Söhne klammern und festhalten wollte, und sie fühlte, wie mit ihr Millionen von Menschen sich festklammern an etwas, das irgendwann zu ihnen gekommen ist und irgendwann wieder gehen muss. Dann zeigte der gierige Geri sein

Gesicht des Verlangens und der Hoffnung. Sie fühlte den Schmerz, der entsteht, wenn die Menschen festhalten, während das Leben sich in neuen Formen ausdrückt. All diese Erfahrungen lösten tiefe Tränen aus, sie weinte ihre eigenen Tränen, die Tränen von Ljúfur, aber auch die Tränen von Ábyrgur, ihrem Mann, der in seiner Verzweiflung seinen Sohn retten konnte, aber dafür mit dem eigenen Leben bezahlte. Sie weinte auch die Tränen von Óspakur, der es nicht verkraftete, mit seinem Versagen angemessen umzugehen und so voller Scham sein noch junges Leben beendete. Sie weinte die Tränen von Djarfur, der so mutig war, zu versuchen, seinen Bruder zu retten und dabei selbst unterging. Sie weinte über die Verluste der vier anderen Männer aus ihrem Dorf, sie weinte über das Leid in ihrem Dorf, sie weinte über das Leid aller Lebewesen der Erde. Im Dorf konnte man sehen, dass ihre Tränen sich zu einem Wasserfall über den Feuersteinsteig ergossen.

Je mehr Embla das Leid der Gesellschaft, die sie ausgestoßen hatte, beweinte, umso mehr wandelte sich die Haltung der Menschen im Dorf zu ihr. Sie sahen, wie ihre Tränen den Feuersteinsteig hinunterflossen und wie sie mit den Versuchungen, die von Geri und Freki ausgingen, kämpfte, aber auch wie Hugin und Munin während dieser Prozesse immer gegenwärtig waren. Irgendetwas in den Herzen der Menschen war eingefroren gewesen, starr und verhärtet. Das Schauen auf den Wasserfall erlaubte es, dass Wärme das Eis zum Schmelzen brachte, und es entstand wieder eine Achtung für Embla, die sich mit der Zeit sogar in Respekt und Liebe verwandelte.

Emblas Herz war irgendwann so weit und leer, dass der gesamte Himmel und das Leiden aller Menschen und anderer Lebewesen darin Platz fanden. Irgendwann zogen Geri und Freki ab, weil sie es nicht geschafft hatten, Embla in ihren Bann zu ziehen, und der Wasserfall kristallisierte sich zu einem erstarrten Bernsteinzapfen. Das war der Tag, an dem Embla ganz in der Mitte ihres Herzens verweilte, ihr Bewusstsein öffnete sich, und das wahre Erinnern geschah. Sie wurde die Verkörperung des Geistes von Hugin und Munin. Vom Tal aus nahm man diese Veränderungen auch wahr, das Erstarren des Wasserfalls, der honiggelb im Sonnenlicht glitzerte, berührte alle Herzen. Nachdem Geri und Freki das Feld geräumt hatten, beobachteten die Dorfbewohner einen Regenbogen über Emblas Hütte, und ab dem Moment nannten sie alle ehrfürchtig Völva. Jetzt waren alle überzeugt, dass sie die Regenbogenbrücke überquert hatte und eine Völva geworden war.

Die Gemeinschaft sehnte sich nun danach, die Völva wieder in ihrer Mitte aufzunehmen, es wurde eine Delegation gewählt, um sie einzuladen, wieder ins Dorf zurückzukehren. Die Delegation bereitete sich ausführlich vor, um mit der entsprechenden Ausrüstung den Feuersteinsteig hochzuklettern. Obwohl sie sich mit entsprechendem Schuhwerk, mit Seilen, Gurten und Schlingen aufmachten, war der Aufstieg eine große Herausforderung. An Odins Kliff angekommen, wurden sie von der Völva herzlich begrüßt. Die Männer und Frauen waren erstaunt; natürlich hatte Völva immer schon ein besonderes Charisma gehabt, aber sie stellten fest, dass sie sich ganz gewandelt hatte, sie trug zwar ein einfaches Kleid, aber sie führte jetzt einen Stab, der an Odins Stab Gungnir erinnerte, und sie trug einen bezaubernden Halsschmuck mit Bernsteinperlen. Jedes Kind wusste, dass Freyja, die Göttin der Liebe, eine solche Kette trug, die ihr magische Kräfte verlieh. Freyjas Kette trug den Namen Brisingamen. Der Brisingamen wurde mit der Regenbogenbrücke in Verbindung gebracht. Man sagte, Freyja bringe die Schätze der Götter auf die Erde, wann immer sie weine. Wenn ihre Tränen auf Felsen trafen, verwandelten diese sich in Gold; fielen sie ins Wasser, so wurden sie zu Bernstein.

Eine Sprecherin der Delegation richtete das Wort an Völva. Weil sie weder Fleisch noch Fisch noch Met zu sich nahm, hatten sie als Opfergaben verschiedene Früchte, Kuchen und Brote mitgebracht. Die Sprecherin entschuldigte sich im Namen der ganzen Gemeinschaft für das Unrecht, das man ihr und Ljúfur angetan hatte. Sie sagte, dass die Gemeinschaft sie gerne als ihre Völva in ihrer Mitte aufnehmen wolle, dass man ihr Haus wieder herrichten werde, dass die Gemeinschaft für alle ihre weiteren Bedürfnisse bis an ihr Lebensende zufriedenstellend sorgen wolle.

Völva antwortete: „Ich danke der Delegation für die Gaben und akzeptiere die Entschuldigung. Ich bin erfreut zu hören, dass die Gemeinschaft mich als ihre Völva aufnehmen möchte. Aber ich werde nicht ins Dorf zurückkehren. Mein Platz ist hier. Wenn ihr mir ein Zuhause bauen wollt, dann könnt ihr hier auf Odins Kliff einen Tempel für Odin und Freyja errichten, und ich werde hier als Völva den Tempel als ein Haus der Andacht und Meditation verwalten. Wie ihr seht, trage ich Odins Stab Gungnir und Freyjas Halsschmuck, den Brisingamen. Dieser Stab und diese Kette haben in der Vergangenheit viel Leid in die Welt gebracht. Freyja hat diese Kette zuerst gesehen, weil sie in der Höhle der Zwerge Alfrigg, Dvalin, Berlingr und Grerr verweilte. Etwas Schöneres hatte sie noch nie gesehen. Sie fragte die Zwerge nach dem Preis dieses Schmuckstücks, aber die Zwerge hatten Gold und Silber in Überfluss. Also antworteten die Zwerge, dass die Halskette die ihrige sei, wenn sie mit jedem der vier Zwerge, die den Schmuck hergestellt hatten, eine Nacht verbringen würde. Freyja willigte ein. Nach vier Tagen und Nächten halfen die Zwerge ihr die Kette zu tragen. Als Odin erfuhr, wie Freyja zu der Kette gekommen war, wurde er sehr zornig, und zwang die Liebesgöttin Freyja dafür zu sorgen, dass sich leidenschaftliche Liebe ganz schnell in Krieg verwandeln könne. Er machte sie auch dafür verantwortlich, dass es die Liebe nicht ohne den Hass geben solle. Jetzt, da ich über die Regenbogenbrücke gegangen und ins Reich der Menschen zurückgekehrt bin, möchte ich die Schätze aus dem Reich der Götter wieder auf die Erde bringen. Diese Kette verfügt über magische Kräfte und sie vermag auch Liebe zu finden, da wo Hass ist, Verbindung möglich zu machen, wo Isolation ist, und Verständnis zu bringen, wo Verurteilung und Schuldzuweisung für Zwietracht gesorgt haben."

Die Delegation schwieg, alle lauschten ihren Worten, und Völva fuhr fort: „Odins Stab Gungnir ist ein Speer, der mit wunderbaren Kräften ausgestattet ist. Er ist das Symbol Odins. Er verfehlte sein Ziel niemals und kehrte immer zu seinem Besitzer zurück. Er wurde von den Söhnen des Zwerges Ivaldi hergestellt. Mit diesem Stab hat Odin den Krieg in die Welt gebracht. Mit Gungnir kennzeichnete er diejenigen, die auf dem Schlachtfeld fallen sollten. Alle Feinde, über deren Köpfen der Speer flog, sind in der Schlacht gefallen. Dieser Stab besitzt die Kraft, Hass und Tod zu verbreiten. Er ist jedoch auch ein Instrument der Macht, er kann Klarheit und Differenzierung schaffen, er kann zu einem Instrument des Friedens werden, wenn er mit Bewusstsein geführt wird. Nachdem ich die Regenbogenbrücke überquert habe, sehe ich es als meine Aufgabe an, ein Instrument der Liebe und ein Instrument des Friedens zu sein. Ich möchte, dass an diesem besonderen Ort ein Tempel für Odin und Freyja, ein Haus der Andacht und der Meditation entsteht. Ein Platz, wo Menschen sich mit dem Göttlichen verbinden können, wo Odins Stab Frieden bringt und Freyjas Brisingamen die Liebe in den Herzen erblühen lässt. Ein Platz, wo Wandlung möglich ist."

Die Delegation der Dorfgemeinschaft war ganz gerührt von dem, was die Völva vorgeschlagen hatte, und sie nahmen sich fest vor, im Dorf für die Umsetzung dieser Vorschläge zu werben. So entstand die Idee, einen Weg mit Treppenstufen am Feuersteinsteig zu bauen, der auch am Bernsteinzapfen entlang zu Odins Kliff führte. Über diesen Weg wurden die Materialien für den Tempelbau hochgebracht. So entstand ein schöner, offener Raum der Stille und der Begegnung. Bald kamen Pilger aus dem ganzen Land zu Odins Kliff, um die Stille und die Meditation zu suchen, aber auch um Völvas Unterweisung und Führung zu empfangen. Ihr Ruhm verbreitete sich in alle Windrichtungen, und es kamen Menschen aus allen Bevölkerungsschichten zu ihr.

Manche kamen, um Völva um Rat zu fragen, weil sie mit den

Umständen ihres Lebens überfordert waren. Manche wollten einfach in ihrer Nähe sein oder ihren Segen erhalten. Eine kleine Gruppe von Menschen betrachtete sich auch als ihre Schüler, sie sehnten sich danach, von der Völva unterrichtet zu werden, sie wollten sich auf ihrem Lebensweg von der Völva begleiten lassen. Die meisten Menschen hatten eine große Ehrfurcht vor Odin, sie fürchteten ihn als einen bösen, strafenden Vater, als Göttervater, als Kriegsgott und als Todesgott. Völva schilderte ihn in ihren Unterweisungen als Gott des Bewusstseins und der Erinnerung. Sie sagte: „Ihr wisst alle, dass Odin ein Auge opferte, das ihm das äußerliche Sehen ermöglichte, um das innere Sehen zu erlangen. Odin gewann den Blick nach innen. Wenn man mit einem Auge sieht, bilden alle Gegensätze eine Einheit, so sind Tod und Krieg nur Teilaspekte einer Ganzheit, die auch Leben und Frieden umfassen. Odin ist, weil er der Kriegsgott ist, zugleich der Gott des Friedens und, weil er der Todesgott ist, ist er der Gott des Lebens."

Odin wurde begleitet von Hugin und Munin, die ihm Bewusstsein und das Erinnern an die wahre Natur ermöglichten. Völva lehrte, dass dies auch nur die eine Seite der Realität darstelle. Auf der anderen Seite lauerten Geri und Freki, Verlangen und Hoffnung – und die Ablehnung. So unterrichtete sie ihre Schüler: „Der menschliche Geist birgt alle Möglichkeiten in sich. Er kann sich in den Dienst von Ablehnung, Verlangen und Hoffnung stellen. Das ist, was wir meistens tun, wir sind wählerisch, wir akzeptieren das Leben nicht so, wie es kommt, sondern wir werden zu Freki und lehnen den Schmerz ab, dann werden wir zu Geri und verlangen nach dem Glück. Wenn wir mit einem Auge schauen, öffnet sich Hugins Auge des Bewusstseins, und wir sehen, dass Schmerz und Glück Teilaspekte von einem Ganzen sind. Es entsteht Verständnis dafür, dass wir etwas Unmögliches versuchen, wenn wir uns gegen den Lauf des Lebens wenden. Plötzlich erinnern wir uns an unsere wahre Natur, die Frieden ist. Durch Munins Auge sehen wir, dass wir durch Spaltung einen Teil unseres Selbst und einen Teil des Lebens abgelehnt haben. Diese Einsicht bringt eine tiefe Entspannung und Verbundenheit mit sich."

Völva hielt kurz inne und schaute hinauf zu den Wolken, die am Himmel ihrer Wege zogen. Dann sagte sie: „Dieser Tempel ist der Tempel von Odin und Freyja. Odin vermittelt uns Weisheit, Klarheit, Erkenntnis, Bewusstsein, Frieden. Freyja lehrt uns, das Herz zu öffnen, das Herz zu einem Tempel der Liebe zu machen. Sie lehrt uns auch das Glück und den Zauber. Die Liebe ist ein Zauber. Liebe ist keine Aktivität, Liebe ist keine Emotion, sie ist das, was wir sind, wenn wir wir selbst sind. Wenn wir ganz in uns ruhen, wenn wir nach Hause kommen, dann ist die Liebe das, was wir sind. Wenn wir Liebe sind, dann sind wir verzaubert. Der Zauber entfernt alles, was uns begrenzt. Liebe erlaubt uns, unsere Rüstungen abzulegen, sie erlaubt uns, verletzlich zu sein. Das gibt uns ein Gefühl von Zufriedenheit. Wir sind eins mit allem. Der Zauber der Liebe verbindet und eint. Liebe erlaubt uns, die Ganzheit wie eine süße Intimität zu erfahren. Wir nehmen die Wahrheit wahr durch das Herz, und das macht die Wahrheit süß. Wenn Wahrheit und Freude eins sind, ist es Liebe. Die Liebe beflügelt uns. Freyja trägt ein Falkengewand, mit dem sie wie ein Falke durch die Lüfte gleiten kann, auf einem von Waldkatzen gezogenen Wagen. Wenn jemand die Regenbogenbrücke überschritten hat, dann ist Liebe für alle Lebewesen da. Wenn du und das Ganze eins sind, dann ist alles, was du tust, Liebe."

Der Tempel auf Odins Kliff entwickelte sich mehr und mehr zu einem Platz der Begegnung und zu einem Haus der Andacht und Meditation. Es herrschte eine besondere Schwingung an dem Platz, ein Feld, wo Menschen sich mit Respekt, mit Achtsamkeit und mit Liebe begegneten. Manchmal kamen Besucher, die keine Verbindung zu Völva hatten, die auch keine Absicht hatten, den Tempel von Odin und Freyja zu besuchen, Wanderer, die den Weg am Feuersteinsteig entdeckt hatten und einfach die Aussicht genießen wollten. Auch die zufälligen Besucher waren sehr angetan von den besonderen Kräften, die dieser Ort beheimatete. Eines Tages schien dieser Frieden in Gefahr, weil ein rasender, verrückter Mann, der eine brennende Fackel mit sich führte, zusammen mit seiner Frau, die am Stock ging, zu Odins Kliff geklettert kamen. Es waren Feykir und Öfund, die Eltern von Afdrif, der damals zusammen mit Ábyrgur, Óspakur und Djarfur in den Fluten umgekommen war. Feykir und Öfund hatten den Verlust ihres Sohnes nie verkraftet und hegten nach wie vor Gefühle von Hass und Zorn gegenüber der Völva. Jetzt waren sie gekommen, um den Tempel zu zerstören. Feykir versuchte sich durch die Menge zum Tempel hindurchzukämpfen, um mit seiner Fackel das Gebäude anzuzünden.

Einige Männer, die sich als Völvas Schüler verstanden, wollten sie überreden, Schutz zu suchen und meinten, sie würden schon mit dem Verrückten klarkommen, aber Völva wimmelte ab. Stattdessen ging sie auf die beiden zu. Sie begrüßte Feykir und Öfund, und sagte zum Erstaunen aller Anwesenden: „Ich freue mich sehr, dass ihr beide die Anstrengung des Weges auf euch genommen habt, um hierherzukommen. Euer Schmerz ist mein Schmerz, und wenn ihr diesen Schmerz lindern könnt durch das Entzünden des Tempels von Odin und Freyja, dann lindert das auch einen Schmerz in meinem Herzen. Ich bin mir aber nicht sicher, ob damit alles wieder gut ist, mein Eindruck ist, dass ihr auch Hass auf mich empfindet. Vielleicht wäre es besser, ich würde mich in den Tempel setzen und du würdest den Tempel mit mir zusammen vernichten?" „Das wäre noch besser", sagte Feykir. „In Ordnung", sagte Völva. „Meine einzige Bitte ist, dass sonst niemand verletzt wird."

Alle Anwesenden erschraken und konnten nicht glauben, dass Völva dies wirklich zulassen wollte. Sie schien aber ganz ruhig und fest entschlossen und befahl allen, den Tempel zu verlassen und sich in einem weiten Kreis um den Tempel herumzustellen. Während die Menschen den Kreis bildeten, weinten alle Anwesenden, manche weinten leise, andere schluchzten laut auf. Dann betrat sie selbst den Tempel und setzte sich in die Mitte in einer Haltung der Meditation. Feykirs Hände zitterten. Jetzt, wo er seinem Ziel so nah war, kam plötzlich Zweifel in ihm auf. Er hatte mit viel Widerstand und Kampf gerechnet, aber nicht im Entferntesten hatte er sich vorgestellt, was jetzt geschah. Dies machte es ihm schwer, seinen Hass der Völva gegenüber aufrechtzuerhalten. Er musste jetzt handeln, er musste es jetzt tun. Plötzlich spürte er wieder die Kälte in seinem Herzen, die ihn ermächtigte, den Tempel anzuzünden. Als er vorwärtsging, um seinen Plan zu vollenden, spürte er plötzlich einen mächtigen Schmerz am Kopf, und stürzte zu Boden. Öfund, seine Frau, hatte ihn mit ihrem Gehstock so heftig auf den Kopf geschlagen, dass er für einen Moment das Bewusstsein verlor. Als er wieder zu sich kam, sagte sie: „Du bist ein Trottel, Feykir! Etwas zerstören, das ist einfach, das kann jedes Kind, aber etwas schaffen, das ist nicht so einfach.“ Dann ging sie in den Tempel zu Völva, verbeugte sich, berührte ihre Füße in Respekt und sagte: „Entschuldigung, Völva, ich weiß jetzt, dass du nicht für Afdrifs Tod verantwortlich bist, dein Wirken ist nicht die Zerstörung, sondern die Schöpfung. Ich hoffe, dass auch ich von dir lernen kann, was das bedeutet.“

So blieben Öfund und Feykir auf Odins Kliff, sie waren der Völva verbunden und lernten allmählich, ihren Schmerz über den Verlust ihres Sohnes zu verarbeiten. Sie fragten Völva, ob sie auch glaube, dass die Götterdämmerung kommen und das Glück und die Schönheit aus der Welt verschwinden würden. Völva erklärte: „Das Glück und die Schönheit verschwinden aus der Welt, wenn die Menschen die Götter vergessen. Wenn wir wirklich an Balders Tod glauben, dann stehen uns das Glück und die Schönheit, die Qualitäten, die Balder verkörpert, nicht mehr zur Verfügung. Wenn wir an die Götterdämmerung glauben, dann fehlt uns der Zugang zu allem, was das Leben lebenswert macht. Wir leben in Dunkelheit, in Hass, in Kälte. Die Geschichten, die den Tod der Götter beschreiben, deuten eigentlich auf die Menschen, die sich von den Göttern abgewandt haben. Es kommt uns vor, als hätten die Götter uns verlassen, aber es sind wir Menschen, die dem Göttlichen keinen Platz mehr einräumen. In meinem Verständnis sind wir Menschen sterblich, die Götter sind unsterblich. Götter werden weder geboren noch können sie sterben. Balder ist nicht gestorben, er kann nicht sterben. Die Eigenschaften der Götter verkörpern den Aspekt von uns Menschen, der unsterblich ist."

Die Geschichte von Völvas Umgang mit der Zerstörungswut von Feykir wurde bald im ganzen Land kund. Sie erreichte auch den Hof des Königs. König Alfgeirr war sehr angetan von der Weisheit Völvas, und er entschied, sie um Rat zu fragen. Er war ein alternder Fürst, dessen Frau, Königin Álfagjöf, kinderlos geblieben war. Die Frage der Thronfolge war ungelöst, und so fürchtete der König, dass die Thronfolge eher durch Machtkämpfe in der Königsfamilie bestimmt würde als durch eine in Weisheit getroffene Entscheidung. In jüngeren Jahren hatte er geglaubt, dass ein König vor allem Mut und Stärke brauche. Jetzt glaubte er, dass die wichtigste Eigenschaft eines Königs die Weisheit sei. Die Geschichte von Völvas Umgang mit Feykir bestätigte ihn darin, und so entstand in ihm ein Plan. Er wollte im Land verkünden lassen, dass derjenige sein Nachfolger werden sollte, der die Regenbogenbrücke überquerte. Er wollte Völva fragen, ob sie bereit sei, als unbefangene Beobachterin den Vorgang zu begleiten. Der Erste, der die Regenbogenbrücke erfolgreich überschritt, sollte der neue König werden.

So reiste der König mit seiner Gemahlin und seinem Gefolge zu Odins Kliff. Inzwischen war um den Tempel von Odin und Freyja eine Siedlung entstanden. Immer mehr Menschen folgten den Anweisungen von Völva und betrachteten sich als ihre Schüler. Auf eine ganz natürliche Art war in kürzester Zeit eine Gemeinschaft um Völva und den Tempel von Odin und Freyja entstanden. Die Gemeinschaft hatte sich im Vorfeld schon auf die Ankunft des Königs vorbereitet. Man betrachtete es als eine große Anerkennung, dass der König den Tempel besuchen wollte. Es wurden Baum- und Strauchhecken angepflanzt, um die heftigen Winde um Odins Kliff abzumildern. So entstand eine liebliche Gartenlandschaft, die die besonderen Schwingungen des Tempels noch unterstrichen. Am Ankunftstag des Königs war der Zufahrtsweg vom Feuersteinsteig zum Tempelgelände gesäumt von feiernden Menschen. Es war ein wahrhaft herzliches Willkommen.

König Alfgeirr und Königin Álfagjöf wurden von der Völva begrüßt, und sie begleitete sie auf dem Weg in den Tempel. Der König sprach zuerst wertschätzend über den schönen Platz und die außergewöhnliche Atmosphäre, die er wahrnahm. Dann sprach er voller Anerkennung über Völvas Weisheit. Er sagte, er wünsche sich einen Nachfolger, der über eine ähnliche Weisheit wie Völva verfüge, sodass er sein Volk in Zukunft in guten Händen wissen könne. Dann unterbreitete er ihr seinen Vorschlag.

Völva bedankte sich beim König für sein Vertrauen. Dann sprach sie: „Die Regenbogenbrücke ist immer da, egal, ob es Sonne oder Regen gibt. Die Regenbogenbrücke stellt die Verbindung zwischen dem Menschlichen und dem Göttlichen dar. Die menschliche Existenz wird in einem menschlichen Körper geboren. Dieser Körper ist menschlich, endlich, sterblich. Das, was diesen Körper belebt, ist göttlich, endlos, unsterblich. In uns Menschen kommen das Menschliche und das Göttliche zusammen, die Form und die Formlosigkeit. Die Regenbogenbrücke ermöglicht es uns zu erfahren, dass wir frei sind, nicht gebunden an den Körper. Um über die Regenbogenbrücke zu gehen, müssen wir zuerst einen göttlichen Wächter namens Heimdall passieren. Er entscheidet, ob er den Weg freimacht. Heimdall ist der Gott der höheren Wahrnehmung. Er sieht und hört mehr als alle Wesen. Er hat ein ausgezeichnetes Gehör und scharfe Augen. Heimdall bewohnt das Schloss Himinbjörg. Himinbjörg stellt die Grenze zwischen dem Kopf der Regenbogenbrücke und dem Land der Götter dar. Heimdall lässt uns die Brücke passieren, wenn wir alles, was zur Welt des Menschen gehört, zurücklassen.

Das fällt den meisten Menschen nicht leicht, weil sie meinen, auf vieles aus der menschlichen Welt angewiesen zu sein. Der Wächter lässt uns aber nur durch, wenn wir nichts festhalten, nichts mitnehmen und uns auch nicht wehren. Rüstungen sind nicht erlaubt, wir müssen unsere Waffen zurücklassen. Wir können die Brücke nur nackt überqueren. Selbst unsere Gedanken müssen nackt sein. Wenn wir Vorlieben haben, bedeutet das, dass wir immer noch an etwas festhalten. Wenn wir uns schützen, bedeutet das, dass wir noch eine Haltung von Zurückweisung haben. Wenn wir am Wächter vorbei sind, kommen wir zur Quelle am Zentrum der Wohnstätte der Götter. Da lernen wir mit einem Auge zu sehen. Wir verstehen, dass das Göttliche und das Menschliche eine Einheit bilden, so wie alles eine Einheit ist. Wir schmecken, dass alles nur einen Geschmack hat. Genauso wie der Ozean überall salzig schmeckt, schmeckt alles nach Freiheit, alles kommt von der gleichen Quelle und ist vollkommen. Wir verlieren die Notwendigkeit, Vorlieben zu haben oder eine Abneigung gegen innere Zustände, und unser Herz öffnet sich für alle Menschen gleichermaßen. Wenn man nichts festhält, hat man keine Angst, es zu verlieren."

Völva besah sich den König einen Moment, dann fuhr sie fort: „Majestät, wenn Sie den Erwerb der Krone mit der Voraussetzung verknüpfen wollen, dass man die Regenbogenbrücke überquert hat, befürchte ich, dass es in vielen ein Verlangen wachruft, das Königsamt und die politische Macht, die damit verbunden ist, zu erlangen. Jedoch wird dieses Verlangen das Überqueren der Brücke unmöglich machen. Heimdall wird niemanden passieren lassen, der nach der Königskrone strebt. Im Grunde genommen können nur diejenigen die Brücke passieren, denen es völlig gleichgültig ist, ob sie anschließend König sind oder Bettler."

König Alfgeirr aber strahlte über sein ganzes Gesicht: „Das wäre der wahre König", sagte er. „Ich möchte es auf jeden Fall nicht unversucht lassen. Auch wenn sich so kein geeigneter Nachfolger finden lässt, so kann ich mir nicht vorwerfen, dass ich dem wahren König keine Chance gegeben hätte." „Wenn das Ihr Wunsch ist, Eure Majestät, dann biete ich gerne meine Dienste an, um diese Königswahl zu begleiten", sagte Völva.

König Alfgeirr veranlasste, dass ein Königliches Dekret veröffentlicht wurde, das besagte, dass im Volk nach einem Thronfolger gesucht werde. Am höchsten Feiertag des Landes sollte in der Hauptstadt in einem Wettkampf der Nachfolger bestimmt werden. So entstand in der gesamten Bevölkerung ein neues Interesse an der Regenbogenbrücke. Obwohl der Begriff im Volk durch die vielen Mythen bekannt war, wusste man doch wenig über die Zusammenhänge zwischen der Fähigkeit, die Brücke zu überqueren, und der Weisheit derjenigen, die dazu im Stande waren. Völva war konfrontiert mit vielen Fragen und sie nutzte es als Gelegenheit, ihre Weisheit zu verbreiten. Bei ihren Schülern wuchs dadurch das Bewusstsein über die Notwendigkeit von Meditation und Selbsterkundung. Wie sonst konnte man die Weisheit entwickeln, die notwendig war, die Brücke zu überqueren? Auch wenn einige ihrer Schüler sich hingebungsvoll in ihrer Selbsterkundung übten, waren sie von Demut geprägt und fühlten eine Achtung und Wertschätzung gegenüber der Tiefe von Völvas Weisheit. Trotz des Engagements ihrer Schüler gab es in ihrem Umfeld niemanden, der sich zutraute, am Feiertag in der Hauptstadt die Brücke zu überqueren. Das hatte Völva auch gar nicht erwartet.

Eine Woche vor dem großen Feiertag machte Völva sich auf den Weg in die Hauptstadt, wo schon alles vorbereitet wurde für den Wettkampf, der die Zukunft des Landes verändern sollte. Nur für den Zweck der Königswahl war eine neue Arena errichtet worden. Aus dem ganzen Land kamen die Menschen angereist, um teilzuhaben an diesem besonderen Festtag. Am Morgen des lang erwarteten Tages strömten die Menschen auf die Zuschauerränge der Arena. Auf einer erhöhten Plattform war der Thron des Königs aufgestellt, zu seiner Linken war der Platz der Königin. Zur seiner Rechten stand ein Ehrensessel für Völva. Das Volk jubelte, als der König mit der Königin und der Völva die Plattform betrat. Der König trug eine Krone, ein Zepter und ein langes, blaues Gewand, die Königin trug eine kleine Krone und ein rotes Kleid, die Völva führte den Stab Odins Gungnir und sie trug den Brisingamen und eine lange, grüne Robe. Ein Sprecher erklärte, dass es zehn Aspiranten auf das Königsamt gebe.

Dann öffneten sich die Türen der Arena und zehn Männer betraten, begleitet von lauten Gesängen der Zuschauer, den Veranstaltungsort. Es wurde bald vernehmlich getuschelt im Publikum, weil ein jeder damit beschäftigt war, dass einer der Männer vollständig maskiert war. Die Männer wurden zur Königsplattform geführt und grüßten zuerst das Königspaar und die Völva und dann auch die Zuschauer. Der Sprecher erklärte, dass er die Männer nach ihren Namen fragen werde, und dass anschließend die Namen der Männer in einem Lostopf gesammelt würden. Die Völva werde diese Namen auslosen und so die Reihenfolge des Wettbewerbs festlegen. Dies könne entscheidend sein, weil der erste Bewerber, der die Regenbogenbrücke überqueren würde, als Nachfolger des Königs legitimiert werde. Der Sprecher forderte den ersten Mann auf, sich vorzustellen.

Ein stolzer Mann trat vor und sagte, er heiße Efstur. Der Nächste sah wie ein Krieger aus, es war Yfirgángur. Der Dritte war ein Mann mit zusammengekniffenen Augen, der sich als Ákafi vorstellte. Einer der Männer war völlig in Schwarz gekleidet, sein Name war Blakkur. Dann kam ein fröhlich lachender Mann, namens Áfram. Als Sechster kam ein Mann, der etwas bedrückt schaute und sich als Purkur vorstellte. Der Siebte war ein verschlossen schauender Steingrimur. Als Gylfi sich als Nächstes vorstellte, lachte er verlegen. Jetzt waren nur noch ein unauffälliger Mann namens Blundur übrig und der maskierte Mann. Als der Sprecher diesen nach seinem Namen fragte, sagte er: „Mein Name ist Gleichmut." Der Sprecher reagierte verwundert: „Gleichmut, das ist doch kein Name?!" Da sprach der Maskierte: „Wenn du mir einen Namen geben willst, dann nenne mich den Namenlosen." Der Sprecher schaute einen Moment hinüber zu Völva, und als er sie nicken sah, notierte er „Der Namenlose" auf seinem Zettel. Dann gab er das Wort an die Völva.

Zuerst begrüßte sie die zehn Aspiranten herzlich. Sie bedankte sich beim König für das Vertrauen. Sie sagte, dass es einen ähnlichen Vorgang in der Geschichte noch nie gegeben habe. Es zu einer Voraussetzung zu machen, die Regenbogenbrücke zu überqueren, um das Königsamt anzutreten, zeuge davon, dass der König wirklich einen weisen Nachfolger finden wolle. Zugleich sei es aber auch ein ungewöhnlich anspruchsvoller Test. Sie könne nicht garantieren, dass es am Ende des Tages einen Sieger gebe. Sie wünschte allen Anwärtern trotzdem ein gutes Gelingen, und erklärte weiter, dass alle Bewerber zuerst eine Frage gestellt bekämen, die für alle Teilnehmer gleich sei und die Beantwortung dieser Frage zeige, ob der Aspirant zugelassen werde, Heimdall zu begegnen. Dies werde nicht von ihr entschieden, sondern die Götter würden dies entscheiden. Falls der Anwärter zu Heimdall vorgelassen werde, würden die Götter die entsprechenden Umstände schaffen, sodass alle Anwesenden in der Arena einen Regenbogen sehen könnten, dann würde Heimdall sich zeigen und den Anwärter des Thrones auf seine eigene Weise prüfen. „Wenn wir etwas Menschliches mitführen, wird Heimdall uns damit bekämpfen, und er wird immer der Sieger sein." Falls aber die Götter den Regenbogen nicht erschafften, sei der Aspirant gescheitert.

Dann nannte sie die Frage, die es zu beantworten gab: „Warum möchtest du der nächste König werden?" Sie zog das erste Los. Es war Yfirgángur. Er trat aus der Reihe der Anwärter hervor, stellte sich vor den König und sagte: „Ich möchte die Armee aufrüsten, um mit dem Volk gegen unsere Feinde zu kämpfen und gegen diejenigen, die uns in der Vergangenheit Unrecht angetan haben. Ich möchte mich damit im Namen des Volkes rächen und unsere geschundene Ehre wiederherstellen." Dann war es still. Die Völva schaute gen Himmel, sie schaute auf den König und dann schaute sie auf Yfirgángur. „Die Götter zeigen uns keinen Regenbogen", sagte sie zu Yfirgángur. „Sie wollen keine Konfrontation zwischen dir und Heimdall zulassen. Du trägst etwas sehr Menschliches mit dir, das Schwert. Und was noch entscheidender ist: Du trägst Gewalt, Zorn, Ablehnung und Rachsucht in deinem Herzen. Würdest du damit auf Heimdall treffen, würdest du durch das Schwert sterben. Würdest du damit das Volk führen, das Volk würde Leid, Tod und Verluste erfahren müssen. Ich wünsche dir, dass die Wunden, die du in deinem Herzen trägst, Heilung finden werden, aber du kannst damit nicht der nächste König werden." Yfirgángur zog sich daraufhin in die Reihe zurück.

Dann zog Völva den Namen von Purkur. Sie fragte auch Purkur: „Warum möchtest du der nächste König werden?" Er schaute den König an und sagte: „Mein König, ich möchte mich dafür einsetzen, die bestehende gesellschaftliche Ordnung zu bewahren, Familie und Heimat zu beschützen. Ich möchte den Besitz schützen und durch Wachstum vermehren." Auch jetzt wartete die Völva auf ein Zeichen der Götter. Es blieb still, und Purkur ahnte, was auf ihn zukam, obwohl er es nicht verstehen konnte. Völva erklärte es: „Purkur, das, was du mit dir trägst, ist vielleicht nicht so offensichtlich wie das Schwert von Yfirgángur, vielleicht ist es eher eine Art Strohhalm, etwas, woran du dich festhalten kannst, was dir Halt gibt. Du suchst nach Anhaftung. Anhaftung ist nicht das Gleiche wie Liebe. Liebe braucht ein Loslassen, ein Gehenlassen des Strohhalms. Anhaftung ist eine Art von Klammern, und du kannst alles festhalten: die bestehende Ordnung, die Familie, die Heimat. Dies alles braucht aber auch Freiheit. Liebe kann Freiheit Raum geben. Der Strohhalm wird letztendlich zu einer eisernen Kette. Würdest du damit Heimdall begegnen, du würdest eingesperrt werden. Du würdest dich nicht von der Last dieser Kette befreien können. Du trägst den Strohhalm, die Kette mit dir, aber was entscheidender ist, es ist der Ausdruck von

Habgier und Geiz in deinem Herzen. Du fühlst den Mangel und möchtest dich festklammern. Wenn du mit dieser Haltung das Volk führst, würde der Raum für das Neue fehlen, Raum für Entwicklung. Das Volk würde sehr gebückt gehen. Ich hoffe, dass du die Plätze in deinem Herz, wo jetzt Mangel herrscht, wieder bewohnen kannst, aber so kannst du kein König werden."

Der Nächste in der Reihe war Steingrimur. Er schaute auf den König und beantwortete die Frage ohne Aufforderung: „Ich möchte Mauern errichten, um Fremde fernzuhalten, die auf unsere Schätze lauern und unseren Männern die Arbeit wegnehmen und unsere Frauen schänden wollen. Ich möchte die Rüstung vorantreiben. Ich will unser Land wieder groß machen." Die Götter schwiegen. Völva sagte: „Mauern trennen, Mauern schaffen Identität, durch Mauern denken wir, dass diesseits der Mauer eine andere Welt sei als jenseits der Mauer, so schaffen wir Fremde, und so werden Fremde zu Feinden. Man glaubt vielleicht, dass eine Mauer Frieden schaffen kann, aber Mauern erlauben keinen Kontakt, und ohne Kontakt kann es auch keinen Frieden geben. Steingrimur, du kannst mit Mauern keine Regenbogenbrücke überqueren. Du trägst eine Rüstung, du trägst einen Panzer, der wird dich nicht schützen, wenn du auf Heimdall stößt, er wird dich erdrücken, er wird dich isolieren, er wird dich abschneiden von dem, was du am meisten brauchst: Liebe, Verständnis, Entspannung. Du trägst eine Rüstung, aber was entscheidender ist, sie ist der Ausdruck deiner Verschlossenheit, deiner Verteidigung und der Isolation, die du im Herzen trägst. Wenn du mit dieser Haltung das Volk führen willst, wird es Einsamkeit erfahren und Feindseligkeit. Man kann sich nur wünschen, dass du die Grenzen in deinem Herzen irgendwann öffnen kannst, damit auch dein Herz wieder Wärme und Entspannung erleben kann. Der König wird aber jemand anderes sein."

Dann kam Blundur. Völva fragte auch ihn: „Warum möchtest du der nächste König werden?" Blundur antwortete: „Das geht mir hier alles ein bisschen zu schnell. Ich weiß nicht genau, was ich will, wenn ich König bin. Ich möchte mich ausruhen im Palast. Wenn ich mich richtig ausgeruht habe, vielleicht weiß ich dann, was ich will." Wieder blieben die Götter stumm. Da sprach Völva: „Du trägst etwas mit dir, was du vielleicht selbst nicht sehen kannst. Du trägst den Nebel mit dir. Ich weiß nicht, warum du den Nebel trägst. Vielleicht ist es wichtig für dich, dass du dich verstecken kannst. Aber der Nebel verschleiert alles. Du kannst nicht erkennen, was du willst, du wirst träge und brauchst viel Zeit. Die Götter wollen dich so nicht vor Heimdall ziehen lassen, du würdest ganz verschwinden. Du trägst den Nebel, aber was entscheidender ist, du trägst Ignoranz, Trägheit und Faulheit in deinem Herzen. Ich wünsche dir, dass du irgendwann begreifst, was du tust, um dich zu benebeln, sodass du das Leben wieder in dein Herz einladen kannst. So kannst du kein König werden, dir fehlt es an Klarheit, dir fehlt eine Vision. Das Volk würde sich vernachlässigt fühlen."

Völva zog jetzt den Namen des in Schwarz gekleideten Blakkur. Er wartete erst gar nicht die Frage ab und legte gleich los: „Wie das Ganze hier abläuft ist doch lächerlich. Es ist eine Farce, ich hasse es. So etwas würde es in meinem Königreich jedenfalls nicht geben. Aber dafür müssten zuerst Säuberungen durchgeführt werden. Durch den gesamten Verwaltungsapparat und die sogenannte Justiz müsste jemand mit dem Besen kehren. Das wäre meine Vision für dieses Land." Mit Blakkur hatten sich jetzt fünf Männer präsentiert, Völva schaute auf den König, der etwas kleinlaut und betrübt guckte, sie schaute zum Himmel. Dann richtete sie ihre Aufmerksamkeit auf Blakkur. „Blakkur, ich spüre deinen Zorn, oder vielleicht ist es besser zu sagen: deinen Hass. Du trägst eine Spaltaxt mit dir. Heimdall würde dich zerstückeln, wenn er dir gegenübersteht. Wir denken zwar manchmal, dass Spaltung und Hass etwas lösen können, letztendlich aber spaltet es immer uns selbst. Es entsteht Zweifel, statt Verbundenheit. Der Hass friert unser Herz ein, und wir meinen, mächtig zu sein. Wir trennen Liebe und Macht und spüren so entweder eine ohnmächtige Liebe oder eine lieblose, kalte Macht. Ich habe sehr viel Respekt für die Verwundung, die zu deinem Hass geführt haben muss, und ich wünsche dir, dass du diese Spaltung irgendwann heilen kannst. Du trägst die Axt, aber was entscheidender ist, dein Herz ist eingefroren, du trägst Ablehnung, Zurückweisung und Spaltung in deinem Herzen. So kannst du kein König werden, das Volk würde eine Eiszeit erleben."

Der nächste Name war der von Efstur. Er richtete das Wort direkt an den König und sagte: „Majestät, Ihr könnt froh sein, dass keiner meiner Vorgänger es geschafft hat, den Thron zu erobern. Das Volk kann froh sein, und ich bin auch froh. Denn ich bin wirklich der wahre König." Er machte eine Pirouette, um sich allen zu zeigen. „Ich bin der Beste. Ich bin selbstbewusst und überzeugt von meinem Können. Es gibt keine Selbstzweifel in mir. Geben Sie mir das Vertrauen und ich werde auch den Heimdall überwinden. Ich bin der Beste." Voller Erwartung und Überzeugung schaute er gen Himmel, doch als nichts passierte, fragte er sich, was mit den Göttern los sei, statt sich selbst infrage zu stellen. Völva beendete den Wartezustand: „Efstur, du trägst etwas sehr Menschliches mit dir, es ist der Spiegel. Statt in dich hineinzuschauen und bei dir anzukommen, schaust du dein Spiegelbild an. Du liebst, was du da siehst, aber das bist nicht du, es ist ein Bild von dir, das du pflegst. Ganz verliebt schaust du auf dein Bild und vermeidest so, dass du dich selbst oder andere lieben kannst. Du trägst den Spiegel mit dir, aber entscheidender ist die Eitelkeit, die du in deinem Herzen trägst. So kannst du kein König werden, denn du würdest nur dich selbst und nicht dein Volk sehen. Ich wünsche dir, dass du es Schritt für Schritt lassen kannst, im Außen nach Applaus zu suchen, um einmal bei dir in deinem Herzen anzukommen."

Die nächste Person, dessen Name von der Völva gezogen wurde, war Áfram. „Warum möchtest du der nächste König werden, Áfram?", fragte die Völva. Er antwortete: „Ich bin ein Optimist. Auch wenn es vieles gibt in dem Königreich, was jetzt noch nicht in Ordnung ist, ich werde Pläne entwickeln, damit alles gut wird. Ich glaube an eine goldene Zukunft für unser Land und werde alles Mögliche tun, um das zu erreichen." Voller Optimismus wartete Áfram ab, ob die Götter diesmal den Regenbogen zeigen würden. Aber wieder regte sich nichts. Die Völva sprach folgende Worte: „Áfram, du trägst etwas sehr Menschliches mit dir, es ist die Uhr. Du orientierst dich an der Uhr, du nennst dich einen Optimisten. Der Optimist verlässt die Präsenz, weil er das Jetzt ablehnt, und er projiziert sich in eine Zukunft, die es nie in der Präsenz geben kann, wo alles gut ist. Er kreiert damit den Verstand und verlässt die unmittelbare Präsenz. Du lässt dich von der Überzeugung führen, dass um die nächste Ecke etwas Besseres auf dich wartet. Du denkst schnell, hast viel Energie und bist kreativ. Deine Überzeugungen beruhen aber auf der Ablehnung des Jetzt. So kannst du nie ankommen, du bleibst immer rastlos. Um anzukommen, müsstest du nämlich nicht schneller gehen, sondern mit dem Rennen aufhören. Du könntest nie gegen Heimdall gewinnen, weil du immer zur falschen Zeit da wärst. So kannst du auch kein König werden. Du würdest dein Volk vor dir herjagen, bis es ausgebrannt ist. Du trägst die Uhr mit dir, aber entscheidender ist, dass mit der Zeit ein planender Verstand hervorgerufen wird, der die Gegenwart ablehnt und eine Präferenz für eine Zukunft hat, die aber nie kommt. Ich würde dir wünschen, dass du die Angst überwindest und zur Ruhe kommen kannst."

Als Gylfis Name von der Völva gezogen wurde, trat dieser vor den König. Gylfi hatte jetzt sieben der Anwärter beobachtet und gesehen, dass keiner erfolgreich war. Er verstand, dass man nichts Menschliches mitnehmen durfte, sonst würde er nie König werden, wie die anderen vor ihm. Und er sehnte sich so sehr danach, ein Herrscher zu sein, mit einem eigenen Palast, mit einer hübschen Königin, mit Dienern, mit einer Krone, mit einem Thron. Man musste die Frage aber so beantworten, dass man nichts mit sich führte, keine Waffen wie ein Schwert, eine Axt oder eine Rüstung, sogar keine Uhr, keinen

Spiegel oder keinen Strohhalm. Nein, man durfte noch nicht mal einen Nebel mit sich führen! Deswegen log Gylfi den König an, er sagte: „Ich möchte der König der leeren Hände werden, der König ohne Waffen, der König ohne Krone, der König ohne Kleider!"

„Endlich ist der wahre König da!", sagte Völva, das Volk jubelte und Gylfi wusste nicht genau, ob er sich freuen oder schämen sollte. „Das Einzige, was noch nicht stimmt, um der König ohne Kleider zu werden, sind die Kleider, die du trägst!" Jetzt jubelte das Volk noch lauter. „Aber", stammelte Gylfi, „ich kann mich doch hier in der Öffentlichkeit nicht ausziehen!" „Wenn du der König ohne Kleider werden willst, dann schon", sagte Völva. König Alfgeirr schmunzelte, er verstand, dass Völva Gylfi vorführte und mit ihm verstanden es alle Zuschauer. „Du bist ein Fuchs, Gylfi. Du versuchst, uns alle zu täuschen, du trägst eine Maske mit dir, einen Schleier. Deine Worte entsprechen nicht dem, was du fühlst. So kannst du kein König werden. Ein König, der sein Volk betrügt, kann nicht führen, du bist ein Verführer. Du trägst einen Schleier mit dir, aber entscheidender ist die Lüge. Ich vermute, dass du selbst einmal betrogen, verführt, beschämt wurdest. Die Saat ist noch in deinem Herzen, ich wünsche dir, dass das fehlende Vertrauen in deine Integrität eines Tages geheilt werden kann."

Jetzt waren nur noch zwei Lose übrig, das von Ákafi und das von dem Maskierten ohne Namen. Die Wahrscheinlichkeit, dass heute ein neuer König gefunden wurde, wurde immer kleiner. König Alfgeirr gab die Hoffnung aber noch nicht auf. Die Zeit lief ihm immer mehr davon, würde er zu Lebzeiten keinen geeigneten Nachfolger finden, dann würde wohl das Geblütsrecht greifen und Machtkämpfe in der Königsfamilie wären wahrscheinlich. Er beobachtete, wie die Völva das vorletzte Los zog, der Name Ákafi stand da geschrieben. Es kam wieder die Frage: „Warum möchtest du der nächste König werden?"

Ákafi sagte: „Ich will ein König sein, der sein Volk inspiriert, ich habe eine Vision, ich möchte, dass mein Volk das reichste Volk wird, ich möchte ein erfolgreicher König werden. Das wird nicht einfach sein. Von nichts kommt nichts. Wir müssen alle fleißig sein, ambitioniert, ehrgeizig, aber wir schaffen das." Es war still. Würden die Götter sich denn gar nicht offenbaren heute? Aber kein Windchen wehte, die Götter zeigten sich unbeeindruckt.

Die Völva sprach: „Fleiß und Eifer sind durchaus Eigenschaften, die für einen König wichtig sind. Sie sind notwendig, um Sorge zu tragen, dass die Grundbedürfnisse erfüllt werden. Die Welt besitzt ausreichend Raum, um die Bedürfnisse aller zu stillen, aber die Welt ist zu eng für die Gier der Menschen. Ákafi, du führst eine Schlange mit dir, die Schlange des Neides. Wenn du der Reichste werden willst, misst du deinen Erfolg an anderen. Wenn das, was genügt, zu wenig ist, dann wird dir nichts genügen. Es kreiert Neid, und derjenige, der neidisch ist, wird ärmer, wenn andere reicher werden. Du führst die Schlange mit dir, aber was entscheidender ist, dein Herz ist voller Neid, es hat eine rastlose Anstrengung zur Folge, die dich nie ruhen lässt. Dein Eifer wird zur Eifersucht. So kannst du kein König werden, du würdest eine nimmer zu stillende Rastlosigkeit in dein Volk bringen. Ich würde dir wünschen, dass du Ruhe finden kannst in deinem Herzen, dass du spüren kannst, dass dein Wert nichts mit Leistung zu tun hat, sondern eine Qualität deines Seins ausmacht. Erst dann, wenn du deinen eigenen Wert kennst, wirst du dich freuen, dass jeder seinen eigenen Wert hat."

Jetzt schauten alle auf den mysteriösen, maskierten Mann. Er war der letzte verbliebene Kandidat. Völva sprach: „Es ist nur noch eine Losnummer übrig. Wir wissen alle, dass dieses Los keinen Namen trägt. Ich werde jetzt kein Los ziehen, sondern gleich die Frage stellen: ‚Warum möchtest du der nächste König werden?'" Der maskierte Mann sagte: „Ich möchte nicht der nächste König werden. Wenn aber die Götter sich für mich entscheiden, wenn der König es will, wenn es dem Wunsch der Völva entspricht, wer bin ich dann, mich dagegen zu wehren? Ich trage den Namen Gleichmut als Zeichen meiner Hingabe. In meiner Tiefe trage ich aber gar keinen Namen. Ich lege mein Schicksal in die Hände Heimdalls." In dem Moment zogen dunkle Wolken über die Arena, und obwohl die Sonne nach wie vor da war, brach ein Gewitter aus den Wolken hervor. Ein wunderschöner Regenbogen zeigte sich, und die Zuschauer spürten, wie sie ein Schauer der Freude ergriff. Dann hörten sie ein lautes Horn, und weil sie alle den Mythos kannten, wusste jeder, dass es das Gjallarhorn war, das Horn Heimdalls. Eine tiefe Stimme ertönte und sagte: „Ich bin Heimdall. Ich bin erfreut, dass einer der Menschen heute an die Tür des Himinbjörg klopft. Aber sage mir, was sollte mich veranlassen, diese Tür zu öffnen?"

Da zog der maskierte Mann seiner Maske ab und ein Schauer durchfuhr Völvas Körper. Sie sah ihren Sohn Ljúfur dastehen. Tränen strömten aus ihren Augen, die zu Gold wurden, sobald sie die Erde berührten. Ljúfur legte nicht nur seine Maske, sondern seine gesamte Kleidung ab, und obwohl er jetzt nackt war, trug er keine Scham mit sich, er stand da voller Würde, in einer Verletzlichkeit, die seine Stärke ausmachte. Sein Körper war umgeben von einer Aura aus Licht.

Da sprach er: „Hier stehe ich. Nackt. Ich führe nichts mit mir aus der Welt der Menschen. Ich komme aber nicht mit leeren Händen. Meine Hände strahlen im Licht. Das Licht gehört nicht mir und doch ist es meine tiefste Natur. Es ist das Licht der Götter. Ich habe nicht immer gewusst, dass es das Licht ist, was mich ausmacht. In meiner Ignoranz habe ich mit dem Leben gekämpft, ich wollte es nach meinen Wünschen biegen, ich habe versucht, mich festzuhalten an etwas, das im Wandel war, ich habe mich gegen die Realität gewehrt und abgelehnt, was mir nicht passte. Das alles hat mir sehr viel Leid bereitet. Irgendwann berührte mich das Licht, und es zeigte mir, dass ich selbst für mein Leid verantwortlich war. Damit begann ein Weg, der mich langsam zurück nach Hause führte. Obwohl ich aus meinem Dorf ausgestoßen war, fand ich in mir den Weg zurück. Mein Weg nach Hause war einerseits ein Weg, die Orientierung am Verstand loszulassen, und andererseits ein Weg, das Licht in mir freizulegen. Das hört sich nach zwei getrennten Bewegungen an, aber es sind eigentlich zwei Perspektiven auf ein Geschehen. Der Verstand erlaubt keine Ruhe, er treibt uns an, zu kämpfen. Dieses Tun ist es, was das Licht behindert. Die Aktivität, zu der uns der Verstand verführt, legt sich wie ein Schatten um unser Wesen und verhindert das Licht. Das Licht können wir nicht herbeiführen, es ist schon da, auch wenn die Wolken des Verstandes es vielleicht verdecken. Wofür wir aber verantwortlich sind, ist die Hingabe. Es ist der letzte Schritt, der von uns verlangt wird."

Er machte eine kleine Pause und schaute hoch zum Regenbogen, der nach wie vor über der Arena schimmerte. „Heimdall, du hast mich gefragt, was dich veranlassen sollte, den Himinbjörg zu öffnen. Die Götter haben mir nicht nur einen, sondern gleich zehn Schlüssel gegeben. Es sind Schlüssel aus Licht. Alle Schlüssel öffnen einen anderen Raum. Der erste Schlüssel ist eine Flamme aus Licht, er ist die Liebe zur Wahrheit. Nur wenn das Herz und der Kopf eins werden und die Suche eine Herzensangelegenheit wird, öffnen sich die Türen der Entfaltung. Der zweite Schlüssel ist ein Amethyst aus Licht, er steht für die Präsenz. Ganz in meinem inneren Zuhause angekommen, erkenne ich mich als Präsenz. So wird die Tatsache, dass ich ich selbst bin, ein Schlüssel zur Erkenntnis. Der dritte Schlüssel ist ein leuchtender Raum, er ist eine offene Haltung, er erlaubt die Erfahrung von Leichtigkeit, von Raum und von Freiheit. Der vierte Schlüssel ist das Jetzt. Das Jetzt bedeutet das Ende des Missverständnisses der Zeit. Das Jetzt ist alles, was es gibt. Es ist immer jetzt. Jetzt ist der einzige Platz, an dem Präsenz existiert. Das Jetzt öffnet das Tor zur Ewigkeit. Der fünfte Schlüssel ist das leuchtende Wasser, er ist die Abwesenheit von Präferenzen. Er führt uns heran an die Wahrheit, dass alles eins ist, er führt uns heraus aus der Welt der Dualität, weg von dem urteilenden Verstand, weg von den Haltungen der Ablehnung oder des Festhaltens. Der sechste Schlüssel ist der leuchtende Aquamarin, der Stein des Herzens, der Akzeptanz. Er ist eine Form der Liebe, er öffnet die Tür für Hingabe. Der siebte Schlüssel ist ein leuchtender Kristall, er ist die Klarheit. Er hilft, zu sortieren, zu verarbeiten, was wir in der Dunkelheit, in unserer Ignoranz nicht sehen konnten. Wir werden uns dadurch bewusst, wo die Dunkelheit herkommt, wie wir sie eingeladen oder zugelassen haben. Der achte Schlüssel ist der Bernstein, das Bewusstsein, dass allem, was lebt, ein Wert innewohnt. Wenn du dich fragst, was der Wert des Lebens ist, bedeutet das, dass du dich selbst verloren hast. Wenn du nach Hause kommst, findest du dich selbst und damit deinen Wert. Der neunte Schlüssel ist das Quecksilber, er ist das Bewusstsein, dass alles im Wandel ist. Erfahrung setzt Wandel voraus. Alles ist ständigem Wandel unterzogen. Du selbst sein bedeutet nicht, an dir selbst festhalten. Wir sind ein dynamischer, frei fließender Fluss von Präsenz. Das ist wahre Freiheit. Der zehnte Schlüssel ist das eine Auge, das Gewahrsein des grenzenlosen Einsseins. Er ist ein Schlüssel, der das Tor der Nicht-Existenz aufstößt. Der Schlüssel zum Nichts. Leben und Tod sind zwei Aspekte des Gleichen. Sein ist fundamental ein Nicht-Sein, ein Nichts, eine Abwesenheit. Der Grund der Präsenz des Lichts ist ein Nichts, es ist absolute Transparenz. Alle Existenz ist ein Hologramm ohne Substanz."

In diesem Moment sahen alle, wie Ljúfur auf den Regenbogen zulief und in ihm verschwand. Er hatte sich komplett aufgelöst, er war an Himinbjörg vorbei – und über den Regenbogen gegangen. Er war in die Welt der Götter eingetreten. Es herrschte absolute Stille in der Arena. Bis in diese Stille hinein Gjallarhorn ertönte, das Horn Heimdalls. Der Regen hörte auf, die Wolken zogen ab, und der Regenbogen verschwand in der Welt der Nicht-Existenz. Da, wo gerade noch das andere Ende des Regenbogens gewesen war, stand Ljúfur. Er war an der Quelle, an der Wohnstätte der Götter angekommen.

Er war über die brennende Brücke des Lichts gegangen und nach einer Reise des Abstiegs war seine transformierte Seele wieder zurückgekehrt. Er trug jetzt ein leichtes Kleid, geschmückt mit einem Baldrian-Motiv. In seiner Hand hielt er einen Stab, der sich nach oben gleichmäßig verzweigte. An den Zweigen hingen weiße Perlen. Der Stab wirkte, als wäre er der Ast einer weißbeerigen Mistel. Nachdem das Gjallarhorn verklungen war, blieb es einige Momente still. Als Ljúfur sich bewegte, um von der Position seiner Ankunft wieder zurück zum Podium des Königs zu gehen, brach der Jubel los. Es schien, als würde die gesamte Existenz sich freuen, dass jemand nach Hause gekommen war.

König Alfgeirr war hocherfreut. Er sprach: „Ich bin glücklich, meine freudige Anteilnahme an diesem Geschehen ausdrücken zu dürfen. Zuallererst, weil das, wovon wir heute Zeugen waren, doch nur möglich war durch die Weisheit, die ihr offensichtlich verkörpert. Natürlich freut es mich auch sehr, dass jemand es geschafft hat, die Prüfung zu bestehen, die ich als Voraussetzung für die Thronfolge angeordnet hatte. Sehr oft, auch an diesem heutigen Tag noch, habe ich gehadert, ob ich die Messlatte nicht doch zu hoch gelegt hatte. Umso mehr freut es mich, dass jemand es geschafft hat, die Anforderungen zu erfüllen. Möchtet Ihr der nächste König werden?"

„Ja, Majestät, ich nehme das Königsamt an." Alle standen auf, und auch der König, die Königin und die Völva erhoben sich, applaudierten und verbeugten sich vor dem künftigen König. „Es gibt noch ein paar Dinge", sagte der König. „Ich würde doch wirklich gerne wissen, warum Ihr mit einer Maske aufgetreten seid und weswegen Ihr uns Euren Namen nicht verraten habt."

Ljúfur sagte: „Mein König, mein Name ist Ljúfur. Meine Mutter sitzt neben Euch. Ich bin der Sohn Ábyrgurs und der Völva-Embla. Wäre ich ohne Maske gekommen, hätten alle im Nachhinein an der Neutralität der Völva gezweifelt. So habe ich gewartet, bis die Götter mir den Regenbogen gezeigt haben. Erst dann konnte ich meine Identität enthüllen. Ab dem Moment lag das Los in den Händen der Götter. Ich bitte um Verzeihung, aber eine andere Möglichkeit habe ich nicht gesehen." Der König zog seine Augenbrauen hoch und schaute die Völva an. „Dein Sohn, ich wusste nicht mal, dass du einen Sohn hast!" „Auch ich habe meinen Sohn seit langer Zeit nicht mehr gesehen. Ich freue mich so sehr, Ljúfur!"

„Jetzt wisst Ihr meinen Namen. Ich möchte aber in Zukunft als König einen anderen Namen annehmen. Ich bin gerade aus der Wohnstätte der Götter zurückgekommen und habe eine Nachricht für die Menschen mitgebracht. Der Gott Balder ist zurückgekehrt aus dem Totenreich Helheim. Als Zeichen trage ich eine Robe mit dem Baldrian- Motiv. Der Baldrian ist eine Pflanze, die uns Menschen Ruhe bringt. Ich trage einen Stab mit einem Mistelzweig. Der Mistelzweig soll uns erinnern, dass wir Menschen verletzlich, aber auch aus göttlichem Licht sind, das unverwundbar ist. Ich möchte im Namen Balder das Glück und die Schönheit wieder in die Welt bringen. Deswegen möchte ich Balder als Königsname annehmen. Ich möchte euer König Balder sein."

Unmittelbar hinter der Plattform des Königs saß eine Gruppe von Frauen aus Völvas Dorf. Sie waren mit der Völva aufgewachsen und hatten sie schon als junge Frau gekannt, bevor sie verheiratet war. „Ich habe dir immer schon gesagt, dass die Embla jeden Mann kriegen kann, sogar den Sohn des Königs", sagte eine dieser Frauen. „Ja, ja", sagte die andere Frau zu ihr. „Aber dass ihr Sohn jetzt der König wird, das hast du nicht gewusst!" „Das ist wohl richtig", stimmte die andere zu, „aber zum Glück ist jetzt alles gut ausgegangen."

Die Völva, die das Gespräch mitgehört hatte, dachte still in sich hinein: Ob das von Vorteil ist oder nicht, kann keiner von uns beurteilen.

Völvas Weg nach Hause

Alles im Wandel

Völva zeigt uns, dass alles ständig im Wandel begriffen ist, dass wir nicht in der Wahrheit leben, wenn wir Situationen beurteilen, weil alles nur ein Fragment des Ganzen darstellt. Unser Verstand, der sich in unserer frühen Kindheit entwickelt, orientiert sich an Beurteilungen, an Festlegungen, an Konzepten, er beruht in hohem Maße auf dem, was wir „Verdinglichung“[64] nennen. Er macht aus allem, was immer im Wandel ist, „Dinge“ und gaukelt uns eine Festigkeit, eine Unbeweglichkeit vor. Unser Verstand lässt uns glauben, dass wir „Dinge“ sind. Separate Einheiten, die getrennt von der Ganzheit des Lebens existieren. Unser Verstand bringt uns dazu, diese separate Einheit zu schützen und zu isolieren. Völva zeigt uns, dass wir den Kontakt zum Leben verlieren, wenn wir zu sehr an der vorübergehenden Dinghaftigkeit festhalten,

Völva lebt in einer anderen Zeit. Eine Zeit, in der Begriffe wie Ego und Spiritualität keine Bedeutung haben. Trotzdem ist Völva ein zutiefst spiritueller Mensch. Eine Frau, die sich selbst verwirklicht hat. Jemand, der weiß, was es bedeutet, im inneren Zuhause anzukommen. Sie drückt ihre Erfahrung in einer anderen Sprache aus. Sie redet nicht davon, dass spirituelle Entwicklung passiert, wenn wir die Missverständnisse, die aus unserer Ego-Identität rühren, als falsch erkennen, um auf diese Weise das, was essenziell ist, wieder freizulegen. Stattdessen erklärt sie uns die Regenbogenbrücke, die uns von der Welt des Menschlichen in die Welt des Göttlichen führt, die den Menschen also erfahren lässt, dass er nicht nur menschlich, sondern auch göttlich ist.

Völva redet nicht davon, dass die verschiedenen Aspekte unserer wahren Natur Qualitäten seien wie Mut, Stärke, Vertrauen, Klarheit, Intelligenz, Frieden, Liebe, Wille, Würde, Wahrheit, Raum, Akzeptanz. Sie sagt, dass dies die Eigenschaften der Götter seien. Eigenschaften, die weder geboren werden noch sterben, die von der Zeit nicht berührt werden, die ewig sind, die auch uns Menschen immer zur Verfügung stehen, wenn wir uns für sie öffnen.

Sie zeigt uns, dass Leben in seiner tiefsten Realität immer Bewegung und Wandel bedeutet. Sie lehrt uns, mit einem Auge zu sehen, was bedeutet, dass wir erkennen, dass alle Gegensätze verschiedene Aspekte einer Ganzheit darstellen. Sie lehrt uns auch, dass das Göttliche und das Menschliche letztendlich eins sind, und dass die Brücke nur eine Metapher darstellt, um aus der Welt der Spaltung in der Welt des Einssein anzukommen. Eine Brücke ist dafür da, dich ans andere Ufer zu bringen. Wenn wir aber nach Hause kommen, wenn wir das andere Ufer erreichen, realisieren wir, dass es nur eine Perspektive war, die wir hatten, bevor wir angekommen waren. Im Moment des Ankommens sehen wir, dass es nur eine Realität gibt, und dass die Brücke auch nur illusorisch war.

Praxis

Solange wir aber in der Welt der Menschen, in der Welt der Spaltung leben, treibt uns eine Kraft, den Weg nach Hause zu suchen. Völva zeigt uns die Praxis, die es uns ermöglicht, diesen Weg zu gehen. Sie lehrte ihren Schülern die Praxis der Meditation und Selbsterkundung. Meditation wird in ihrer Welt verkörpert durch zwei Raben; Odins Hugin und Munin. Hugin verkörpert das Bewusstsein und Munin das wahre Erinnern. Die Praxis der Selbsterkundung wird angedeutet durch den Kontakt mit Geri und Freki. Aus unserer heutigen Sicht würden wir das als Ego-Aktivität beschreiben. Das Ego bewegt sich ständig in einem Rad aus Hoffnung, Verlangen und Ablehnung. Geri verkörpert den Teil der Ego-Aktivität, der Hoffnung und Verlangen darstellt, Freki den Teil, der ablehnend ist. In der Praxis der Selbsterkundung begegnen wir der Ego-Aktivität mit Bewusstsein und wahrem Erinnern, sodass eine Transformation möglich wird.

Falsche Zuflucht[65]

Der Weg über die Regenbogenbrücke, das ist der Weg ins innere Zuhause. Solange wir nicht den Weg nach Hause gefunden haben, suchen wir Zuflucht in falschen Orten – das ist es, was Völva uns zeigt. Weil wir es kaum ohne ein Zuhause aushalten, suchen wir Schutz an den falschen Stellen und halten uns mit allen Mitteln daran fest. Wir durchschauen oft nicht, dass der Aufenthalt selbst verantwortlich ist für unser Leid.

So halten wir uns fest am Schwert (*Gewalt, Ablehnung, Abwehr*), an der Kette (*Habgier, Geiz, Klammern, Festhalten, Mangelbewusstsein*), an der Rüstung und den Mauern (*Verschlossenheit, Verteidigung, Grenzen*), an dem Nebel (*Trägheit, Faulheit, Ignoranz*), an der Axt (*Hass, Ablehnung, Spaltung*), am Spiegel (*Ich-Bezogenheit, Stolz, Eitelkeit*), an der Uhr (*Plan, Präferenz, Zukunft*), am Schleier (*Täuschung, Lüge, Betrug*) oder an der Schlange (*Anstrengung, Ehrgeiz, Neid, Eifersucht, Missgunst*).

Die zehn Schlüssel von König Baldur zeigen uns die Haltungen, die den Weg nach Hause ermöglichen:

- Der erste Schlüssel ist eine Flamme, die Liebe zur Wahrheit.
- Der zweite Schlüssel ist ein Amethyst, die Präsenz.
- Der dritte Schlüssel ist der Raum, die Haltung von Offenheit.
- Der vierte Schlüssel ist das Jetzt, das Ende des Missverständnisses der Zeit.
- Der fünfte Schlüssel ist das Wasser, die Abwesenheit von Präferenz.
- Der sechste Schlüssel ist der Aquamarin, die Akzeptanz für alles, was ist.
- Der siebte Schlüssel ist der Kristall, die Klarheit und die Objektivität.
- Der achte Schlüssel ist der Bernstein, das Wissen, dass allem, was lebt, ein Wert innewohnt.
- Der neunte Schlüssel ist Quecksilber, das Bewusstsein, dass alles in ständigem Wandel ist.

. Der zehnte Schlüssel ist das eine Auge, das Gewahrsein des grenzenlosen Einsseins.

Diese zehn Haltungen stellen die Basis der spirituellen Praxis dar. Praxis ist ein Wort, das nur schwer zu verstehen ist, ohne an kausale Zusammenhänge zu denken. Wir meinen oft, dass wir meditieren und praktizieren, damit Realisierung passiert. Wir meinen, verantwortlich zu sein für die Realisierung, für das Nach-Hause-Kommen.

Realisierung hängt aber auch mit den Lebensumständen zusammen und wie wir mit ihnen umgehen. Realisierung hängt mit der inneren Bewegung des Lebens zusammen, mit der Dynamik unserer wahren Natur. Die wahre Natur führt uns, sie präsentiert Lebensumstände, an denen wir wachsen und uns entwickeln können, um so immer mehr nach Hause zu kommen. Das Leben der Völva zeigt, wie gerade ihr Umgang mit dem Leid das Sandkorn gewesen ist, das für die Bildung der Perle notwendig war. In unserer Ignoranz kämpfen wir häufig mit Leid oder mit Misserfolg. Wir sehen nicht, dass es unsere wahre Natur ist, die uns durch diese Erfahrungen an Plätze führt, an denen wir herausgefordert werden, die Spaltung von Glück und Unglück, von Erfolg und Scheitern, von Krankheit und Gesundheit zu überwinden.

Führung

Vielleicht erfahren wir Leid durch eine Trennung, oder wir erleben finanzielle Verluste, oder wir werden mit dem Tod eines geliebten Menschen konfrontiert oder mit einer Krankheit oder einem Unfall. Vielleicht begegnen wir einem Lehrer, der uns Orientierung gibt, oder wir lesen ein Buch, das uns Führung gibt. Dies sind Umstände, die den Verlauf unseres Lebens entscheidend beeinflussen können. Manchmal sind Krankheit oder Verlust sogar eine Initialzündung für die spirituelle Suche. Manchmal sind es die Krisen des Lebens, die uns veranlassen, unsere Meditationspraxis wirklich ernst zu nehmen. Unsere Praxis und unsere persönliche Verantwortung spielen eine wichtige Rolle, aber sie sind nicht verantwortlich für die ganze Dynamik. Wir sind nicht dazu fähig, unsere Entfaltung zu kontrollieren. Niemand ist verantwortlich für das Verwirklichen der Buddhanatur. Wenn wir das begreifen, dann verstehen wir, dass Praxis immer eine Praxis des Nicht-Tuns ist. Die zehn Schlüssel von König Balder beschreiben verschiedene innere Haltungen, die uns mit unserer Natur verbinden. Es ist weniger ein Tun, als ein Kontakt mit dem, was für die Entfaltung verantwortlich ist: unsere wahre Natur. Die Präsenz zeigt uns, dass Entfaltung geschieht, obwohl wir nichts tun.

Die Regenbrogenbrücke

Love is the rainbow bridge.
It connects the earth with the sky.
And to live in love,
is to be spiritual.
I don't give you
any other discipline.
Love is more than enough.
If one imbibes the spirit of love,
all else follows on its own accord.[66]

Völva lehrt uns, dass wir die Regenbogenbrücke nicht überschreiten können, solange wir uns an etwas festhalten, das zur Welt des Menschen gehört. Die Welt des Menschen orientiert sich an Konzepten, die das sich verändernde Leben in Formen festhalten, die verdinglicht werden – und mit diesen „Dingen", wie oben erklärt, identifizieren wir uns. So funktioniert der menschliche Verstand, er erkennt die Erfahrung, er macht sie zu einem Gegenstand, zu einem Ding – und identifiziert sich damit. So verhindert der Verstand den natürlichen Fluss des Lebens, weil er an bestimmten Dingen festhält und andere ablehnt, er kreiert eine Fixierung, wir schauen auf uns selbst, als wären wir ein Ding, klar umrissen mit Grenzen und Einschränkungen. Die

Perspektive des Egos ist damit geboren. Nicht nur verwandelt der Verstand uns in ein Ding – alles wird verdinglicht. Sogar Meditation wird ein Ding, das man *tun kann*, Nicht-Tun wird ein Ding, das man machen sollte. Liebe und das Leben werden auch verdinglicht. Zu allen Dingen hat der Verstand eine Haltung: entweder Verlangen und Hoffnung (Geri) oder Ablehnung (Freki). Er kann nichts in Ruhe lassen. Meditation ist der ruhende Verstand. Wenn der Verstand nicht aktiv ist, das heißt, wenn er nicht festhält oder ablehnt, dann ist er wie ein Spiegel, er reflektiert einfach das, was ist, dies nennen wir „Bewusstsein" (Hugin). Durch Bewusstsein werden wir uns wieder unserer Essenz bewusst. Im Bewusstsein erinnern wir uns an unsere wahre Natur, an das, was essenziell ist (Munin).

Durch das Festhalten an Dingen entstehen die falschen Zufluchten. Weil wir nicht zu Hause sind, suchen wir an den falschen Stellen Unterschlupf. Vielleicht meinen wir, dass die beste Art, kein Opfer von Gewalt zu werden, die ist, dass wir selbst gewalttätig und ablehnend sind, dann suchen wir Zuflucht in Abwehr und Ablehnung. Vielleicht hat uns vieles gefehlt, das wir gebraucht hätten, und wir suchen Zuflucht in Habgier und Festhalten. Vielleicht haben wir uns nicht gesehen gefühlt und suchen Zuflucht in Stolz und Eitelkeit. Alle diese Muster werden zu Persönlichkeitsmerkmalen, zu einer genauen Beschreibung von dem, was wir zu sein glauben. Diese Strukturen sind verschiedene Varianten von Festhalten (Geri) oder Ablehnung (Freki).

Weil der Verstand durch Verdinglichung und Identifikation ein ganz bestimmtes Bild von dem geschaffen hat, was wir zu sein glauben (die Ego-Identität), meinen wir, nicht so einfach auf diese falschen Arten von Zuflucht verzichten zu können. Selbst wenn uns bewusst ist, dass sie uns Leid schaffen, fällt es uns oft schwer, auf sie zu verzichten. Es braucht deswegen eine sehr differenzierte Selbsterkundung, um wieder Bewusstsein, Präsenz und Licht an die Stellen zu bringen, die im Dunkeln sind.

Hier können die zehn Schlüssel von König Balder eine Atmosphäre schaffen, in der das Licht sich ausbreiten kann, in der die Liebe an die Stellen zurückkehrt, wo wir uns ungeliebt gefühlt haben, in der die

Wahrheit die Stellen der Ignoranz berühren kann. So können wir langsam die Missverständnisse unserer Ego-Identität verdauen und wieder zu unserer wahren Natur zurückfinden

6

Die Geschichte von „Gouda, der Buddha"

Was bedeutet das Verständnis von
Essenz und Ego für die Praxis?

Die Geschichte von „Gouda, der Buddha"

In Holland lebte einmal ein Mann der Weisheit, der schon bald unter dem Namen „Gouda, der Buddha" Bekanntheit erlangte. Er wurde so genannt, weil er die spirituelle Dimension mit Käse verglich. Dies mag ziemlich unglaublich klingen, aber er erreichte mit seiner Botschaft einen beachtlichen Teil der holländischen Bevölkerung. Wahrscheinlich kann so etwas nur in Holland passieren, aber seine Botschaft ist durchaus auch für andere interessant, weil sie auf universellen Wahrheiten beruht:

„Käse ist meine Botschaft", sagte Gouda, der Buddha. „Weil Käse meine Botschaft ist, nennt man mich auch Gouda, der Buddha. Gouda ist der Käse ohne Löcher. Ich habe die unmögliche Aufgabe auf mich genommen, über etwas zu euch zu sprechen, das man in Worten nicht ausdrücken kann, etwas, das immer da ist und doch auch im Verborgenen bleibt. Ich möchte euch ein Land zeigen, das auf keiner Karte verzeichnet ist. Ich habe die Herausforderung angenommen, euch mitzunehmen in das Land der Spiritualität. Es ist kein Land der Logik, es ist ein Land des Mysteriums, ein Land des Paradoxons. Deswegen muss ich eine Sprache benutzen, die widersprüchlich und voller Rätsel erscheinen mag. Und ich bitte euch, mir nicht mit den Ohren eines Kritikers zuzuhören, sondern mit den Ohren eines Dichters, hört mich so, wie ihr die Geräusche der Grillen hört, erlaubt eurem Herz berührt zu werden, so, wie die Unschuld eines Kindes euch berührt."

Also sprach Gouda, der Buddha: „Ich sage also, Käse ist meine Botschaft. Warum spreche ich von Käse? Ich spreche von Käse, weil alle Worte, die ich benutzen könnte, um über das, was so schwierig auszudrücken ist, verunreinigt sind. Ich könnte von der Liebe reden, aber Menschen tun sich gegenseitig weh im Namen der Liebe. Ich könnte von der Wahrheit sprechen, aber es werden Kriege geführt im Namen der Wahrheit. Ich könnte reden über das, was gut ist, aber die Menschen können sich das Gute schwer vorstellen, ohne das Schlechte gegenüberzustellen. Also sage ich: Käse ist meine Botschaft."

Gouda, der Buddha sprach weiter: „Ich spreche Menschen an, die ihr Zuhause verloren haben, die nicht wissen, wo ihre Herkunft ist, was die Wahrheit ist und wer sie sind. Sie sind an einfachen Sachen interessiert. Für die Holländer ist nichts wichtiger als Käse. Also fange ich da an, wo die Menschen, die zu mir kommen, sind. Also sage ich euch: Käse ist meine Botschaft. Käse ist mein Wesen und meine Quelle. In meiner Tiefe gibt es nur Käse. Käse ist ewig, er hat keinen Anfang und kein Ende. Für mich ist Käse die einzige Religion. Alles andere ist Illusion. Der Verstand kreiert Täuschungen, er gaukelt uns etwas vor, das wir nicht sind. Es ist alles Schutt und wertloses Zeug. Käse ist das einzig Substanzielle im Leben. Wenn du dem Käse in dir einen Platz einräumen kannst, wird dein Leid nach und nach verschwinden. Das Leid resultiert aus der Abwesenheit von Käse. Käse ist einfach. Es gibt keinen richtigen Käse oder falschen Käse. Käse ist Käse ist Käse."

Gouda, der Buddha sprach weiter: „Man nennt mich Gouda, der Buddha. Gouda ist der Käse ohne Löcher. Ich bin geboren in der Stadt namens Gouda. Es ist ein Symbol, dass ich dort geboren bin. Denn am Anfang war Käse, und Käse war alles. Ich bin geboren in Käse und alles ist aus Käse entstanden. Käse ist der Ursprung. Nach einiger Zeit sind meine Eltern weggezogen aus Gouda in eine andere holländische Stadt namens Leerdam. Dies ist auch sehr symbolisch. Das Wort Leerdam ist bezeichnend. ‚Leer' heißt ohne Inhalt, aber auch mangelhaft. ‚Dam' bedeutet Deich, eine Grenze, eine Trennung. Als ich in Leerdam lebte, passierte genau das. Von dem Einssein, das durch Gouda, den Käse ohne Löcher, dargestellt wird, bewegte ich mich zu einer Leere hin, zu einer Mangelhaftigkeit, die durch Grenzen entstand, die eine

Verbindung mit dem Einssein unmöglich machte. Von der Einheit bewegte ich mich in eine Welt von Trennung und Leere."

Also sprach Gouda, der Buddha: „Die Ego-Struktur gleicht einem Leerdammer Käse. Es ist der Käse mit den Löchern. Wir verlieren mehr und mehr den Kontakt zum Käse und identifizieren uns mit den Löchern im Käse. Weil aber die Löcher in uns sich anfühlen, als würde uns etwas fehlen, füllen wir sie mit etwas, das dem Ursprünglichen ähnelt. Aber es ist eine Imitation, eine Fälschung. Je mehr Löcher wir also haben, umso falscher fühlen wir uns. Wir entwickeln Strategien, um unserer Leere zu entkommen. Und um diesen Mangel nicht zu spüren, werden wir rastlos, getrieben und trauen uns nicht, stehen zu bleiben, denn dann würden wir den Mangel und die Leere deutlich wahrnehmen. Wir befinden uns also in einem Teufelskreis. Wir treten weiter die Pedale unseres Hollandrads aus Angst, dass es stehen bleibt. Die einzige Art, um aus dem Teufelskreis auszubrechen, hieße, das Radeln sein zu lassen und wieder da anzukommen, wo wir sind."

Weiter sprach Gouda, der Buddha: „Holland war einmal eins mit dem Ozean. Dann errichteten die Menschen Deiche, und der Ozean wurde mithilfe von Windmühlen herausgepumpt. Deswegen ist der Holländer in der Tiefe seines Unbewussten immer noch mit dem ozeanischen Bewusstsein verbunden. Und genauso wie wir Menschen einmal aus dem ozeanischen Bewusstsein hervorgekommen sind und uns dann mit einem Ego identifiziert haben, ist das heutige Holland ein Symbol für das Ego, umringt von Deichen, die es vom Ozean trennen. Aber ganz Holland kann wieder zum ozeanischen Bewusstsein zurückkehren. Nur durch das konstante Drehen der Windmühlen schafft Holland es überhaupt, das Meereswasser außerhalb der Deiche zu halten. Aber eigentlich ist Holland eine Illusion. Eigentlich ist Holland gar kein Land. Deswegen der Name: Hol-Land. Hohles Land. Leeres Land. Genauso wie das Ego eigentlich leer ist und nur durch endlose Aktivität existieren kann."

Also sprach Gouda, der Buddha: „Käse ist meine Botschaft. Und mit Käse meine ich natürlich unsere wahre Natur. Das Ego ist wie ein Leerdammer Käse, noch voller Löcher. Also ist Käse meine Botschaft; sie verweist auf die Rückkehr von den Löchern des Leerdammer Käses zu der Vollkommenheit eines Gouda-Käses. Purer Käse, pures Bewusstsein. Die höchste Verwirklichung. Gouda!"

Was bedeutet das Verständnis von Essenz und Ego für die Praxis?

Wenn wir wirklich verstehen wollen, was die Wirkung von spiritueller Praxis ausmacht, müssen wir zuerst verstehen, was Ego-Identität bedeutet und was Essenz bedeutet.

Ego-Identität

Das Ego entsteht durch Reflektionen, du siehst dich in den Augen der anderen, in ihren Blicken, in dem, was sie zu dir sagen, und du sammelst diese Eindrücke. In der Ich-Psychologie[67] werden diese Eindrükke „Objektbeziehungen“ genannt. Sie erhalten ein Bild vom Selbst, ein Bild vom Objekt (die Bezugsperson, meistens Mutter), und einen Eindruck der emotionalen Verbindung, die diese Beziehung ausmacht. So sammeln wir in den ersten Lebensjahren viele Eindrücke, bis im Laufe der Zeit die Ego-Identität aus all diesen Objektbeziehungen entsteht. Diese Prägungen beruhen auf Konzepten, die wiederum auf Verdinglichung beruhen, und so identifizieren wir uns damit.

Identifikation beruht auf Konzepten aus der Vergangenheit und blockiert dadurch den Kontakt zum unmittelbaren Erleben im Jetzt. Durch die Geburt des Egos verlieren wir die Verbindung zu unserem essenziellen Sein, zur wahren Natur. Die Entwicklung des Egos gibt uns ein Gefühl von Autonomie, es ermöglicht Erinnerung, Sprache, Organisation, Struktur, Identifikation, Urteil, Synthese, Integration, Regulierung, Absicht, Produktivität, Verteidigung, Entschlussfähigkeit, Triebkontrolle, etc. Kurz gesagt, es ermöglicht uns zu funktionieren. Wenn wir von der Dimension der Essenz aus schauen, ist die Ego-Entwicklung dennoch eine unvollständige Entwicklung. Wir haben zwar die Fähigkeit zu funktionieren entwickelt, aber diese ist nicht verbunden mit dem, wer wir sind.

Das Ego hat viele Namen, manche nennen es das „innere Kind"[68] oder das „verletzte Kind", manche sprechen von dem „emotionalen Selbst" oder von dem „urteilenden" oder von dem „falschen Selbst", manche nennen es „derjenige, der tut", manche nennen es die „Ego-Identität", manche bezeichnen es als „der, der Widerstand leistet, derjenige, der hasst". Es sind alles verschiedene Gesichter der gleichen Persönlichkeit, es beruht auf einer Vorstellung eines separaten Selbst, das glaubt, einen separaten Willen zu haben, sodass es dem Leben eine eigene Richtung geben kann.

Essenz

Essenz ist Bewusstsein, Lebendigkeit, es ist unsere Natur. Es ist nicht nur *unsere* Natur, man kann Essenz nicht für sich allein beanspruchen, es ist die Natur von allem. Wenn wir uns bewusst sind über unsere Präsenz erfahren wir eine Art von Wissen. Wir nennen dieses Wissen Essenz. Diese Art zu wissen ist grundlegend für unsere Seele, weil Bewusstsein die Basis aller Erfahrung ist. Die Seele erkennt sich durch Bewusstsein. Essenz erfährt sich durch Bewusstsein. Wir nennen Essenz auch Sein, weil es das ist, was ist, wenn wir nichts tun. Deswegen nennt man Essenz auch „ursprüngliches Gesicht"[69].

Die Theorie der Löcher

Wesentlich an der Ego-Identifikation ist, dass wir nicht mit dem jetzigen Moment in Kontakt sind. Stattdessen orientieren wir uns an Prägungen aus der Vergangenheit. Die Ego-Identifikation beruht aber nicht nur auf Konzepten aus der Vergangenheit, sie beruht auch auf Selektion. Mit bestimmten Inhalten identifizieren wir uns, mit anderen nicht. Dies führt dazu, dass die Ego-Identifikation dafür verantwortlich ist, dass ein großer Teil unseres Erlebens uns nicht mehr zur Verfügung steht. Das ist, was Gouda, der Buddha „die Löcher im Käse" nennt.

Weil der Prozess der Identifikation dazu führt, dass in dem offenen Raum unserer Seele Grenzen und Strukturen errichtet werden, wird unser Erleben begrenzt. Wir verlieren teilweise den Zugang zur Essenz. Diesen fehlenden Zugang nennt Gouda „die Löcher". Weil uns etwas Essenzielles fehlt, fühlen diese Löcher sich mangelhaft an.

Wahrscheinlich ist Gouda, der Buddha (wie ich auch) ein Schüler von A. H. Almaas. Almaas hat dies alles sehr ausführlich beschrieben als die „Theorie der Löcher"[70]. Er beschreibt, wie jeder verlorene Aspekt der Essenz in eine unterschiedliche Form von mangelhafter Leere mündet. Der Kern der Ego-Struktur ist eine Leere, eine Abwesenheit, die sich mangelhaft anfühlt. Dieser Mangel resultiert aus der Selbstverurteilung, die passiert, wenn wir spüren, dass ein bestimmter Aspekt der Essenz uns fehlt. Meistens ist unser Selbstgefühl so strukturiert, dass es durch verschiedene Verdrängungsmechanismen den Kontakt zur dieser Leere vermeidet.

Ego-Aktivität

Die Ego-Identität verschwindet, wenn wir lernen, einfach zu sein, was wir sind. Ego entsteht durch Tun, durch Aktivität. Dass ich das Ego gerne mit einem Fahrrad vergleiche, liegt vielleicht daran, dass ich in Holland aufgewachsen bin. Das Ego bekommt Schub, wenn wir in die Pedale treten. Wenn wir damit aufhören, verliert es seinen Antrieb, und das Fahrrad fällt um. Das Ego ist angewiesen auf Aktivität. Ego-Aktivität basiert auf dem Verlangen nach Lust und dem Vermeiden von Schmerz. Ego-Aktivität besteht aus drei Komponenten: Verlangen, Ablehnung und Hoffnung. Jede Form von Ego-Aktivität bedeutet eine Ablehnung des Jetzt und bringt deswegen immer Frustration und Leid hervor, weil das Jetzt der einzige Moment ist, der existiert. Es beruht auf der Erinnerung an vergangene Erfahrungen und steht konträr zu der Bewegung, das Jetzt anzunehmen, so wie es ist. Die Annahme des Jetzt erwächst aus einer meditativen Haltung, die eine Erinnerung an Essenz ermöglicht.

Je mehr wir unseren Jetzt-Zustand ablehnen, desto mehr verkrampfen wir uns, was neuen Frust kreiert. Dies führt dazu, dass wir anfangen zu hoffen und zu verlangen. Dies bringt uns auch wieder weg von dem, wo und was wir sind – wodurch noch mehr Frustration verursacht wird. Das Ego wächst aus jedem unverarbeiteten Frust, der aus der Vergangenheit resultiert. Es ist eine Reaktion auf den Frust, und löst neue Aktivität aus, die wieder neuen Frust verursacht. So hält die Aktivität sich selbst in Bewegung. Das Ego bringt daher eine Art von Rastlosigkeit mit sich, eine Abwesenheit von Zufriedenheit, ein Getrieben-Sein. Die ganze Existenz des Egos beruht auf Reaktion.

Essenz und Ego-Identifikation

Wenn wir die Welt des Egos der Welt der Essenz gegenüberstellen, bemerken wir:

Essenz	**Ego-Identifikation**
ist echt, real, wahrhaftig	*ist falsch, illusorisch, ein Missverständnis*
ist eine Präsenz	*beruht auf Konzepten, Objektbeziehung*
ist Offenheit	*ist angewiesen auf Abgrenzung*
ist Jetzt	*orientiert sich an der Vergangenheit*
ist vorbehaltlos	*hat Präferenzen, ist dafür oder dagegen*
ist Liebe, Akzeptanz	*beruht auf Ablehnung, Verurteilung*
ist Klarheit	*ist verwirrt, benebelt*
ist Wert	*ist im Kern minderwertig, beschämt*
ist immer im Wandel	*versucht, den Status Quo festzuhalten*
ist eins	*ist gefangen in der Dualität, getrennt*
ist formlos	*macht sich an Formen, Strukturen fest*
ist Fülle	*ist im Kern leer und mangelhaft*
ist Frieden	*ist im Kampf*
ist Vertrauen	*ist unsicher, hat Angst, Misstrauen*
ist perfekt, so, wie es ist	*will sich immer verbessern*
ist wissend	*beruht auf Ignoranz*

Essenz	**Ego-Identifikation**
ist ein selbstbewusstes Sein	*beruht auf Aktivität, auf Reaktion*
ist Bewusstsein	*birgt unverarbeitete Inhalte im Unbewussten*
ist die Erkenntnis des Ursprungs	*beruht auf Ignoranz von dem, was ich bin*

Im inneren Zuhause anzukommen bedeutet, wieder Verbindung aufzunehmen mit dem, was wir sind, und aufzuwachen aus der Illusion, die uns das Ego-Bewusstsein vorgaukelt. Wenn wir uns fragen, wie wir dahin kommen, dann ist es verständlich, dass die Wege, die uns das Ego vorschlägt, uns nicht aus der Identifikation entlassen werden.

Kampf, Ablehnung, Verurteilung, Verlangen, Hoffnung, Abgrenzung, Orientierung an Vergangenheit oder Zukunft, Festhalten, Versuche besser zu werden, Angst – all das wird eher das Ego hervorrufen, als dass es dazu führt, aus der Ego-Identifikation aufzuwachen. Der Versuch, etwas loszuwerden oder zu verändern, ist oft der beste Weg, es zu behalten. Das mag widersprüchlich klingen, aber wenn wir verstehen, dass eine ablehnende Haltung ein wichtiger Aspekt des Egos ist, dann ist es verständlich, dass diese Haltung nicht aus der Welt des Egos herausführen kann.

Wenn die Realität, die sich aus der Ego-Perspektive ergibt, Aspekten der wahren Natur begegnet, dann berühren zwei Welten einander. Weil die Ego-Sicht auf Ignoranz, Missverständnis und Täuschung beruht, kann sie sich in der Begegnung mit dem, was echt ist, auflösen.

Im Bild gesprochen: Wir müssen die Dunkelheit nicht vertreiben, damit es hell wird. Die zehn Schlüssel von König Balder zeigen alle unterschiedlichen essenziellen Aspekte und begegnen der Ego-Erfahrung wie das Licht der Dunkelheit.

7

Die Geschichte des dankbaren Mystikers

Der erste Schlüssel: Die Liebe zur Wahrheit

Die Geschichte des dankbaren Mystikers

Im Orient lebte vor langer Zeit ein Meister, der bekannt war für seine Dankbarkeit. Heute wissen wir nicht mehr genau, wer dieser Mystiker war, manche erkennen in ihm den Sufi Bayazid, der im neunten Jahrhundert lebte, manche nennen seinen Zeitgenossen al-Dschunaid und manche erwähnen Isa ibn Maryam, das ist der arabische Name für Jesus, der Sohn von Maria, der im arabischen Raum als Prophet der Liebe verehrt wird. Er betete jeden Tag zu Gott, aber noch nie hatte er um etwas gebeten, sondern er bedankte sich immer. Er hatte die Fähigkeit, in allem die Güte Gottes zu erkennen. Er wusste, dass Güte nicht etwa eine Eigenschaft der Dinge ist. „Die Güte ist nicht in den Dingen", sagte er. „Die Güte ist in deiner Haltung zu den Dingen."

Er wirkte berauscht, als hätte er Drogen genommen, aber er trank weder Alkohol noch nahm er andere bewusstseinsverändernde Mittel zu sich. Er führte seinen Zustand auf seine ekstatische, leidenschaftliche Liebe zu Gott zurück. Niemals sah man ihn verärgert, niemals hörte man ihn klagen. Nicht dass er Trauer ablehnte, er nahm alles, wie es kam. „Trauer ermöglicht manchmal eine tiefe Empfindsamkeit des Herzens, die man in der Freude nicht erlebt." Er nahm alles wie ein Geschenk Gottes. Er verstand, dass Gott jeden Tag ein anderes Gesicht zeigt, eine neue Erscheinungsform wählt. Manchmal kommt er als Freude, manchmal bringt er Leid und Verzweiflung, manchmal Klarheit und manchmal Verwirrung, manchmal Krankheit und Tod, manchmal neues Leben. Er hatte die Angewohnheit sein Gebet in der Weise abzuschließen, dass er sich dem Himmel zuwandte und dabei sagte: „Ich habe gar keine Worte, um meine Dankbarkeit zu zeigen, aber ich hoffe, du verstehst die unausgesprochene Dankbarkeit meines Herzens."

Er ging mit seinen Schülern auf lange Pilgerreisen. Auf einer dieser Reisen zog er mit seiner Gefolgschaft durch einen Landstrich, in dem man den Mystikern nicht gut gesonnen war. Nicht nur bekamen sie nichts zu essen und zu trinken, sie mussten unter freiem Himmel schlafen, sie wurden beschimpft von der Bevölkerung und einige Kleider des Meisters wurden gestohlen. Der Meister fand aber trotzdem Zeit, seinen Gebetsteppich auszurollen, und beendete sein Gebet auf die übliche Weise dadurch, dass er Gott seine Dankbarkeit ausdrückte, weil der in seinem Mitgefühl so gut für sie alle gesorgt hatte.

Da sagte einer seiner Jünger: „Diesmal gehst du zu weit. Wie kannst du Gott dafür danken, dass wir bestohlen und beschimpft wurden, dass wir drei Tage hungern mussten, dass wir kein Obdach gefunden haben, dass wir aus den Siedlungen verjagt wurden, dass manche gedroht haben, uns umzubringen, wie kannst du sagen, dass Gott für uns gesorgt hat?“

Der Meister lachte und sagte: „Mein Vertrauen in Gott ist bedingungslos. Ich bin nicht nur dankbar, wenn Gott meine Erwartungen erfüllt, und verärgert, wenn er sich anders entscheidet. Ich bin dankbar, weil ich bin. Es ist nicht meine Leistung, dass ich bin, es ist das Geschenk Gottes. Diese Tage haben mir viele Gelegenheiten geboten, um zu schauen, ob Ärger in mir aufsteigt. Es passierte nicht. Mein Vertrauen ist ungetrübt geblieben. Dies hat noch mehr Dankbarkeit in mein Herz gebracht. Ich bin Gott dankbar, weil er mir gezeigt hat, dass ich diese Kleider nicht brauchte. Der Dieb brauchte sie mehr als ich. Ich war aber noch nicht so weit, sie von mir aus zu verschenken. Jetzt hat Gott mir geholfen. Meine Haltung zu Gott hat sich nicht verändert. Es war eine Bewährungsprobe, ich werde Gott in meinem Leben vertrauen und auch in meinem Tod. Meine Liebe ist ungebrochen. Was immer Gott uns gibt, ist das, was wir brauchen. Er weiß besser als wir, was das ist.“

Der Jünger sagte: „Ich danke dir, Meister, aber sage mir: Wie hast du diese Weisheit erlangt, oder bist du schon immer so gewesen?"

Da antwortete der Meister: „Nein, ich bin nicht immer so gewesen, in meinen jungen Jahren wurde ich durch Angst vor der Hölle geleitet. Ich habe geglaubt, dass das Gute und das Böse in den Dingen sei. Ich habe alles getan, um das Böse zu meiden, habe mich geschützt, habe vieles nicht gewagt. Ich hatte eine Haltung von Ablehnung und Verteidigung. Ich meinte, mich zu schützen, aber ich habe nicht verstanden, dass ich mit dieser Haltung mich selbst angegriffen habe, dass ich das Böse mit dieser Haltung immer weiter heraufbeschworen habe. Dann kam ich in Kontakt mit der Religion, und statt mich vor der Hölle zu fürchten, habe ich nach dem Himmel gestrebt. Ich habe nach dem Paradies verlangt, ich habe alles getan, um etwas, das jetzt nicht da ist, herbeizuführen. Ich habe Askese geübt, in Entbehrung gelebt. Ich habe viele Rituale und Praktiken durchgeführt, in der Hoffnung, Gott zu finden. Aber ich habe nicht verstanden, dass meine Suche in der Zukunft mir die Augen für das Hier und Jetzt verschlossen hat. Dann bin ich an einen Platz der absoluten Hoffnungslosigkeit geraten. Der Weg der Vermeidung war gescheitert, der Weg des Verlangens war auch gescheitert. In meiner tiefen Niederlage habe ich Gott gefunden. Ich habe gesehen, wie nah er immer ist und wie meine Haltungen von Vermeidung und Verlangen es waren, die meine Empfindsamkeit für seine Gnade verschlossen hatten. Dass ich nicht wissen kann, wie Gott sich im nächsten Moment offenbart, dass ich das auch nicht wissen muss, ich kann mich nur dem Moment anvertrauen und schauen, wie Gott sich mir heute zeigen will. Die Wahrheit kann schmerzhaft oder angenehm sein, das ist unerheblich, wenn wir die Wahrheit in Liebe annehmen können, ist dies der Stein der Weisen, der alles, was er berührt, in Gold verwandelt."

Als der Meister mit diesen Worten endete, wurde der Jünger, der zuvor gefragt hatte, ganz still. Die Worte hatten in ihm eine tiefe

Dankbarkeit ausgelöst. Er suchte nach Worten, um seine Dankbarkeit auszudrücken, aber er schwieg. Er sah seinen Meister lächelnd an, faltete seine Hände vor der Brust und verneigte sich.

Der erste Schlüssel: Die Liebe zur Wahrheit

König Balders erster Schlüssel, die Flamme, die Liebe zur Wahrheit[71], ist die Grundlage für die Praxis der Selbsterkundung[72].

Selbsterkundung

Selbsterkundung ist eine Methode, die es ermöglicht, das Licht des Bewusstseins an Stellen zu bringen, wo dieses Licht fehlt. Statt dem Ego mit Ablehnung, Verurteilung oder Veränderung zu begegnen, begegnen wir ihm mit der Liebe zur Wahrheit. In einer Atmosphäre von Liebe und Wahrheit ist es für das Ego nicht nötig, weitere Schutzwände aufzubauen. Es kann sich in diesem Licht zeigen. Verkrustungen können aufbrechen, wenn wir wohlwollend und mit Liebe schauen. Die meisten Ego-Strukturen sind Reaktionen auf Verwundungen, was es verständlicher macht, dass eine liebevolle Zuwendung angebracht ist. Diese Verletzlichkeit braucht eine einfühlsame Haltung. Wenn wir die Wahrheit sehen, dann erkennen wir, dass die Reaktionsmuster, die wir erleben, auf Erinnerungen an eine vergangene Kindheit beruhen und nicht unserer aktuellen Situation entsprechen.

Selbsterkundung ist eine Praxis ohne vorgegebenes Ziel. Wenn wir ein Ziel hätten, würde dies bedeuten, dass wir wüssten, was als Nächstes passieren sollte. Die Basis von Selbsterkundung ist Nicht-Wissen, einfach anwesend zu sein, wo man gerade ist, und die Wahrheit dieses Moments zu sehen. Ohne Urteil, ohne Ziel. Wenn wir uns erlauben, jetzt anwesend zu sein, dann entfaltet sich der Moment in die Richtung, in die sich das Bewusstsein bewegen möchte, unabhängig von unseren Vorstellungen, unabhängig von unserem Verlangen. Die Liebe zur Wahrheit bedeutet, dass ich freiwillig mit meinen Erwartungen und mit meinem Verlangen in den Hintergrund trete.

Selbsterkundung ist eine Praxis, die unsere wahre Natur einladen möchte, die Führung zu übernehmen. Weil wir verstehen, dass sie eine viel größere Intelligenz und ein größeres Bewusstsein hat, als unser Verstand jemals haben kann, möchten wir sie einladen, ihre Weisheit zu enthüllen. Jede Offenbarung wird die Seele unterstützen, sich weiter zu entfalten.

Selbsterkundung erlaubt uns, unmittelbar in diesem Moment nach Hause zu kommen, weil wir aufhören, unsere Erfahrung abzulehnen oder nach etwas anderem zu greifen. Wir umarmen die Erfahrung, so wie sie ist. Das ist nicht selbstverständlich, weil wir uns meistens nicht komplett spüren. Unsere Erfahrung wird meist durch Einschränkungen, Vorbehalte und Limitierungen reguliert. Die Ego-Haltung ist bemüht, vieles unbewusst zu halten durch Spaltung, Verdrängung, Verleugnung, Projektion, Rationalisierung, Dissoziation, Gefühlsblokkaden, Autoaggression etc. Wenn wir uns erlauben, alles, was in unserem Erleben auftaucht, mit der Liebe zur Wahrheit zu berühren, dann entdecken wir, dass alles in der Tiefe eine Manifestation unserer wahren Natur darstellt.

Sogar unsere Abwehrmechanismen werden auf diese Weise Türen zu unserer Natur. Wenn wir nichts ablehnen und allem, was erscheint, zuerst mit Neugierde und Liebe begegnen, dann ist sogar die meist verkrustete Ego-Struktur irgendwann bereit, ihren wahren Ursprung zu enthüllen.

Liebe zur Wahrheit

Die Liebe zur Wahrheit verstehe ich als die wahre spirituelle Haltung. Sie transformiert alles. Wenn du Trauer begegnest, verwandelt sie sich vielleicht in Mitgefühl, hinter der Ohnmacht kann die Hingabe verborgen sein, im Hass ist vielleicht Mächtigkeit versteckt. Es mag nicht sofort passieren, aber wenn man sich Zeit nimmt, alles von allen Seiten zu betrachten, öffnet sich irgendwann ein Fenster und eine neue Perspektive, eine neue Welt offenbart sich.

Wenn du die Wahrheit liebst, dir zuliebe, wird die Wahrheit dich befreien. Aber wenn du hoffst, dass die Wahrheit dich befreien wird, dann kannst du nicht frei werden. Wenn du hoffst, dass die Wahrheit dich verändern wird, kann sie dich nicht verändern. Weil du nicht wirklich an der Wahrheit interessiert bist, sondern deine eigenen Interessen verfolgst. Das ist keine Haltung der Hingabe, sondern der Kontrolle. Hier kommt das Ego wieder ins Spiel – gleichsam durch die Hintertür. Die Liebe zur Wahrheit ist dann eine spirituelle Haltung, wenn sie keinem anderen Zweck dient, wenn sie dir zuliebe passiert.

Es gibt einen Platz im Herzen, der wirklich wissen möchte, einen Platz, der es liebt, zu entdecken, was wirklich wahr ist, der die Wahrheit zu schätzen weiß. Wenn wir der Liebe zur Wahrheit einen Platz einräumen in unserem Herzen, dann wird es auf eine sehr natürlichen Weise die Wahrheit preisgeben. Es wird wie eine Art Gebet, ein Gesuch, die Wahrheit zu sehen. Unsere Natur hat eine eigene innere Dynamik, sie möchte sich zu erkennen geben, und wenn die Seele die Wahrheit willkommen heißt, wird sie anfangen, ihre Geheimnisse zu enthüllen.

Das Herz sehnt sich nach der Wahrheit. Die Wahrheit wird seine Geliebte. Zuerst zeigt diese Liebe sich vielleicht als eine Motivation, dem Leid zu begegnen, aber irgendwann ist die Linderung des Leids nicht mehr die Motivation, sondern das Herz möchte einfach nicht mehr ohne die Präsenz der Wahrheit leben. Die Liebe zur Wahrheit wird zur Motivation – dir zuliebe. Sie wird zur Hingabe, eine Begeisterung für die Wahrheit, das Herz blüht auf in der Präsenz der Wahrheit.

8

Die Geschichte vom Schiff des Theseus

Der zweite Schlüssel: Die Präsenz

Die Geschichte vom Schiff des Theseus

In der griechischen Mythologie gibt es viele Geschichten, die das innere Zuhause thematisieren. Eine dieser Geschichten ist die des Helden Theseus[73], der am Hof von König Pittheus von seiner Mutter Aithra erzogen wurde, ohne seine wahre Herkunft zu kennen. Sein Vater war nämlich Aigeus, der König von Attika.

Aigeus war zweimal verheiratet gewesen, aber kinderlos geblieben. Nachdem er mit Aithra geschlafen hatte, deponierte Aigeus ein Schwert und Sandalen unter einem schweren Stein. Er sagte, falls ihr ein Sohn geboren werde, solle er, der Heranwachsende, wenn er die entsprechenden Kräfte dazu entwickelt habe, den Stein zur Seite rollen und mit den Gegenständen zu ihm nach Athen kommen. Als er stark genug war, wurde Theseus von seiner Mutter offenbart, wer sein Vater war. Das Schwert und die Sandalen galten als Erkennungszeichen, womit er über den sicheren Seeweg zu seinem Vater nach Athen reisen sollte.

Statt über See zu fahren, entschied Theseus sich aber für den Landweg. Er geriet in gefährliche Situationen, die er mit großer Heldenhaftigkeit meisterte. Schließlich gelangte er unversehrt nach Athen. Aigeus lebte inzwischen mit der Hexe Medea zusammen. Aigeus wusste nicht, dass er einen Sohn mit Aithra gezeugt hatte, und Medeas Zauberkünste hatten ihm einen Erben namens Medus gebracht. Jetzt aber, da Theseus in Athen auftauchte, bekam sie Angst, weil sie durch ihre Zauberkünste sehen konnte, dass Theseus der Sohn des Aigeus war. Sie befürchtete, dass Theseus und nicht Medus, ihr eigener Sohn, das Reich übernehmen würde. Sie überzeugte den nichts ahnenden Aigeus, dass Theseus ein Spion oder ein Attentäter sei, und schlug vor, ihn zum Essen einzuladen, um ihn mit Eisenhut zu vergiften. Beim Essen nahm Theseus sein Schwert, um den Braten zu schneiden. In dem Moment erkannte Aigeus das Schwert, und warf den Becher mit Gift um. Das Gift ätzte ein Loch in den Boden, und Medea gelang es, in einer Zauberwolke zu fliehen. Aigeus schickte einen Triumphwagen nach Troizen, um Aithra zu holen, und er erkannte Theseus offiziell als seinen Sohn und Nachfolger an.

Theseus´ Heldentaten waren damit aber nicht beendet. Aigeus stand in der Schuld bei König Minos von Kreta, der alle neun Jahre einen Tribut von sieben jungen Männern und sieben jungen Frauen als Menschenopfer für den Minotaurus verlangte. Theseus wollte dieses Unrecht beenden. Er stach in See, um die sieben Männer und Frauen zu begleiten. Sein Schiff trug schwarze Segel. Aber Theseus nahm auch weiße Segel mit. Wenn die Expedition erfolgreich verlaufen und Theseus die jungen Leute wieder nach Athen zurückbringen sollte, würde man bei der Rückkehr mit weißen Segeln fahren. Es gelang Theseus, den Minotaurus zu töten und die Jünglinge wieder nach Hause zu führen. Wegen der großen Freude vergaßen sie aber, die Segel auszutauschen. Als König Aigeus das Schiff mit schwarzen Segeln kommen sah, meinte er, sein Sohn Theseus sei gefallen, und er stürzte sich ins Meer, das seitdem das Ägäische Meer genannt wird. Nachdem Theseus seinen Vater begraben hatte, übernahm er selbst die Herrschaft.

Das Schiff, mit dem Theseus und die Jünglinge nach Kreta gesegelt waren, wurde von den Bewohnern Athens viele Jahrhunderte lang aufbewahrt, um die Geschichte nicht zu vergessen. Theseus´ Herrschaft in Athen wird auf das Jahr 1259 v. Chr. datiert. Das Schiff war auf jeden Fall noch da, als der Philosoph Demetrios von Phaleron lebte, dieser starb 280 v. Chr. Dazwischen liegen fast tausend Jahre. Dieser Zusammenhang ist von Belang, denn das Schiff des Theseus hat eine philosophische Frage aufgeworfen, die auch als Theseus-Paradoxon berühmt wurde. Es berührt die Frage der Identität.

Plutarch beschreibt, wie das Schiff von den Athenern aufbewahrt wurde. Sie entfernten von Zeit zu Zeit alte Planken aus dem Schiff und ersetzten sie durch neue Planken. Die Philosophen haben sich deswegen gestritten, ob das Schiff, dessen Planken durch neue ersetzt wurden, immer noch Theseus' Schiff war. Manche meinten, dass es nach wie vor Theseus´ Schiff sei, andere sagten, es sei nicht mehr das Schiff des Theseus.

Das Theseus-Paradoxon wird noch vertieft, wenn wir uns folgende Variante vorstellen: Der Verwalter der Stadt Athen bringt das Schiff in Dock A, um es dort erneuern zu lassen. Der Auftraggeber bittet den Werfteigner, alle Planken des Schiffs gegen neue auszutauschen. Der Werftbesitzer bringt es aber nicht über sein Herz, die alten Bretter einfach so zu entsorgen, und beschließt, in Dock B die Planken von Theseus' Schiff so anzuordnen, dass sie wieder zu einem Schiff werden, in der ursprünglichen Reihenfolge und Position, bis wieder ein seetaugliches Schiff entsteht. Inzwischen werden für das ursprüngliche Schiff Planken angefertigt in genau der gleichen Größe und Farbe wie die alten Bretter, sodass nach und nach alle Planken ausgetauscht sind. Jetzt gibt es zwei Schiffe, das eine ist das des Theseus', dessen Planken durch neue ersetzt wurden, und das andere ist das Schiff des Werfteigners, das aus den Originalteilen von Theseus' Schiff zusammengestellt wurde. Welches Schiff ist Theseus' Schiff?

Dazu lassen sich gemäß der griechischen Logik vier verschiedene Grundpositionen einnehmen:

1. Das Schiff aus Dock A ist Theseus' Schiff.
2. Das Schiff aus Dock B ist Theseus' Schiff.
3. Beide Schiffe sind Theseus' Schiffe.
4. Keines der Schiffe ist mehr das Schiff des Theseus.

Nagarjuna[74], der buddhistische Mystiker, der den Begriff *Shunyata*

(Leerheit) prägte, fügte diesen vier Positionen noch eine fünfte Position hinzu:

5. All dies nicht und selbst das nicht.

Theseus Schiff ist weder das aus Dock A noch das aus Dock B noch ist es beide Schiffe noch keins – und sogar das nicht.

Die fünfte Position enthält eine Art doppelte Negation: Zuerst verneint die fünfte Position die Berechtigung all dieser einzelnen Positionen durch eine Art umfassenden Skeptizismus gegenüber jeder Art von Erkenntnis. In einem zweiten Schritt verneint sie sich selbst, nimmt also gar keine Position in diesem Sinne ein und wird dadurch zu einer „Nichtposition“[75]. In der buddhistischen Logik vollzieht sich das tatsächliche, vollständige Verstehen in der nonverbalen Einsicht, in dem also, was im Zen als „nicht-denkendes Denken“[76] bekannt ist.

Der zweite Schlüssel: Die Präsenz

Die Geschichte von Theseus ist eine klassische Heldensage. Der Held besitzt übernatürliche Kräfte und Fähigkeiten, in denen wir uns mit unserer menschlichen Begrenztheit nur schwer wiederfinden können. Wenn die Sage jedoch in ihrem übertragenen Sinne betrachtet wird, dann sehen wir viele Elemente, die auf etwas hindeuten, das auf den universellen Weg der Selbstverwirklichung hinweist.

Die Sage des Theseus

Unser Held, Theseus, ist entwurzelt, er wächst auf, ohne zu wissen, wo seine Herkunft ist. Er muss zuerst eine gewisse Reife und Stärke erlangen, bevor er im Stande ist, seine Herkunft zu finden. Sein Schwert kann man verstehen als ein Symbol für die Stärke, die Differenzierung, die Klarheit, als Symbol für die Wahrheit. Mit dem Schwert der Wahrheit ist er im Stande, den Weg nach Hause anzutreten. Er muss aber noch viele Stolpersteine, die zwischen ihm und seinem Zuhause liegen, ausräumen.

In der klassischen Darstellung wird das Ego oft als der Feind dargestellt, den es zu überwinden oder zu töten gilt. Wir wissen heute, dass Gewalt, Kampf oder Feindseligkeit das Ego nicht verschwinden lassen, sondern es eher hervorrufen. Trotzdem ist der Weg nach Hause wie ein Wachstumspfad, auf dem es verschiedene Stationen gibt, die wir irgendwann hinter uns lassen müssen. Man kann die verschiedenen Gegner, die Theseus auf dem Weg nach Athen in seinen Heldentaten bezwingt, auch als verschiedene Aspekte der Ego-Identität betrachten.

Präsenz

Ich habe diese Geschichte auch aus anderen Gründen an dieser Stelle nacherzählt. König Balders zweiter Schlüssel ist die Präsenz. Es besteht die Möglichkeit, uns selbst zu erfahren als das, was wir in diesem Moment sind, ohne dass wir uns an Ideen, Meinungen oder Gefühlen über uns selbst orientieren. Präsenz ist die konkrete, direkte Erfahrung von uns selbst. Die eigene Präsenz als essenziell wahrzunehmen, ist überraschend, weil wir uns meistens an Ideen über uns selbst orientieren. Präsenz ist ein Schlüssel zur Erkenntnis, das Sinnbild fürs Nach-Hause-Kommen. Wir erinnern uns in der Präsenz an etwas, das so vertraut ist, als würden wir nach einer langen Reise wieder zu Hause ankommen.

Weil Präsenz so unmittelbar passiert und den urteilenden Verstand nicht benötigt, fühlt es sich an wie ein Mysterium. Präsenz ist für den Verstand ungreifbar. Wir bemerken, wenn jemand da ist oder wenn jemand abwesend ist. Aber was ist es, das wir merken? Manche Leute können wir nicht gut spüren, als würden sie ihre Präsenz verstecken. Ein neugeborenes Baby hat in der Regel eine starke Präsenz. In der Natur spüren wir manchmal die Präsenz eines Baumes oder die Präsenz von einem Berg. Präsenz ist sozusagen der existenzielle Modus aller Formen. Präsenz ist der Seins-Zustand, der ohne die Konzepte des Verstandes existiert. Wenn jemand sehr bestimmt ist von den Ideen, die er über sich selbst hat, ist seine Präsenz nicht gut spürbar. Jemand, der sich selbst realisiert hat, hat eine starke Präsenz.

Das Theseus-Paradoxon

Das Theseus-Paradoxon ist eine Frage nach der Präsenz. Wir können dieses Paradox nicht mit dem Verstand beantworten. Es ist ein Koan.[77] Welches Schiff ist Theseus' Schiff? Der Verstand versucht, die Präsenz an die physischen Gegebenheiten, an die Form zu koppeln. Als wäre die Präsenz abhängig von dem Körper. Der Verstand verbindet die

Ego-Identität mit dem Körper, deswegen fürchtet er auch den Tod. Präsenz ist aber nicht mit dem Körper verbunden, ist nicht mit dem „Ich“ verbunden. Präsenz ist unsere formlose Realität.

Das „Ich bin“ der Ego-Identität ist nicht das gleiche „Ich bin“ der Präsenz. Das „Ich bin“ der Ego-Identität rührt her aus Konzepten, Objektbeziehungen, Erinnerungen an die Vergangenheit, die sich im Kern an einer Körper-Identität orientieren.

Das „Ich bin“ der Präsenz rührt aus unserer unmittelbaren Erfahrung im Hier und Jetzt her. Wenn wir die Präsenz wahrnehmen, spüren wir unsere formlose Realität. Wir halten uns zwar vorübergehend in dieser menschlichen Form auf, aber zugleich sind wir auch frei, ein Mysterium, das jenseits von Raum, Zeit und Form existiert.

Das Theseus-Paradoxon stellt die Frage, welches der Schiffe die Präsenz von Theseus Schiff verkörpert. Wir sehen daran, dass Präsenz nicht mit Verkörperung verbunden ist. Deswegen kann der Verstand diese Frage nicht beantworten. Man müsste eigentlich sagen, Theseus' Schiff ist weder das aus Dock A noch das aus Dock B, noch ist es beide Schiffe, noch keins von beiden – und sogar das nicht. Das Paradoxon übersteigt den logischen Verstand, es besagt, dass keine dieser vier Auslegungen stimmen kann.

Es ist ein Mysterium, das den Verstand übersteigt, man kann diesem Mysterium mit Argumenten nicht näher kommen, nur eine nonverbale Einsicht kann uns offenbaren, was Präsenz bedeutet.

Unsere menschlichen Körper sind auch wie Theseus' Schiff. Die Neurobiologie hat entdeckt, dass im Laufe von sieben Jahren jede einzelne Zelle des menschlichen Körpers erneuert wird. Ist der Mensch deshalb alle sieben Jahr ein „neuer Mensch“? Wird seine Identität weitergegeben von Zelle zu Zelle, wenn diese sich erneuern? Der Körper wächst und altert, und an einem ungewissen Zeitpunkt wird er sterben. Verlieren wir unsere Präsenz, weil unsere Planken ausgetauscht werden? Oder ist Präsenz die Anwesenheit von etwas, das sich für eine gewisse Zeit in dem Körper aufhält, aber nicht an ihn gebunden ist?

Präsenz jenseits des Körpers

Früher habe ich gedacht, Präsenz müsse mit dem Körper verbunden sein. Ich habe Oshos Präsenz sehr stark wahrgenommen und spürte auch, wie seine Präsenz auf mich wirkte und mich verwandelte. Viele Menschen, die den Weg zu ihm gefunden hatten, spürten ein großes Bedürfnis danach, in seiner Nähe zu sein. Osho war sich dessen auch bewusst, und in den Siebzigerjahren gab er manchmal jemandem, der kurz vor einer Abreise stand, eine kleine Box aus Rosenholz mit, die ein Haar von ihm beinhaltete. Er erzählte, dass er mitkommen werde auf ihre Reisen. Dass es natürlich sei, dass man auch traurig ist, wenn jemand nicht in der Nähe ist, aber dass die Intensität der Beziehung und gerade eine Beziehung der Liebe unabhängig sei von Ort oder Zeit.

Ich war zwar da in der Zeit, als er diese Boxen verteilt hat, aber weil ich nie gegangen bin, bis er selbst Indien verlassen hat, habe ich nie so eine Box bekommen. Als er Mitte der Achtzigerjahre wieder zurück in Indien war, war ich auch da, aber in der Zeit gab es diesen Brauch mit den Boxen nicht mehr. In der Zeit hatte ich eine kurze Affäre mit einer der Frauen, die seine Räumlichkeiten geputzt haben, und sie brachte mir ein Barthaar von Osho mit, das sie gefunden hatte. Das Haar war in etwa 70 cm lang und komplett weiß. Ich habe mich sehr gefreut und machte mich sofort an die Arbeit, um auch eine Box aus Rosenholz herzustellen. Diese Box wurde mein ständiger Begleiter, wo immer ich hingereist bin, ich hegte sie wie einen wertvollen Gegenstand. Als ich irgendwann wieder nach Indien zurückgekehrt war, fand sie einen Platz auf meinem Nachttisch.

Es war in Indien üblich, dass die Räumlichkeiten von indischen Frauen geputzt wurden, den *Ayas*. Auch ich hatte damals eine Aya. Eines Tages kam ich nach Hause und sah, dass meiner Box auf dem Nachttisch der Deckel fehlte. Er lag neben der Box, die umgedreht worden war. Erschrocken schaute ich nach – und das Barthaar fehlte. Ich fragte meine Aya, was passiert sei, und sie sagte, sie habe diese Box mal richtig saubergemacht, es sei so ein merkwürdiges Haar da drin gewesen, aber jetzt sei alles wieder frisch. Ich konnte meiner Aya nicht mal böse sein, sie hatte mit den besten Absichten ihre Arbeit gemacht. Mir zeigte diese Geschichte aber, dass die Präsenz nichts mit der physischen Gegenwart zu tun hat. Irgendwann habe ich auch die Box verloren und nicht lange danach hat Osho seinen physischen Körper verlassen. Sein Körper wurde verbrannt und verschwand in den Flammen, aber seine Präsenz war nach wie vor spürbar, und auch heute nach mehr als 25 Jahren ist seine Präsenz eine Selbstverständlichkeit für mich.

Präsenz in der Selbsterkundung und Meditation

Weil die Präsenz der Schlüssel zur Erkenntnis ist, spielt sie eine große Rolle in der Praxis der Selbsterkundung. Wir untersuchen, was im Hier und Jetzt passiert. Wenn wir die Präsenz erfahren durch Selbsterkundung, bringen wir, bildhaft gesprochen, Licht in unser Leben, wir sehen, wo es Verdunkelung gibt. Dadurch, dass das Licht in der Dunkelheit erscheint, bleibt nur das, was spontan und echt ist – unser authentisches Sein.

In der Praxis der Meditation spielt Präsenz auch eine wesentliche Rolle. Wir erfahren die Präsenz ganz unterschiedlich, je nachdem, wo wir sie erleben. Wenn wir Präsenz im Kopf spüren, spüren wir sie oft als Raum. Präsenz im Herzen zeigt sich meist wie Liebe. Präsenz im Bauch bringt uns die Erfahrung von Meditation. Die Ausübung der Meditation macht es möglich, in der Formlosigkeit anzukommen und sich darin zu stabilisieren. Es ist eine Übung in Entspannung, es bedeutet zu lernen, dass ich meine wahre Natur bin. Meditation hat nicht das Ziel, bestimmte spirituelle Erfahrungen zu erreichen. Sondern einfach zu sein. Auszuruhen. Es geht nicht um etwas, sondern darum, dass es egal ist, was passiert.

Wir üben das Präsent-Sein in der Mitte. Wir sind Zeuge des Atems. Wir lassen die Beschäftigung mit Konzepten, Gedanken und Emotionen los. Wir unterbrechen die Gewohnheit des Verstandes, abzuschweifen. Dies ist eine Haltung des Fokussierens. Weil wir anwesend sind in dieser Fokussierung, können wir auch offen sein für alle anderen Erfahrungen, die passieren. Das bedeutet nicht, dass wir das Verweilen in der Fokussiertheit verlieren, aber wir öffnen uns für eine achtsame Wahrnehmung. Wir geben den Geschehnissen keine besondere Aufmerksamkeit, wir nehmen keine urteilende Haltung ein. Alles, was in dem Bewusstsein erscheint, ist gleich, nichts wird vermieden oder bevorzugt. Wir machen nichts mit dem, was erscheint. Wenn du dich mehr und mehr mit der Meditation vertraut gemacht hast und die Fokussierung sich ganz von alleine einstellt, kannst du auch das Objekt der Fokussierung, den Atem, loslassen, dann wird die Präsenz das Objekt.

Einfach sein, das ist das Nicht-Tun. Nicht-Tun ist sehr simpel, aber womöglich nicht einfach, wenn du es gewohnt bist, im Grunde ständig etwas zu tun. Das Nicht-Tun ist eine Herausforderung für das Ego, welches sich fortwährend in den Kreisen der Ego-Aktivität bewegt.

9

Die Geschichte von den Menschen, die Hülsenfrüchte aßen

Der dritte Schlüssel: Die Haltung von Offenheit

Die Geschichte von den Menschen, die Hülsenfrüchte aßen

Es war einmal ein kleines Land, das ganz abgelegen im Ozean auf einer warmen Insel lag. Es gab keine Jahreszeiten auf dieser Insel, es war immer warm, und so sahen die Menschen auch keine Notwendigkeit, Kleider zu tragen. Es war ein paradiesischer Ort, und die Menschen dieses Landes waren glücklich. Es gab keinen Streit oder Ärger, es gab auch keinen Besitz. Alles gehörte allen. Es gab keine Unterschiede in Status oder Ansehen, jeder wurde geschätzt für das, was er war. Die Menschen versorgten die Äcker zusammen und hüteten ihre Schaf- und Kuhherden. Wenn Fische gefangen wurden, wurden sie verteilt. Die Alten unterstützten die Jungen, und die Jungen halfen den Alten. Die Häuser waren einfach, aber so groß, dass viele Menschen zusammenwohnen konnten. Man sorgte gemeinsam dafür, dass die Häuser instand gehalten oder erweitert wurden, wenn es Nachwuchs gab. Rastlosigkeit war diesen Menschen ganz fremd, sie taten das, was anstand, aber sie liebten es auch, sich auszuruhen, Geschichten zu erzählen oder Spiele zu spielen. Es gab eine Quelle auf der Insel, die einen Bach speiste, der die ganze Insel mit Wasser versorgte. Das Wasser war frisch und kühl.

Eines Tages strandete ein herrenloses Boot an der Küste der Insel. Anscheinend waren die Insassen auf dem Meer umgekommen und die Wellen hatten das Boot an die Inselküste geschwemmt. Das Boot war beladen mit Hülsenfrüchten, die bei den Inselbewohnern bislang unbekannt waren. Bald probierten einige die gekochten Linsen und Bohnen aus, sie schmeckten den Bewohnern sehr gut. Andere pflanzten die Samen und züchteten so die Hülsenfrüchte weiter. Obwohl alle Menschen mit großer Begeisterung dieses neue Nahrungsmittel lobten, gab es eine Frau, die sich weigerte, von den

Bohnen zu kosten. Sie hieß Amanaki. Sie sagte, sie traue den Hülsenfrüchten nicht, irgendetwas müsse faul sein an ihnen. Tatsächlich bewirkte das Essen der Hülsenfrüchte etwas, das die Bewohner der Insel vorher nie für möglich gehalten hätten. Die Bohnen veränderten ganz allmählich das Bewusstsein der Menschen. Die Inselbewohner glaubten auf einmal, selbst eine Hülle zu haben, wie die Hülsen der Bohnen und Linsen, und zum ersten Mal kam das Bedürfnis auf, Kleidung zu tragen.

Amanaki traute ihren Augen nicht, als plötzlich alle damit beschäftigt waren, Kleider herzustellen. Im Laufe der Zeit glaubten die Menschen nicht nur, dass sie eine Hülle hätten, sondern dass sie eine Hülle wären. Es entstand ein neues Gefühl, das Gefühl, klein zu sein, limitiert, definiert durch Grenzen. Zum ersten Mal in der Geschichte dieses Landes fingen die Menschen an, sich zu vergleichen, wer die schöneren Kleider hatte, die schönere Hülle, und es entstand ein Bedürfnis, sich zu beweisen. Und auch der Wunsch nach Absonderung – sich von den anderen zurückzuziehen. Statt gemeinsam in den Häusern zu wohnen, fing man jetzt an, eigene Hütten zu bauen. Es entstand die Vorstellung, eine getrennte Hülle zu sein, die bestimmte Sachen beinhalte und von allem anderen getrennt sei. Die Menschen wurden verschlossener. Sie öffneten ihre Hüllen nur ab und zu, um etwas herauszunehmen, und schlossen sie dann wieder ganz schnell. Immer offen zu sein, das fanden sie jetzt gefährlich.

Amanaki fühlte sich immer mehr isoliert. Obwohl sie weiter offen war und sich nicht über ihre Grenzen definierte, war es für sie schwer auszuhalten, dass die anderen sich so stark veränderten und zurückgezogen hatten. Anfangs hatte sie noch versucht, mit den anderen zu diskutieren und sie zu überzeugen, diese Bohnen nicht zu essen. Aber mehr und mehr wurde sie als diejenige hingestellt, die nicht bei Sinnen sei. Manche waren sogar besorgt und boten ihr auch Kleidung an.

Weil sie sich mit niemandem mehr austauschen konnte, ohne Geringschätzung oder Mitleid zu erfahren, entschied sie sich eines Tages, auch die Linsensuppe zu essen. Und so wurde sie wie alle anderen. Irgendwann hatte sie ganz vergessen, was die Linsen und Erbsen mit ihr gemacht hatten. Sie zog sich zurück in ihre eigene, kleine Hülle und träumte davon, eines Tages frei und glücklich zu sein. Amanaki hatte ganz vergessen, dass die Vorstellung, eine kleine, unabhängige Einheit zu sein, gerade ihr Unglück, und ihre Unfreiheit verursachte.

Der dritte Schlüssel: Die Haltung von Offenheit

Das Essen von Hülsenfrüchten ist wohl kaum verantwortlich für das Entstehen einer Ego-Perspektive. Die Geschichte zeigt aber sehr anschaulich, wie verheerend die Identifikation mit einer Grenze[78] für uns ist. Wenn wir aus der Ego-Perspektive schauen, sind wir überzeugt davon, klein zu sein, begrenzt, als wären wir durch eine Grenze definiert und getrennt vom Rest der Existenz. Der Glaube an die Grenze verdinglicht uns. Er macht ein Ding aus uns. Ein Etwas, eine Einheit, die getrennt ist. Als diese getrennte Einheit träumen wir dann davon, einmal frei und glücklich zu sein. Was wir nicht vergegenwärtigen, ist, dass der Glaube an die Grenze unser Unglücklich-Sein und unsere Unfreiheit ausmacht.

Offenheit und Grenzen

Wenn wir eine bedeutsame Einsicht haben, fühlt sich das immer wie eine Erweiterung, eine Ausdehnung, eine Öffnung an. Man selbst sein fühlt sich an, als würden wir das, was uns definiert, loslassen, wir öffnen die Hülle, wir sind größer, weniger begrenzt, weniger limitiert. Aber selten benutzen wir diese Erfahrungen, um zu realisieren, dass das bedeutet, dass wir nicht definiert sind, dass wir nicht die Hülle sind, und dass wir uns nicht wieder zu verschließen brauchen. Wenn wir entspannen, weniger ängstlich sind, uns weniger schützen, fühlen wir uns offener, glücklicher, strahlender.

Wenn wir unsere Erfahrungen von Glücklichsein anschauen, sehen wir, dass wir nicht ein begrenztes Etwas sind, und auch, dass wir nicht der Inhalt innerhalb der Grenze sind. Unsere Natur ist unbegrenzt, kein Inhalt, sondern Freiheit, Raum, der beobachten kann, dass es überall Raum gibt, der vorgibt, begrenzt zu sein, der aber in Wirklichkeit einfach Raum ist. Wachstum heißt, Schritt für Schritt die Hülle auszuleeren, eine Bohne nach der anderen wegzuwerfen, die Hülle geöffnet zu lassen und letztendlich festzustellen, dass wir gar keine Hülle sind.

Raum bedeutet, alles willkommen zu heißen, was innerhalb des Raumes passiert. Psychologisch heißt es offen zu sein, egal, was passiert. Offenheit ist einer der wichtigsten Schlüssel zu unserer Natur. Wenn wir mit Offenheit auf unsere Erfahrung schauen, hilft sie uns, immer mehr bewusst zu machen, wer wir sind. Das Ego-Selbst möchte sich aber gegen den Raum verschließen, deswegen glauben wir alle, Hüllen zu sein. Aber wir sind viel schöner, undefinierbarer, freier. Raum ist immer da. Es ist der fundamentale Boden des Bewusstseins

Raum ist der Kontext, in dem alles auftaucht. Raum ist nicht definierbar, aber man kann ihn auch nicht leugnen. Alle Manifestationen von Raum deuten letztendlich auf das große Nichts, die Nicht-Existenz hin. Alle Aspekte unserer Natur erscheinen in dem Raum, kommen hervor aus dem Raum. Jede Manifestation kommt aus der Nicht-Existenz. Raum ist eine Herausforderung für jede Art von Struktur, im Besonderen der Ego-Struktur. Die Strukturen des Egos sind Fixierungen und versperren die Offenheit der Seele. Je mehr wir uns an Ideen und Strukturen festhalten, umso mehr verlieren wir die Offenheit. Obwohl die Natur der Seele Freiheit ist, fühlen wir uns durch die Grenzen gebunden, sie pressen uns in eine bestimmte Form, die uns zwar ein Gefühl der Identität vermittelt, aber unsere Freiheit limitiert.

Selbstbild

Das Selbstbild muss nicht visuell sein oder bewusst. Es ist eine Form, die unsere Seele, geprägt durch vergangene Erfahrungen, annimmt. Wenn wir durch die Erfahrungen zu Schlussfolgerungen über uns selbst kommen, werden diese Eigenschaften in einem Selbstbild fixiert, und wir glauben dann, dass es das ist, wer und was wir sind. Das Körperbild und das Selbstbild sind tief verwoben. Wenn unser Selbstbild sich verändert, fühlt es sich an, als würde sich unser ganzes Nervensystem neu verdrahten. In der Kindheit entwickelt sich unser Gefühl für das Selbst aus Erfahrungen von Schmerz und Lust. Unsere inneren Empfindungen, z. B. wie wir gehalten wurden, wie wir berührt wurden, tragen alle zu unserem Selbstbild bei. Sie vermitteln uns den Eindruck davon, wo wir anfangen und aufhören, wo unsere Grenzen sind. Als wären wir eine Art Hülle. Beispiele für solche Überzeugungen sind: „Ich bin jemand, der nicht wahrgenommen wird", oder „jemand, der Angst hat", oder „jemand, der gefallen will" etc. Auf diese Art schneiden wir uns von dem eigentlichen Raum unseres Wesens ab und verlieren die Verbindung zur Essenz. Solange wir eine Idee, ein Konzept, ein Bild haben von dem, wer wir sind, sind wir abgeschnitten von der Essenz. Wir erfahren dies als eine Leere, es fühlt sich nicht gut an, wir vermissen etwas.

Mangelhafte Leere

Das beschriebene Phänomen wird von A. H. Almaas „mangelhafte Leere"[79] genannt. Etwas fehlt in mir, etwas stimmt nicht mit mir, etwas ist falsch an mir, etwas in mir fühlt sich zu klein an, ich habe nicht das, was gebraucht wird. Mit dieser mangelhaften Leere in Kontakt zu kommen, kann sehr schmerzhaft sein, weil wir wirklich glauben, dass etwas fehlt, dass etwas nicht richtig ist mit uns, und tun alles Mögliche, um dieses Gefühl der Leere zu vermeiden: Wir projizieren es auf andere oder wollen anderen helfen oder wir verstecken uns, brechen den Kontakt zu anderen Menschen ab.

Mangelhafte Leere kann sich verheerend anfühlen, doch wenn wir genau hier anwesend bleiben, ist es das Tor zu essenziellem Raum. Die Erfahrung von mangelhafter Leere bringt häufig die Angst „zu verschwinden" an die Oberfläche. Was tatsächlich verschwindet ist das Selbstbild, unsere Konzepte über uns selbst. Wenn wir der Leere

Raum geben, hört sie auf, sich mangelhaft anzufühlen, sie fängt an, sich zu zeigen: Als Präsenz. Als essenzieller Aspekt von Raum[80]. Aus diesem Raum können alle Qualitäten unserer essenziellen Natur erwachsen. Raum ist notwendig für Mitgefühl, für Stärke, für Liebe.

Mangelhafte Leere ist der Raum, der durch die Brille der Unwissenheit betrachtet wird. Wenn wir in diese mangelhafte Leere hineinfühlen, verschwindet die Ignoranz und Raum kann sich ausbreiten. Wenn wir uns offen erleben, dann kommen alle anderen Aspekte unserer Natur wie Klarheit, Stärke, Leichtigkeit, Liebe, Mitgefühl usw. aus diesem Raum hervor. Letztlich ist Offenheit Selbstlosigkeit, sie öffnet die Tür zu Freiheit.

10

Die Geschichte von Gabriel, Petrus und dem Jetzt

Der vierte Schlüssel: Das Jetzt

Die Geschichte von Gabriel, Petrus und dem Jetzt

Der Erzengel Gabriel war im Himmel der Koordinator des Grenzverkehrs zwischen Himmel und Erde. Eine zentrale Rolle dabei kam Petrus zu, der an der Himmelspforte jeden Neuankömmling begrüßte und für die Einlass-Befragung zuständig war. Gabriel hatte Petrus zu sich eingeladen, um zu fragen, wie es denn so laufe.

„Hallo Piet", sagte Gabriel. „Lange nicht gesehen, wie sieht's denn aus an der Pforte?"

Weil Petrus ein alter Freund und Kumpel Gabriels war, duzten sie sich, obwohl Gabriel ein Erzengel war.

Petrus antwortete: „Du, es ist die Hölle los an der Himmelspforte, seit die Weltbevölkerung so zugenommen hat. Die Statistiken der Todesfälle vermelden jedes Jahr neue Rekorde. Das ist der Wahnsinn! Aber du, Gabri, ich will mich nicht beklagen, da es im Himmel keine Zeit gibt, kann ich allen Menschen die Aufmerksamkeit geben, die sie brauchen, um den Übergang von der irdischen Existenz in die höheren Sphären so reibungslos wie möglich zu gestalten. Da brauchst du dir gar keine Gedanken zu machen."

Da schüttelte Gabriel den Kopf. Klar, Mann, ich vertraue dir voll und ganz. Das ist auch nicht der Grund, warum ich dich hergebeten habe", sagte er, während er seinen Bart glatt strich. „Aber gibt es vielleicht irgendwelche Neuigkeiten von da unten? Irgendetwas Besonderes, Aufregendes, Neues?" Gabriel war schließlich ein Engel, und Engel waren bekannt für ihre unersättliche Neugierde. Sie wollten alles immer sehr genau wissen und den Dingen auf den Grund gehen.

„Ach“, sagte Petrus. „Das Übliche, die Jungen beklagen sich, zu früh gestorben zu sein, und die Alten beklagen sich, dass sie ein schreckliches Leben gehabt haben.“

„Aber gibt es denn wirklich gar nichts Neues?“, setzte Gabriel nach.

„Na ja, weißt du, Gabri“, sagte Petrus. „Jetzt, wo du mich so fragst, es ist schon was Auffälliges passiert.“ Er schwieg einen Moment, als würde er nach den geeigneten Worten suchen. „Was wirklich auffällt, ist, dass die Menschen plötzlich alle sagen, sie hätten nicht genug Zeit gehabt! Verstehst du das? Soweit ich weiß, kriegen sie doch jeden Moment das Jetzt geschenkt und im nächsten Moment auch und im nächsten auch und das ihr ganzes Leben lang, immer wieder. Jetzt und jetzt und jetzt und jetzt.“ Er schaute mit einem Mal sehr besorgt. „Du, Gabri, vielleicht musst du mal beim Chef nachfragen, ob sich da etwas geändert hat. Vielleicht gibt es da eine Neuregelung, dass es kein Jetzt mehr gibt oder dass das Jetzt rationiert ist, und wir wissen nichts davon, du weißt ja, wie das machmal so ist.“

„Ja“, sagte Gabriel, der Petrus´ Worte begierig aufnahm. „Das ist wirklich merkwürdig, ich werde dem auf jeden Fall auf den Grund gehen, das verspreche ich dir!“

Dann klopften sich die beiden gegenseitig wohlwollend auf die Schultern und verabschiedeten sich. Obwohl es im Himmel keine Zeit gab, kam Gabriel bald danach bei Petrus an die Himmelspforte. Es war offensichtlich, dass er etwas vorhatte, weil er seine Freizeit- und Reiseschuhe trug.

„Gabri, schön dich zu sehen“, sagte Petrus, und während er auf dessen Schuhe zeigte, fragte er: „Was hast du vor?“

„Du, Piet, ich bin so froh, dass du mir erzählt hast, dass die Leute keine Zeit mehr haben, der Chef, der allwissend ist, weiß nichts davon, also wird das wohl wieder eine dieser Illusionen sein, die es bei den Menschen öfter gibt. Aber weißt du was, er hat mir den Auftrag gegeben, der Sache auf den Grund zu gehen. Ist das nicht toll! Jetzt kann ich mich mal da unten umschauen. Soll ich dir irgendwas mitbringen, Piet?“

„Danke, wir haben hier doch alles, was wir brauchen“, sagte Petrus. „Obwohl“, er kratzte sich am Kopf. „Bring mir doch ein iPhone mit!“

„Ein Eifon?“, fragte Gabriel. „Was ist das denn?“

„Das wirst du sehr schnell herausfinden“, sagte Petrus und lächelte vielsagend.

„Eifon, Eifon, Eifon“, murmelte Gabriel vor sich hin. „Ich hoffe, ich vergesse das nicht.“

Dann klopften sich die beiden wieder gegenseitig wohlwollend auf die Schultern und verabschiedeten sich voneinander.

Irgendwann später – weil es im Himmel keine Zeit gab, hätte niemand sagen können, wann genau das war – tauchte Gabriel wieder bei Petrus auf, der sich sichtlich über die Abwechslung freute, denn mit den Menschenmassen vor der Himmelspforte hatte er sehr, sehr viel zu tun.

„Gabri, altes Haus, gut dich zu sehen! Wie war's denn da unten?“

„Hallo Piet, Mann, ich kann dir sagen … du hast genau den Punkt getroffen, die Menschen haben tatsächlich das Jetzt verloren. Nicht, dass es das nicht gibt, jeder kriegt andauernd das Jetzt geliefert, aber die Menschen sehen das ganz anders. Sie verwechseln das Jetzt mit der Zeit.“

„Du meinst mit der Vergangenheit und der Zukunft?“, fragte Petrus.

„Genau“, sagte Gabriel. „Sie sind so fixiert auf die Vergangenheit und die Zukunft, dass sie das Jetzt verpassen. Man glaubt es nicht, sie klammern sich an die Vergangenheit, obwohl sie ja schon vorbei ist, nicht mehr da, futsch. Aber sie glauben an die Vergangenheit, als wäre sie das Jetzt. Sie lehnen die Vergangenheit aber auch ab und kämpfen dann damit. Wirklich, Mann, du glaubst es nicht, sie kämpfen mit dem Schnee von gestern, als würde der heute noch daliegen und als müsste der heute noch weggeräumt werden! Und was sie dann machen, weil ihnen diese Vergangenheit nicht gefällt, sie fangen an zu hoffen und zu verlangen und wollen so schnell wie möglich die Zukunft erreichen, wo sie dann die Erlösung von der Vergangenheit erwarten. Kannst du dir das vorstellen? Sie hasten rastlos auf etwas zu, was es nicht gibt und was es nie geben wird. Sie rennen und rennen und rennen. Und dabei verpassen sie das Kostbarste, was es gibt, das Einzige, was es gibt, das Jetzt.“

„Und weil sie das Jetzt nicht sehen, meinen sie also, dass Zeit etwas sehr Kostbares sei? Deswegen beklagen sie sich alle, zu wenig davon zu haben?“, fragte Petrus ungläubig.

„Genauso ist es“, sagte Gabriel.

„Wahnsinn“, sagte Petrus. „Aber du hast sie doch bestimmt aufklären können, hoffe ich?“

„Das habe ich auch gedacht, aber die Menschen sind so dickköpfig, so hartnäckig, sie halten sich fest an der Ablehnung oder Idealisierung des Gestern, und sind so stark ausgerichtet auf die Illusion von einem Morgen, das nie kommt. Sie geben ihre ganze Lebensenergie, um dort hinzurennen, sie haben Stress oder Angst, dass es nicht hinhaut. Sie vertrauen dem Jetzt nicht. Sie verwechseln es mit Resignation oder sogar mit Depression, sie halten es kaum aus, nichts zu tun.“

„Ich habe doch geahnt, dass da unten etwas schiefläuft, aber dass es so extrem ist, das habe ich mir dann auch nicht vorstellen können“, sagte Petrus.

Beide schauten etwas ratlos vor sich hin, bis Gabriel sagte: „Ach, bevor ich es vergesse, ich habe dir ja was mitgebracht.“ Da überreichte Gabriel dem Petrus ein nigelnagelneues iPhone. „Du weißt, die Sache mit dem Apfel war damals der Anfang vom Ende im Paradies“, sagte Gabriel scherzend. „Jetzt bring ich dir einen Apple mit, nicht dass du damit den Sündenfall wiederholst.“

„Ach was“, sagte Petrus. „Das ist doch nur ein Spielzeug.“

„Das sagst du so“, sagte Gabriel. „Ich konnte zuerst meinen Augen nicht trauen, als ich da unten ankam, die Menschen schauten sich nur selten an, stattdessen schauten sie in ein kleines Gerät, das, wie ich bald herausfand, Smartphone hieß. Ich habe dann gedacht, der Petrus hatte recht, alle haben so ein Ding. Aber ich verstand nicht genau, was sie damit machten, einige redeten damit laut, während sie auf der Straße standen, andere hüteten und verehrten es wie einen Gral, wieder andere berührten es mit beiläufigen, wischenden Bewegungen, dann schauten sie manchmal mit einer Armeslänge auf das Gerät und lächelten freudlos, bis es blitzte, manche steckten ein Kabel in das Gerät und steckten das andere Ende in ihre Ohren und schienen dann nichts mehr zu hören, nicht die Gesänge der Vögel und nicht die Lieder des Windes. Sehr befremdlich war, dass manche die Geräte sogar benutzten, um damit auf die Jagd nach kleinen Fantasiewesen zu gehen, die es gar nicht gab – außer in den Geräten selbst. Manche wehklagten häufig, sie hätten kein Netz. Ich vermute, sie wollten versuchen, die Fantasiewesen mit Netzen zu fangen, aber ganz sicher bin ich mir da nicht. Also ich habe dich gewarnt, vielleicht ist es Teufelszeug, ich habe dir das nur mitgebracht, weil du danach gefragt hast, aber komm mir nachher nicht mit Beschwerden.“

„Okay“, sagte Petrus. „Ich danke dir ganz herzlich, dass du mir eins mitgebracht hast, und ich werde nachher auch nicht meckern, aber eins kannst du vielleicht für mich tun.“

„Was immer du willst“, sagte Gabriel.

„Wir haben hier zwar das Jetzt, aber was uns fehlt, ist ein ordentliches WLAN. Kannst du den Chef fragen, ob er uns hier ein WLAN-Modem baut?“

„Ein was?“, fragte Gabriel. „Ein Wehlahnmodem? Erst ein Eifon und jetzt ein Wehlahnmodem. Okay, ich werde ihn fragen, aber nur, weil du es bist.“

Dann klopften sie sich gegenseitig wohlwollend auf die Schultern und verabschiedeten sich voneinander.

Schon bald veränderte sich die jahrhundertealte Einlass-Befragung an der Himmelspforte. Nach wie vor wurde jeder Neuankömmling von Petrus begrüßt und willkommen geheißen, aber jetzt konnte Petrus allen Besuchern stolz verkünden, dass es kostenloses WLAN im ganzen Himmel gebe, ohne Passwort.

Der vierte Schlüssel: Das Jetzt

Wenn wir die Präsenz verlassen, wenn wir das Jetzt verlassen, übernimmt der urteilende Verstand das Kommando – und mit ihm tritt die Zeit auf den Plan. Der Verstand orientiert sich an etwas, das vorbei ist, und bereitet uns vor auf etwas, das nicht da ist. Statt an der Präsenz, orientieren wir uns an Erinnerung und Erwartung. Mit der Vergangenheit kommt auch die Identität und mit der Zukunft die Hoffnung auf Erlösung. Beide Ansichten beruhen auf einer Illusion.

Zeit ist nicht Jetzt[81]

Wir meinen, dass Zeit etwas sehr Kostbares sei. Heute beklagt sich fast jeder, dass er zu wenig Zeit habe. Uns wird in jedem Moment neue Zeit geschenkt. Obwohl wir in jedem Moment die Gelegenheit haben, die Präsenz des Jetzt zu erfahren, verlassen wir das Jetzt und betreten die Rastlosigkeit der Zeit. Wir beeilen uns, in einer Zukunft anzukommen, die nie kommt, oder von einer Vergangenheit wegzukommen, die sowieso schon vorbei ist.

Die Ausrichtung auf Zeit macht uns rastlos und lässt uns das, was wirklich kostbar ist, verpassen: das Jetzt. Das Jetzt ist so kostbar, weil es der einzige Platz ist, an dem Präsenz existiert. Raum und Zeit existieren in der Ego-Perspektive.

Im letzten Kapitel haben wir gesehen, wie Offenheit eine Auseinandersetzung mit dem Thema Raum erfordert. Das Jetzt berührt das Thema Zeit. Die wahre Natur ist jenseits der Ego-Perspektive, jenseits von Raum und Zeit. Man kann Essenz nicht in einer räumlichen Terminologie beschreiben. Essenz ist formlos.

Genauso kann man Essenz auch nicht in zeitlichen Dimensionen beschreiben, sie ist zeitlos, sie ist nicht geboren, und sie stirbt auch nicht.

Sie ist immer präsent oder ewig, außerhalb der Zeit, nicht messbar durch Zeit. Wir erleben die Zeit durch die Wahrnehmung von Veränderung. Ohne Veränderung nehmen wir keine Zeit wahr. Dasjenige, was wir als Veränderung wahrnehmen, ist die Dynamik unserer wahren Natur. Alles ist immer im Wandel begriffen, weil unsere Natur dynamisch ist. Sie wandelt sich, und ihre Entwicklung folgt einem intelligenten, universellen Entwurf. Sie bildet ihre kosmische Realität im Mikrokosmos ab. Dies ist ein Vorgang, der nie abgeschlossen wird.

Wu Wei

Das Ego wird auch „derjenige, der tut" genannt, weil es auf Aktivität angewiesen ist. Ohne die Ego-Aktivität von Ablehnung, Hoffnung und Verlangen, können die Pedale des Ego-Fahrrades sich nicht bewegen – es fällt um, das Ego kollabiert. Der Weise versteht, dass die wahre Natur auch in Bewegung ist, sich immer wandelt, kreativ und dynamisch ist. Die Aktion des Weisen ist das Teilnehmen an dieser Bewegung.

Im Daoismus nennt man dies „Wu Wei"[82], kein gegen die Natur gerichtetes Handeln. Das „Dao" ist eine andere Bezeichnung für das, was wir wahre Natur nennen, und wird verantwortlich gemacht für die Ordnung und Wandlung der Dinge. Wu Wei bedeutet ein Handeln, das in Einklang ist mit dem *Dao.* In Einklang handeln bedeutet nicht, dass wir in Einzelheiten verstehen, was der Entwurf, der Plan, die Dynamik ist, die unsere Natur bewegt.

Es gibt eine einfache Tür, die uns erlaubt, an dieser Dynamik teilzuhaben: das ist das Jetzt. Präsenz existiert nur im Jetzt und nicht in der Erinnerung (Vergangenheit) oder in der Projektion (Zukunft). Präsenz wird erfahren als Jetzt, wobei Jetzt kein Moment in der Zeit darstellt, sondern sich auf das aktuelle Bewusstsein bezieht. Wir realisieren, dass es das Einzige ist, was existiert, und dass es alle Zeit umfasst und zugleich außerhalb der Zeit ist.

Echte Zeit

Wenn wir im Jetzt an der Entfaltung des Seins partizipieren, erfahren wir ein Kontinuum an Momenten, die wir alle als Jetzt erfahren. A. H. Almaas nennt dies „echte Zeit“[83], Tarthang Tulku benutzt den Ausdruck „Große Zeit“[84]. Wenn wir uns für diese Dimension öffnen, kann das Sein durch uns handeln und sprechen. Das Kontinuum der Momente des Seins erfahren wir als die Entfaltung des Seins. Wenn wir im Jetzt anwesend sind, können wir nicht nur die Essenz erleben, sondern auch die innere Dynamik der Entfaltung beobachten: Eine Entfaltung der Präsenz, die der kosmischen Entfaltung entspricht. Sein ist nicht statisch, sondern ein Fluss, eine Fontäne, die immer neue Formen hervorbringt. Wir spüren, dass diese Entfaltung die Art ist, wie die Existenz sich bewegt, es ist ihre Kreativität, ihre Schöpfung. Wir sehen, dass alle manifesten Formen der Existenz Ausdruck dieser Kreativität sind. Es gibt keine separaten Objekte, die sich in Raum und Zeit von der Vergangenheit zur Zukunft bewegen. Was erscheint als ein Ding, ist die Manifestation des *Dao.* Aus der üblichen Ego-Perspektive können wir nicht sehen, dass es die Bewegung der Existenz ist. Weil die Ego-Perspektive auf der Identifikation mit der Form beruht, kann sie nicht wahrnehmen, dass es die Existenz ist, die sich bewegt. So erscheint es, dass unabhängige, getrennte Formen sich bewegen und verändern. Was bedeutet dies für die Praxis der Selbsterkundung? Es bedeutet, dass wir nicht mit der Absicht etwas zu verändern praktizieren, sondern um die Wahrheit in diesem Moment anzuschauen. Wir sind offen dafür, dass diese Wahrheit Veränderung bedeutet, haben aber keine feste Vorstellung, in welche Richtung oder wie dieser Wandel zu passieren hat. Wir vertrauen der Weisheit der Existenz, sich so zu entfalten, wie es richtig ist. Wir begreifen immer mehr, dass wir uns nicht verändern können. Wandel geschieht, wenn wir nichts tun, wenn wir mit unserer vollen Aufmerksamkeit präsent sind. Die Persönlichkeit kann sich nicht verändern. Das Einzige, was sie tun kann, ist, sich nicht einzumischen. So können wir teilhaben an der spontanen Entfaltung und Entwicklung unseres Seins.

11

Die Geschichte von Völva und die Frage des freien Willens

Der fünfte Schlüssel: Die Abwesenheit von Präferenz

Die Geschichte von Völva und die Frage des freien Willens

Bald nachdem Ljúfur erfolgreich die Regenbogenbrücke überquert hatte, bestieg er als der neue König Balder den Thron. Seine Regierungszeit war geprägt von seiner Weisheit und seiner Gerechtigkeit. Es war eine Zeit des Friedens, in der ein neues Interesse an der inneren Entwicklung des Volkes entstand, an einer Ausrichtung, die in Übereinstimmung mit dem Göttlichen war.

Die Geschehnisse während der Königswahl und die Thronfolge machten die Völva im ganzen Land berühmt. Nicht nur, weil sie die Königswahl mit ihrer weisen Führung begleitet hatte, sondern auch, weil sie jetzt Königsmutter war. Durch ihren Ruhm entwickelte sich der Tempel von Odin und Freyja auf Odins Kliff immer mehr zu einer viel besuchten Stätte. Die Weisheit Völvas war wie das Licht einer Kerze, das die Flamme der Liebe zur Wahrheit entzündete in den Menschen, die ihr nahe waren.

So wurde ihr eines Tages die Frage gestellt: „Wenn es für die Menschen zwei Möglichkeiten gibt, nämlich ein Leben, das geprägt ist von Leid und Kummer, und ein Leben in Göttlichkeit und Glückseligkeit, wieso wählen die meisten Menschen ein Leben voller Leid und Kummer?"

Völva antwortete: „Ich verstehe, dass diese Frage in dir entsteht, aber sie beruht auf einem Missverständnis. Und das hat mit der Vorstellung der freien Wahl, mit dem freien Willen zu tun. Wir Menschen meinen, dass wir getrennte Einheiten mit einem eigenständigen Willen sind. Das ist nur augenscheinlich wahr. Du meinst, die Menschen würden ein Leben von Leid und Kummer wählen. Das ist nicht so. Die Menschen wählen tatsächlich ein Leben der Glückseligkeit. Das Problem ist das Wählen selbst. Wenn du Glückseligkeit *wählst*, dann erfährst du Leid und Kummer. Glückseligkeit kommt aber, wenn du nicht wählst, wenn du einfach Zeuge bist, wenn du keine Präferenzen hast, wenn du ohne vorgefertigtes Ziel bist. Glückseligkeit ist nicht das Produkt deines Bewusstseins, das wählt und sich entscheidet. Wenn du wählst, bleibst du in der Welt der Gedanken. Geri und Freki wählen, Geri will etwas festhalten und Freki will etwas loswerden. Das ist Wählen. Wählen verursacht immer Spaltung. Wir können nicht mehr mit einem Auge sehen, alles wird in Gegensätze geteilt. Das ist es, was Leid und Kummer kreiert. Also, wenn du Glückseligkeit wählst, bekommst du Leid und Kummer, das ist das große Paradoxon des Lebens.

Wir haben zwar augenscheinlich die Wahl, und es fühlt sich an, als hätten wir einen freien Willen, der über unser Leben entscheiden kann, aber wir können uns damit nicht gegen das Leben wenden. Wir können uns nicht unabhängig vom Leben bewegen. Wir *sind* das Leben. Wenn du verstehst, dass du das Leben bist, und es mit deiner Wahl nicht ändern kannst, weil deine Wahl das Leben aufspaltet, weil deine Wahl das Leben nicht in seiner Ganzheit akzeptiert, dann hat das Leben dir dazu verholfen, nicht mehr zu wählen. Du erkennst die Einheit und die Vergeblichkeit der Wahl. Du verstehst, dass deine Wahl nur Leid bringt und dass dir durch das Nicht-Wählen die Erfahrung der Einheit zu eigen wird.

Wahl bedeutet immer die Ablehnung von einem Teil. Wenn du wählst, wird sich dieser abgelehnte Teil an dir rächen, weil das Leben nicht teilbar ist, es ist nicht zwei, es ist eins. Wenn du etwas ablehnst, bekommt es eine große Macht über dich, es lässt dich nicht in Ruhe, es will sich rächen und macht dir Angst. So entsteht Kummer und Leid. Odins Wölfe zerfleischen die Einheit. Wenn du nicht wählst, wenn du nicht mit dem Leben kämpfst, wenn du es akzeptierst, wie es ist, dann erfährst du Frieden. Hugin und Munin kommen zu dir und schenken dir Bewusstsein und erinnern dich an deine Glückseligkeit.

Du kannst nichts verleugnen. Du kannst es ablehnen, aber es wird dir auflauern. Du kannst auch nichts festhalten, du kannst es versuchen, aber das Leben ist ein Fluss. Alles, was kommt, muss wieder gehen. Wenn du versuchst, das Leben festzuhalten, kreierst du auch Kummer und Leid. Nichts bleibt außer deinem Bewusstsein. Du kannst alles beobachten in einer Haltung von Hingabe. Ohne zu wählen, ohne festzuhalten oder abzulehnen, ohne Erwartung, ohne Ziel.

Das wird dir zuerst nicht leichtfallen. Es ist zu einer solchen Gewohnheit geworden zu wählen, dass es dir unbewusst passieren wird. Aber auch das kann man beobachten – ohne es abzulehnen. Wenn du nämlich anfängst, dich abzulehnen, weil du eine Wahl getroffen hast, dann lässt du Freki „durch die Hintertür" wieder herein. Sei nachsichtig und liebevoll mit dir, auch mit der Gewohnheit zu wählen. Wenn dir Momente von Unbewusstheit passieren, obwohl du dir vorgenommen hattest, nicht länger deinen Vorliebe zu folgen, dann sei liebevoll mit dir und komme wieder zurück in die Haltung des Nicht-Wählens. Wenn du in einer Haltung von Nicht-Wählen bist, wirst du bewusst, dann kommt Hugin zu dir. Jetzt bist du mit allem, was passiert, einverstanden, du hast das Leben angenommen, wie es ist – und du genießt es. Du genießt die Freude und genauso den Schmerz, du akzeptierst auch die Momente von Leid, sie erlauben dir, tiefer zu schauen, du wächst in den Momenten des Schmerzes, durch den Schmerz passiert Entfaltung, Wachstum geht mit Schmerz einher. Wenn ein Bewusstsein, das nicht wählt, den Schmerz annehmen kann, wird der Schmerz zu einer Tür in eine andere Welt. Alles ist immer in Bewegung. So ist das Leben.

Der Weise leidet nicht. Das bedeutet nicht, dass der Weise kein Leid erfährt und immer glücklich ist. Leid geschieht allen Menschen, weil es Teil des Lebens ist. Nur der Weise leidet nicht unter dem Leid, weil er es mit offenen Armen empfängt, wie er auch die Momente des Glücks empfängt. Er genießt das Leid genauso wie er das Glück genießt, er verliert seine Glückseligkeit in Momenten des Leids nicht. Leid kommt und geht, der Weise bleibt aber er selbst – ein Bewusstsein, das nicht wählt. Der Atem kommt und geht, der Tag kommt und geht über in die Nacht. Das einzig Konstante ist das beobachtende Bewusstsein. Diese Zentrierung im Bewusstsein ist es, was Glückseligkeit ausmacht. Das ist es, was Freiheit ausmacht. Alle Geschehnisse des Lebens geschehen, aber das Bewusstsein bleibt völlig unberührt. Wenn es regnet, wird der Himmel nicht nass."

Der fünfte Schlüssel: Die Abwesenheit von Präferenz

Vorbehaltloses Bewusstsein

Die Abwesenheit von Präferenz bedeutet nicht zu wählen. Jiddu Krishnamurti hat den Ausdruck *choiceless awareness*, „vorbehaltloses Bewusstsein“[85] geprägt. Dies ist ein zentraler Begriff in seiner Sicht. Er beschreibt das Bewusstsein als Präsenz ohne Präferenz. Vorbehaltloses Bewusstsein ist, nach Krishnamurti, eine Tautologie. Wenn wir vorbehaltlos sind, sind wir bewusst, wenn wir bewusst sind, wählen wir nicht. In der Mitte ist die Entspannung.

Ähnliche Begriffe hat es in anderen Traditionen gegeben, die Upanishaden sprachen von *Sakshi*, „Zeuge sein“[86]. Ein pures Bewusstsein sei Zeuge von der Welt, aber nicht involviert oder beeinträchtigt. „Zeuge sein“ bedeutet ein losgelöstes, distanziertes Betrachten. Es wird oft verglichen mit dem inneren Himmel: Geschehnisse sind wie die Wolken, die kommen und gehen, der innere Himmel bleibt aber makellos, unberührt, nicht gezeichnet. Alles kommt und geht, du bist nichts von dem, der Zeuge ist der leere Himmel. Buddha nennt es *Shamata* oder *Samatha* – „ruhiges Verweilen“[87].

Es ist eine Praxis, um den Verstand zu beruhigen. Auf der Basis der Achtsamkeit auf den Atem, bildet sie die Grundlage für die Praxis der Meditation. Zugleich ist es auch eine der Grundlagen der Selbsterkundung und so eine Methode, die zur Erkenntnis der Wahrheit beiträgt. Durch das Üben des „Ruhig-in-sich-Verweilens“ ist man fähig, ohne Präferenz zu sein, dies wiederum ermöglicht den Weg zur Weisheit und Freiheit. Buddha nannte seinen Weg den „mittleren Weg“, er suchte das Gleichgewicht zwischen den Polaritäten. In der Mitte sei die Freiheit, sagt Buddha, weil keine der Polaritäten dich mehr aus der Mitte bringe. In der Mitte sei die Glückseligkeit, weil der Kampf vorbei sei, in der Mitte sei die Stille, weil der Verstand dich nicht mehr bestimme.

Der urteilende Verstand

Die genannten Praktiken befassen sich alle mit dem urteilenden Verstand. Im Osten hat man schon vor sehr langer Zeit erkannt, dass der urteilende Verstand für die Ignoranz verantwortlich ist. Der Verstand orientiert sich an Konzepten, Identifikationen, die auf Verdinglichung beruhen. Das Leben, unsere wahre Natur, kann aber nicht in Konzepten beschrieben werden. Jeder Versuch, das Leben zu konzipieren, führt weg von der Wahrheit, führt in die Ignoranz. Unsere Natur kann im unmittelbaren, direkten Kontakt erfahren werden. Konzepte sind Festlegungen und machen alles, was sie beschreiben, gegenständlich. Unsere Natur ist wie ein Fluss, immer in Bewegung, immer in Veränderung. Der Verstand hat viele wichtige Funktionen, er ermöglicht uns, mit den Dingen der Welt umzugehen, er lässt uns autonom funktionieren. Er macht es möglich, zu denken, zu sprechen, zu erinnern, zu identifizieren, Entscheidungen zu treffen, zu beurteilen, zu planen, zu organisieren, zu antizipieren, zu integrieren, zu regulieren, mit Spannungen umzugehen, unsere Triebe zu regulieren, in Beziehung zu treten, produktiv zu sein und vieles mehr.

Die östlichen Praktiken der Meditation und der Achtsamkeit wollen den Verstand nicht loswerden. Sie wissen aber, dass der Verstand eine Art Schleier kreiert, der über die Realität gestülpt wird, und behauptet, dass das, was wir in diesem Schleier sehen, die Realität ausmache. Das Bewusstsein kann als offener Raum erscheinen und es kann urteilend werden, das ist dann der Schleier.

Wenn wir durch die Praxis der Meditation lernen, „ruhig in uns zu verweilen“, dann erfahren wir Momente, in denen der Schleier sich öffnet, und was wir dann sehen, ist wundersam, mit unseren Vorstellungen nicht erfassbar. Auch das Sehen selbst ist wundersam, ein Wunder, das Bewusstsein ist da, obwohl keiner mehr schaut.

Der Verstand ruft eine Welt hervor, in der die Realität verdinglicht und etikettiert ist, in der die Realität eingeteilt ist in diametral entgegengesetzte Dinge. Hierzu nimmt der Verstand eine Haltung von Ablehnung oder Verlangen ein, so entsteht eine Welt, die von guten und bösen Wesen bevölkert ist, die auf Präferenz, Urteil, Ablehnung, Fixierung, Anhaftung und Vergleichen beruht. Der Verstand vermittelt uns auch den Eindruck, dass wir ein eigenständiges Selbst seien, mit einem eigenständigen Willen, und dass es an uns sei, in dieser Welt eine gewisse Kontrolle und Selbstbestimmung zu erhalten. Durch den Verstand beurteilen wir aber auch uns selbst als minderwertig, mangelhaft, bedürftig, falsch, unvollkommen, ängstlich, manipulativ, isoliert, zornig, unklar etc.

Bewusstsein

Wenn wir in der Meditation uns nicht mit Gedanken befassen, sondern präsent sind im Raum, in dem die Gedanken geschehen, dann können wir pures Bewusstsein erfahren. Das Bewusstsein ist der Same der Erfahrung, es ist die Präsenz, die Erfahrung und Wahrnehmung möglich macht. Es ist der Grund, aus dem alles erscheint, auch der urteilende Verstand. Der Verstand ist die Form, die das Bewusstsein annimmt, wenn es urteilt, denkt, Konzepte entwickelt, sich identifiziert, verdinglicht etc.

Obwohl das pure Bewusstsein ohne Konzepte ist, kann es sich auch als der urteilende Verstand zeigen. Wenn das Bewusstsein ruhig ist, öffnet sich der Schleier des Verstandes. Wenn du nicht wählst, sondern ruhig verweilst, kommt der Inhalt des Verstandes zur Ruhe. Das klassische Bild, das seit Jahrhunderten im Osten dafür verwendet wird, ist das Glas mit schlammigem Wasser: Wenn du darin rührst, kannst du nichts sehen, wenn du es ruhen lässt, kommt die Klarheit des Wassers ganz von alleine zurück.

Freier Wille

Völva sagt: „Wir Menschen meinen, dass wir getrennte Einheiten mit einem eigenständigen Willen seien. Das ist nur augenscheinlich wahr." Wir meinen, dass dieser Wille es uns ermöglicht, zu wählen und unser Leben zu bestimmen. Durch die Identifikation mit dem Ego-Selbst entsteht auch der Eindruck, dass diese Einheit, die ich zu sein glaube, eigenständige Entscheidungen treffen kann. Wir finden dies so selbstverständlich, dass wir es uns kaum vorstellen können, dass es nicht so wäre.

Ich selbst war schon viele Jahre unterwegs auf dem Weg ins innere Zuhause, als ich mir immer noch nicht vorstellen konnte, keinen freien Willen zu haben. Eine Art von Stolz erlaubte mir nicht, diese Sicht loszulassen. Meine Identität orientierte sich so sehr an dieser Vorstellung, dass ich wirklich glaubte, für den Verlauf meines Lebens selbst verantwortlich zu sein. Erst durch die Erfahrung einer unheilbaren Krankheit veränderte sich meine Wahrnehmung, und es stellten sich Demut, Dankbarkeit und die Anerkennung meiner Ohnmacht ein.

Wir erleben den freien Willen, die Eigenständigkeit, weil es uns möglich ist, uns gegen die Realität zu stemmen. Im Widerstand spüren wir eine gewisse Freiheit. Aus dieser Perspektive haben wir tatsächlich eine Wahl, wir sind frei zu wählen. Aber in der Perspektive der Totalität des Lebens ist das alles eine Bewegung der Ganzheit, die sich durch diese individuellen Seelen ausdrückt. Die verschiedenen Seelen sind alles Aspekte der Totalität des Lebens, die hier und da so tun, als wären sie eine getrennte Einheit. Wenn wir aufhören, Widerstand zu leisten, hören wir auf, uns selbst zu beweisen, dass wir eigenständig und getrennt sind, und können eine direkte Erfahrung der ungeteilten Ganzheit des Lebens machen. Dann sehen wir, dass wir nie einen eigenständigen freien Willen hatten. Die gleiche Seele, die sich vorher vorgemacht hat, getrennt zu sein, die die Kapazität hat, sich blenden zu lassen, kann durch das Loslassen der Präferenzen in einer Klarheit aufwachen, die es erlaubt, zu sehen, dass das Ich eine Illusion ist. Das ist wirklich Freiheit.

Wenn du meinst, das Leben nach deinen Vorstellungen formen zu können, siehst du nicht, dass die Existenz ihre eigene Ausrichtung hat, die sich durch dich manifestieren kann. Damit die Existenz sich aber durch dich manifestieren kann, braucht es deine Hingabe, was gleichzeitig deine Realisierung bedeutet.

Du folgst deiner Natur.

Die Natur von Wasser ist es, herunterzufließen, die Natur von Feuer ist es, hochzusteigen, die Natur des Menschen ist es, nach Hause zu kommen.

12

Die Geschichte von den Tieren, die ihre Seele verloren haben

Der sechste Schlüssel: Die Akzeptanz

Die Geschichte von den Tieren, die ihre Seele verloren haben

Im Tierreich tut sich was. Nach jahrelanger Ausbeutung und Unterdrückung durch die Menschen, fangen die Tiere an, sich um die Opfer der menschlichen Zivilisation zu kümmern. Es entstehen Auffangzentren, in denen Tiere, die in der Gesellschaft der Menschen Schaden an ihrer Seele genommen haben, Heilung und Genesung erfahren können.

Eines dieser Zentren ist das Antidosanok im Herzen des Bergischen Landes. Antidosanok steht für Anstalt für Tiere, die ohne Seele, aber nicht ohne Kopf sind. Das Antidosanok steht unter der wissenschaftlichen Leitung von Prof. Kauz, der uns einige der Hintergründe seines Institutes erklärt: „Immer mehr Tiere werden zivilisiert. Eine Folge der Zivilisation der Tiere ist, dass es immer mehr Tidosanok-Tiere (Tiere, die ohne Seele, aber nicht ohne Kopf sind) gibt. Diese Tiere leiden sehr, weil sie ihre eigene Natürlichkeit ablehnen. Die meisten Tiere sind noch sehr mit ihrer Natur verbunden, aber immer mehr Tiere wissen nicht mehr, wer sie sind. Sie übernehmen die Zivilisation der Menschen und bekommen einen Kopf. Wir sagen auch, dass diese Tiere ‚nicht OK' sind, das heißt, sie sind ‚nicht ohne Kopf'. Nicht OK sein ist kein Urteil, es ist eine Feststellung. Wir stellen fest, dass dieses Tier nicht ohne Kopf ist, es hört nicht mehr mit der Seele, es hört nicht mehr auf seine Natur, es hört mit dem Kopf."

Prof. Kauz, der aus der Familie der Eigentlichen Eulen stammt, ist ein sehr weiser Vogel. Die Weisheit der Eulen beruht auf dem unmittelbaren Kontakt zu ihrer Natur. Der Kopf wird dabei gar nicht benötigt. Als ihm bewusst wurde, dass immer mehr Tiere mit Kopf auftraten, entstand die Idee, einen Platz zu schaffen, wo diese Tiere Linderung von ihrem Leid erfahren können. Prof. Kautz nimmt uns mit auf einen Rundgang durch das Antidosanok und erklärt währenddessen, was wir sehen.

Als Erstes begegnen wir einer Kuh, die sich nur noch über das Funktionieren als Milchproduzent begreift. Sie ist jetzt alt und bekommt keine Kälber mehr, kann also auch keine Milch mehr produzieren. Dies hat in ihr eine tiefe Depression ausgelöst, ein Gefühl von Sinnlosigkeit, als wäre sie nur da, um Milch zu produzieren. „Diese Kuh ist erst seit Kurzem bei uns“, sagt Prof. Kauz. „Sie ist noch voll identifiziert mit dem Funktionieren, sie hat vergessen, dass sie das einfache Leben genießen darf. Wir haben verschiedene Therapien, um diesen Verlust der Kuhheit zu behandeln. Wir arbeiten mit Affirmation, wir sagen der Kuh, dass sie OK (ohne Kopf) ist, so wie sie ist, wir arbeiten auch mit der Spiegel-Methode, wir führen die Kuh an einen See und durch das Sehen des eigenen Spiegelbildes im See, erinnert sich die Kuh unter Umständen wieder an ihre Seele. Wir arbeiten auch mit der Anwendung von Liebe, wir zeigen der Kuh, dass wir sie gern haben, wir lachen mit ihr, wir streicheln ihre Haut, wir sorgen gut für sie, egal, ob sie Milch gibt oder nicht, wir erwarten nichts von ihr und wir muhen ein Lied mit ihr zusammen. Irgendwann führen wir sie zusammen mit anderen Kühen, die mit ihrer Natürlichkeit verbunden sind. Das können wir nicht zu früh machen, während der Kopf noch sehr aktiv ist, weil diese Konfrontation den Kopf wieder aktivieren und eine Tendenz, sich zu vergleichen, auslösen kann. Aber wenn sich ihre Seele wieder mehr gefestigt hat, dann ist der Kontakt zu anderen Kühen, die mit ihrer Natürlichkeit verbunden sind, sehr unterstützend und kann auch das komplette Loslösen von der Kopforientierung bewirken.

Meistens sind diese Methoden, wenn sie wiederholt angewandt werden, ausreichend. In manchen Ausnahmefällen muss man aber auch operativ vorgehen, dann wird ein Kanal gelegt von den Ohren zum

Herzen, sodass das Tier wieder mit dem Herzen hören kann. Auf diese Weise umgehen wir den Kanal zum Kopf, was im Laufe der Zeit dazu führt, dass der Kopf vergessen wird und das Tier wieder mit dem Herzen hören kann."

Als Nächstes begegnen wir einem Esel. Prof. Kauz erzählt uns, weshalb der Esel zu ihm kam: „Er wurde von einem Menschen gehalten, der neben dem Esel viele Pferde hatte. Dieser Mensch war ein leidenschaftlicher Pferdeliebhaber. Und er hasste den Esel. Pferde und Esel sind Verwandte, sie gehören zur gleichen Familie. Und doch haben sie ganz unterschiedliche Merkmale. Pferde sind wie Hasen und Kaninchen Fluchttiere, sie sind ursprünglich in der Steppe beheimatet, wo es für das Überleben wesentlich ist, schnell fliehen zu können. Wo das Pferd in Stress flüchtet, bleibt der Esel meistens wie angewurzelt stehen. Der Mensch verstand das nicht, und er schlug den Esel und schrie ihn an, was die Starre des Esels noch verstärkte. Dann nannte er ihn ein stures und dummes Tier, und schimpfte mit ihm und bestrafte ihn dadurch, dass er ihn nicht fütterte. Esel sind nicht dumm, sie sind nur anders als Pferde. Esel sind sogar ganz ernsthafte Zeitgenossen, die über die ernsthaften Probleme des Lebens philosophieren. Sie haben eine höhere Lebenserwartung als Pferde und können über 40 Jahre alt und sehr weise werden. Der Esel hat sehr viel Ablehnung, Hass und Vernachlässigung erfahren, und in ihm hat sich die Idee, falsch zu sein, verankert. Er fühlte sich wie ein Fremder, nicht zugehörig, ein Ausgestoßener – und seine Starre wurde zu Resignation. Dieser Esel ist schon eine Weile hier und fast vollständig geheilt. Die Spiegel-Methode war sehr wirksam, weil der Esel in dem See erkennen konnte, dass er ein Esel ist und kein Pferd. Dass er tatsächlich anders ist, aber dass das auch in Ordnung ist. Auch hat die Zusammenführung mit anderen Eseln schon sehr früh gefruchtet, die Gefahr des Vergleichs war nicht da, weil er sich nicht mit Pferden verglichen hat, sondern mit anderen Eseln und dadurch auch eine Akzeptanz seines Esel-Daseins entstehen konnte."

Prof. Kauz sagt, dass das Tier, welches die stärksten Symptome von Tidosanok habe, der Mensch selbst sei. Er würde sich wirklich wünschen, dass die Menschen irgendwann ihren Kopf verlieren und ihre Seele zurückfinden. Das würde seine Arbeit überflüssig machen, weil die Zivilisation der Menschen für die Entwicklung des Tidosanok verantwortlich sei. Aber das sei noch ein langer Weg. Vielleicht könnten die Tiere mit ihrer Weisheit die Menschen inspirieren und dazu anregen, aus ihrem Traum aufzuwachen und sich selbst und anderen mit Akzeptanz zu begegnen.

Der sechste Schlüssel: Die Akzeptanz

Via Positiva und via negativa

Der Weg der Meditation, der Weg des Bewusstseins, kann *Via negativa*[88] genannt werden, weil er alle Inhalte des Bewusstseins eliminiert. So beschreitet er den Weg zur Leere, der hinter allen Formen liegt, wenn der konzipierende Verstand vollkommen zur Ruhe gekommen ist. In der buddhistischen Tradition wird dies als *Nirvana*[89] – mit dem Bild des Ausblasens einer Kerze beschrieben.

Der Weg der Liebe, der Weg der Akzeptanz, der Glückseligkeit ist auch ein Weg zur Ganzheit. Er beschreitet die *Via positiva*[90], den Weg, der alles annimmt, der nichts ablehnt, der alles umfasst. Er sieht die ganze Existenz als göttlich, er ist dankbar für alles, er feiert alles, was geschieht. Er sagt Ja zu allem. Auf der *Via negativa* sagt man: Ich bin nicht der Körper, ich bin nicht der Verstand. Der Körper kann kein Buddha werden, der Verstand kann kein Buddha werden, nur das, was kein Buddha werden kann, kann der Buddha werden.

Auf der *Via positiva* sagt man: Ich bin jetzt schon perfekt, genau so, wie ich bin. Ich bin hier, weil die Existenz mich genau so braucht, wie ich bin. Alles wird in Liebe und Dankbarkeit angenommen. Auch die *Via positiva* ist ein Weg, den urteilenden Verstand zu transzendieren, sie akzeptiert sogar die ablehnende Tendenz des Verstandes. Sie liebt sich selbst sogar in Momenten von Hass. Im Herzen wird alles angenommen, bis alles sich in Licht verwandelt, bis zur Erleuchtung.

Aus der Warte einer Seele, die angekommen ist, beschreiben diese beiden Wege unterschiedliche Perspektiven eines Weges nach Hause. Das Ausblasen der Kerze ist zur gleichen Zeit auch die Erleuchtung. Die kleine Flamme des Verstandes wird ausgeblasen, und das ganze Universum kommt hereingeflutet und durchdringt jeden Winkel und jede Ecke. Die Nicht-Existenz der absoluten Leere und die Existenz in all ihren Formen sind zwei komplementäre Perspektiven *einer* Erfahrung – nämlich der von Ganzheit. Der Tautropfen ist im Ozean verschwunden, und der Ozean ist im Tautropfen verschwunden.

Akzeptanz ist das Verständnis, dass Präsenz nicht teilbar ist

Präsenz ist eine Erfahrung von Ganzheit, sie ist ein Aspekt unserer wahren Natur, die unteilbar ist, sie ist ein einheitliches Feld. Unser Verstand hat dagegen die Tendenz, unsere Erfahrung aufzuteilen und in verschiedene „Schubladen" zu stecken. Der Verstand versucht, uns zu teilen, obwohl wir unteilbar sind. Er leistet Widerstand gegen das einheitliche Feld – in Form von Anspannung, Verkrampft-Sein, Kontrolle oder Manipulation. Wenn uns der Widerstand bewusst wird, schauen wir vom einheitlichen Feld auf eine Mauer. Wir leisten keinen Widerstand gegen die Mauer, wir schauen sie an, machen sie uns bewusst. Durch das Anschauen, müssen wir nicht dem Widerstand folgen. So entsteht eine Freiheit und wir können den Raum hinter der Mauer wahrnehmen und die Wahrheit kann sich zeigen. Dann entfaltet sich unsere Natur.

Akzeptanz ist nicht ein Akt des Verstandes, der eine Tatsache akzeptiert. Akzeptanz ist ein Aspekt der wahren Natur, es ist ein Segen, eine Gnade. Der Verstand kann sich der Wahrheit des Moments hingeben, das heißt, er kann aufhören abzulehnen. Akzeptanz ist ein Geschenk, man kann es nicht tun. Es ist eine Form der Liebe. Genauso wie jede Form der Ablehnung Selbstablehnung ist, ist Akzeptanz Selbstliebe. Ohne Mitgefühl für dich selbst wird es unmöglich, andere zu lieben. Deine Beziehungen sind ein Spiegel für den Umgang mit dir selbst. Auch wenn uns in der abendländischen, christlichen Tradition immer wieder eingetrichtert wurde, andere zu lieben: Du kannst nur bei dir selbst anfangen. Liebe dich selbst bedeutet keine egomanische Selbstbezogenheit. Selbstliebe bedeutet vor allem Liebe – und kein Selbst. Der erste Schritt ist, dich so zu akzeptieren, wie du in diesem Moment bist. Du verabschiedest dich von Idealen, Erwartungen und Vorstellungen, wie du zu sein hast. Du brauchst nicht jemand anderes zu sein, als der, der du gerade bist – sei einfach du selbst. Du kannst dich entspannen und in der Entspannung kann die Gnade der Akzeptanz dich erreichen, du hörst auf zu kämpfen, du wirst unschuldig. In dieser Unschuld, in diesem Nach-Hause-Kommen liegt die Perfektion. Indem du dich selbst akzeptierst, vertraust du, dass alles in der Existenz perfekt ist, so wie es ist, auch du. Die Selbstliebe wird zu einer Liebe für alles, was da ist.

Akzeptanz bedeutet, du selbst zu sein. Um du selbst zu sein, brauchst du keine Gebrauchsanweisung. Jede Frage nach dem „Wie?" macht aus dir ein Du-selbst-Werden" – und schon haben wir wieder das Jetzt verlassen, schaffen eine Zukunft, und schaffen Verlangen, neue Ideale; wir aktivieren den Verstand. Du bist schon du selbst. Das Jetzt ist die Tür. In dem Jetzt triffst du auf dich. Das Werden ist die Krücke für den Verstand, um sich zu behaupten, und führt dich weg – aus dem Moment und von dir selbst. Lass jede Art von Werden los und komme im Sein an. Lebe den Moment, wie du bist, bewerte ihn nicht, urteile nicht, *sei* einfach da.

Wenn du ängstlich bist, erlebe deine Angst, wenn du wütend bist, erlebe deine Wut, mache Raum für jede Art von Erlebnis, genauso wie es sich von Moment zu Moment entfaltet. Wenn ein bestimmtes Gefühl auftaucht und du erlebst unmittelbar danach einen Widerstand gegen dieses Gefühl, dann erlebst du den Widerstand. Alles kommt und geht, aber du bist nicht verantwortlich dafür, wann etwas kommt oder geht. Lebe alles, heiße es willkommen, sei freundlich zu allem, was passiert, in totaler Akzeptanz.

Die Akzeptanz wird ein tiefes Verständnis mit sich bringen. Aber du trägst nicht die Verantwortung dafür. Es kommt zu dir wie ein sanfter Regen, wenn du einfach da bist, anwesend und akzeptierend. Es werden viele neue Erfahrungen passieren, die du nicht kennst, weil du sie nicht zugelassen hast.

Die Soheit – die Natur der Dinge akzeptieren

Einer der Namen Buddhas ist *Tathagata*[91], das bedeutet „derjenige, der in *Tathata,* der Soheit des Lebens, lebt". Soheit bedeutet: Was immer passiert, ist die Natur der Dinge. Diese Samen, die dir gegeben wurden, sind die Samen unbekannter Blumen. Auf dem Boden der Akzeptanz können sie keimen und wachsen, bis sie eines Tages ihre Knospen öffnen.

Weil Buddha im Einklang mit der Soheit des Lebens lebte, nennt man ihn *Tathagata.* Es ist die tiefste Akzeptanz, die möglich ist. Geburt passiert, Tod passiert, Freude passiert und Leid passiert, Krankheit passiert und Gesundheit passiert. Alles wird akzeptiert. Buddhas Vertrauen in die Existenz ist absolut. Dann wird alles mit Dankbarkeit begrüßt, in tiefster Stille passiert eine Gelassenheit, die tanzt und voller Freude ist.

13

Die Geschichte von der dankbaren Sonne

Der siebte Schlüssel: Klarheit und Objektivität

Die Geschichte von der dankbaren Sonne

Ich möchte jetzt eine persönliche Geschichte erzählen. Sie beschreibt eine Zeit, in der meine Wahrheitssuche eine existenzielle Suche wurde. Durch die Konfrontation mit Krankheit und Vergänglichkeit nahm mein Leben eine Wende, es kam Sand ins Getriebe meiner Lebensroutine. Oft erlebte ich diesen Sand als störend, aber mit der Zeit verursachte er auch eine Reibung, die meine Seele dazu brachte, sich in eine Perle zu verwandeln. Der Umgang mit meiner Gesundheit hielt mir einen Spiegel vor, in dem ich auf existenzielle Weise erkennen konnte, was meine Struktur ausmachte und wie es das Licht in mir verhinderte.

Bis zu meinem 45. Lebensjahr wurde ich nie ernsthaft krank. Ich lebte in dem naiven Glauben, dass meine gesunde Ernährung, meine Meditationspraxis und der bewusste Umgang mit meinem Körper ursächlich dafür seien. Mit anderen Worten, mein Verstand lobte mich in einer Art Überheblichkeit, dass ich gesund sei, weil ich gesund lebte. Dann wurde ich krank. Es gab viele unterschiedliche Symptome. Ich besuchte Ärzte, Heilpraktiker, Heiler, wurde von oben bis unten durchgecheckt. Es gab Verdachtsdiagnosen. Es gab Behandlungen, um diese vermeintlichen Krankheiten zu heilen. Ich nahm Medikamente und wurde mit verschiedenen Ansätzen und Methoden behandelt. Meine Symptome blieben aber.

Die Situation zwang mich dazu, Überzeugungen, die grundlegend für meine Ego-Struktur waren, zu hinterfragen. Ich wollte verstehen, ob meine Lebensführung oder mein Verhalten einen ursächlichen Zusammenhang zu meiner Symptomatik hatten. Es vergingen einige Jahre, in denen ich mit Symptomen konfrontiert war, ohne Antworten auf meine Fragen zu erhalten – und ohne genaue Diagnose, die erklärt hätte, warum diese Symptome da waren.

Für meine Persönlichkeit war dies eine echte Herausforderung. Bisher war sie geprägt von einem gewissen Optimismus, vom Glauben, dass ich dafür verantwortlich sei, dass es mir gut geht. Diese Idee gab mir ein Selbstgefühl, das mir den Eindruck verschaffte, mein eigenes Leben planen und vorhersagen zu können. Es gab mir auch einen gewissen Stolz, als wäre ich der Schöpfer meines Lebens. Dieses Selbstgefühl ist eine Haltung, die das Gefühl zu verdrängen versuchte, verloren, haltlos zu sein, Hilfe zu brauchen.

Das Gefühl, nicht zu wissen, was ich tun kann, war schon in meiner Kindheit sehr schwer auszuhalten. Ich fühlte mich gezwungen, immer zu wissen, was ich tun konnte. Ich entwickelte Pläne, die den Schmerz der Haltlosigkeit abwehren konnten und die Hoffnung vermittelten, dass in Zukunft alles wieder gut sein würde. So tauchte dieses Gefühl des Verlorenseins in meinem Leben immer wieder in Momenten auf, in denen ich an die Grenzen dieses Selbst gestoßen bin, wenn das Leben mir zeigte, dass ich nicht der Schöpfer meines Lebens bin.

Im Grunde genommen war es das fehlende Vertrauen in das Leben selbst, das in mir Orientierungslosigkeit und ein Gefühl, verloren zu sein, erzeugt hat. Die Reaktion war der Versuch, durch Planung mein Leben wieder in den Griff zu bekommen, meinem Leben wieder eine Richtung zu geben. Planen bedeutet aber, dass ich in meinem Verstand auch schon eine Idee habe, wo die Reise hingeht. Mit anderen Worten: Der Plan beruhte auf einer Erfahrung aus meiner Vergangenheit und nicht auf dem Kontakt zur Dynamik des Lebens. Es war also wirklich eine Herausforderung für jemanden wie mich, sich der spontanen Entfaltung des Lebens zu überlassen. Vor allem wenn die spontane Entfaltung des Lebens Krankheit und die Möglichkeit eines frühzeitigen Lebensendes bedeuten.

Die nächste Stufe meiner Erkrankung war, dass ich neurologische Ausfallserscheinungen, Sprachstörungen und Lähmungserscheinungen hatte. Ich landete in der Uniklinik und man stellte Durchblutungsstörungen im Gehirn fest, eine transitorische ischämische Attacke (TIA). Jetzt dürfe ich die Klinik nicht mehr verlassen, hieß es, bis man eine Erklärung für meine Symptome gefunden habe. Ich galt nun als Patient mit einem erhöhten Schlaganfallsrisiko. Auch wenn es keine physische Erklärung für den TIA gab, meine Arterien waren frei, es wurden keine Gefäßverengungen festgestellt. Auch mein Blutdruck war in Ordnung, ich rauchte nicht, ich war schlank und trank so gut wie keinen Alkohol und lebte vegetarisch. Und ich war noch relativ jung; es gab also keine Erklärung, warum der TIA aufgetreten war. In diesen Wochen in der Klinik wurde ich jeden Tag mit einer neuen Verdachtsdiagnose konfrontiert. Die unerklärlichen Symptome und die vielen Verdachtsdiagnosen, die zum Teil sehr ernsthafte Krankheiten mit unsicheren Prognosen versprachen, wühlten mich sehr auf. Ich merkte, wie wenig ich trotz jahrelanger Meditation im Moment verweilte und wie sehr ich mich angewiesen fühlte, an eine Zukunft zu glauben, in der alles wieder gut sein würde. Eine Zukunft, die durch diese Entwicklungen immer ungewisser wurde. Mein Verstand sehnte sich nach einer Erklärung. Die Ohnmacht war es, die alle Grundlagen meiner Ego-Identifikation infrage stellte.

Nach mehreren Wochen bekam ich dann die Diagnose eines polyendokrinen Autoimmunsyndroms, eine Erkrankung der Hormondrüsen. Diese Diagnose war nach den vielen Wochen der Auseinandersetzung mit den verschiedensten Diagnosen wie ein Antiklimax. Man sagte mir zwar, dass diese Krankheit unheilbar sei, aber sehr gut behandelbar. Ich musste nur die Hormone ersetzen, die mir durch die Insuffizienz fehlen würden, und dann könnte ich ein gutes und uneingeschränktes Leben führen. Und tatsächlich, die Hormongabe verbesserte mein Wohlbefinden und meinen Gesundheitszustand dermaßen, dass ich glaubte, die richtige Diagnose sei gefunden. Den TIA konnte diese Diagnose zwar nicht erklären, trotzdem wurde ich aus dem Krankenhaus entlassen.

Meine Persönlichkeit gab aber nicht so einfach auf. Jetzt, da ich die Diagnose einer unheilbaren Krankheit hatte, machte ich mich voller Optimismus auf, um durch Yoga und diverse Naturheilmethoden derjenige zu sein, der wie durch ein Wunder wieder völlig gesund werden würde. Nicht nur hatte ich keinen Erfolg mit meinem Unterfangen, im Laufe der Jahre traten wieder neue Symptome auf, die nicht zu der ursprünglichen Diagnose passten und so mit zusätzlichen Diagnosen erklärt wurden, die zum Teil behandelbar waren, aber oft auch Situationen hervorriefen, die meine Lebensführung einschränkten. Für keine meiner Erkrankungen gab es kausale Erklärungen der Entstehung. Genauso wenig konnte man etwas über den Verlauf sagen. Meine sonst so optimistische Persönlichkeit erlebte diese Entwicklungen nicht nur als Schicksalsschlag, sondern als Niederlage, es war die Niederlage einer Ego-Identifikation, die an die Grenzen ihres Könnens stößt. Die Wahrheit ist, dass ich mich ohnmächtig fühlte, weil ich mein Leben nicht so zurechtbiegen konnte, wie es mir gefallen hätte, und zwar nicht, weil ich nicht mein Bestes gegeben hätte, sondern weil es nicht in meiner Macht stand, dies zu tun.

Was ich für meine Gesundheit tun konnte, war sehr beschränkt; gute Ernährung, ausreichend Bewegung, Medikamente für die diagnostizierten Krankheiten nehmen und inneren Frieden mit meiner Situation finden. Ich konnte nicht beeinflussen, ob Krankheiten, die keine kausale Krankheitsursache hatten, auftreten würden oder was für einen Verlauf sie nehmen würden. Diese anfänglich gefühlte Niederlage verwandelte sich mit der Zeit in Demut. Ich verstand, dass der Kampf gegen die Ohnmacht ein Kampf gegen einen Schatten ist, den man nie besiegen kann. Was ich machen konnte, war, Licht in die Situation zu bringen. Der Schatten der Ohnmacht verwandelte sich in diesem Licht in Demut und Dankbarkeit, die Frieden mit sich brachte.

Irgendwann entwickelte ich dann eine Atemnot, der ich mich stellen musste, weil sie leicht Panik auslöste. Es folgten wieder Monate medizinischer Untersuchungen, in denen ich mit drei möglichen Krebsverdachtsdiagnosen und der Möglichkeit einer Lungenerkrankung und der Prognose von höchstens drei Jahren Lebenserwartung konfrontiert war. In dieser Zeit setzte ich mich damit auseinander, dass ich das sechzigste Lebensjahr nicht erreichen würde. Ich entdeckte die Idee in mir, dass der Tod ab einem bestimmten Alter in Ordnung ist, und wenn er früher kommt, eben vorzeitig ist. Ich verstand, dass dies alles ein Ausdruck meiner stolzen Persönlichkeit war, die sogar zu wissen meinte, wann der Zeitpunkt des Todes richtig sei.

Ein tiefer Raum öffnete sich in mir, ein Akzeptieren, dass ich nicht wissen kann oder wissen muss, wo mein Leben hinführt und wann es endet. Eine Akzeptanz, dass ich mich dem Willen des Lebens nur beugen kann, auch wenn es mein Lebensende bedeuten sollte. Ein schwarzer Raum eröffnete sich, der das Selbstgefühl eliminierte. Ich war schon viele kleine Tode gestorben in meinem Leben, was jedes Mal dem Licht erlaubt hatte, sich ein wenig mehr in mir auszubreiten. Diese Erfahrung löste das Missverständnis der Eigenverantwortung, des freien Willens auf.

Ich kann mich nicht unabhängig vom Leben bewegen. Ich bin das Leben. Auch wenn in absehbarer Zeit mein Körper stirbt. Das Leben hat eine bestimmte Spanne – und die ist immer richtig. Egal, wann der Zeitpunkt des Todes ist, so ist dieses Leben. Diese Demut und Hingabe an das Leben eliminiert nicht nur die Idee des freien Willens, sondern auch die Idee des separaten Selbst. Die Selbstbilder fallen weg, aber genauso die Bilder der anderen und das Bild der Welt. Nichts bleibt, außer das Mysterium. Die Leere bringt ein Gefühl des Friedens mit sich und eine Freiheit, die die Dynamik des Lebens zur Entfaltung bringt. Ich empfand große Dankbarkeit, dass meine Krankheit mich in einen Prozess der Klärung geführt hatte, der die

Krücken, auf denen meine Ego-Identität aufgebaut war, ins Wanken gebracht hatte.

Nach dieser Realisierung wurden bei einer medizinischen Untersuchung die Zusammenhänge klar, die zu meiner Atemnot geführt hatten, und es war möglich, durch Medikamente meinen Zustand so zu beeinflussen, dass ich wieder ganz normal leben konnte. Wer weiß, vielleicht kann ich sogar richtig alt werden mit diesem Körper.

Kurz nach diesen Geschehnissen bin ich an einem sonnigen Wintermorgen rausgegangen, um die Sonne auf meiner Haut zu spüren, und um meine Dankbarkeit auszudrücken für die Klarheit, die das Licht der Sonne mir gegeben hat …

UNTERHALTUNG MIT DER SONNE

Ich habe heute die Sonne gesehen.
Ich erfuhr solch tiefe Dankbarkeit für alles, was sie mir gegeben hat: Wärme, Erleuchtung, Leben, Einsicht, Klarheit.
Ich sagte der Sonne: „Danke für alle deine Gaben, ich wäre sicher nicht hier ohne dich. Ich kann nicht getrennt von dir existieren."
Die Sonne antwortete: „Ich danke dir auch, ich wäre auch nicht hier ohne dich."
Ich sagte: „Ach komm, du bist schon so lange hier, ich bin gerade gekommen und werde bald wieder gehen."
Die Sonne sagte: „Das ist nur wahr, wenn du dein Körper bist und wenn du an den Tod glaubst. Weder du bist dein Körper noch bin ich ein Himmelskörper. Deine oder meine Existenz ist nicht abhängig von unseren Körpern. Es ist das Leben, es ist das Licht, welches wir teilen. Mein Leben ist nicht getrennt von deinem Leben. Es ist ein Leben. Es ist das gleiche Licht."

Tränenüberströmt schaute ich hoch zur Sonne und verbeugte mich.

Der siebte Schlüssel: Klarheit und Objektivität

Dunkelheit ist ein Mysterium. Die Natur von Dunkelheit hat Ähnlichkeit mit der Natur von Kälte, von Ignoranz, von Schlaf und von Tod. Man kann die Dunkelheit nicht untersuchen, weil sie nicht da ist. Es ist die Abwesenheit von Licht, genauso wie Kälte die Abwesenheit von Wärme, Ignoranz die Abwesenheit von Bewusstsein, Schlaf die Abwesenheit von Wachsamkeit und Tod die Abwesenheit von Leben ist. Licht, Wärme, Bewusstsein, Wachsamkeit, Leben haben alle Präsenz. Dunkelheit nicht.

Dunkelheit ist eine Nicht-Existenz

Wenn wir verstehen, dass Dunkelheit eine Nicht-Existenz ist, dann wird deutlich, dass es sinnlos wäre, etwas gegen die Dunkelheit zu tun. Wenn du mit Dunkelheit kämpfst, ist es, als würdest du mit einem Schatten kämpfen, du greifst immer ins Leere, weil der Schatten keine Existenz hat. Dunkelheit ist nur da, weil etwas das Licht verhindert. Das Ego ist auch eine Art Schatten, die Ignoranz des Egos ist auch ein Schatten. Sie erscheinen, weil das Licht sich nicht ausbreiten kann. Wenn du mit dem Ego kämpfst, wirst du verlieren. Wie kannst du gegen einen Schatten gewinnen? Und wenn du verlierst, wirst du den Schatten verantwortlich machen, dass er so unglaublich mächtig ist. Der Schatten hat keine Macht. Wenn du so töricht bist, mit einem Schatten zu kämpfen, kannst du nicht gewinnen.

Was du machen kannst, ist Licht hineinbringen. Du brauchst nicht mal die Absicht haben, dass du damit die Dunkelheit beseitigen willst. Wenn du das Licht bringst, wirst du gar keine Dunkelheit mehr vorfinden. Statt dich selbst zu bekämpfen und abzulehnen, kannst du dir einfach die Situation vergegenwärtigen: Du bringst das Licht, und es entsteht Klarheit. Die Dunkelheit brauchst du nicht zu bekämpfen, in der Präsenz des Lichts kann sie sich nicht behaupten.

Die Dunkelheit deines Egos ist eine Art Vergesslichkeit. Die falschen Zufluchten, die wir aufsuchen, wenn wir das innere Zuhause vergessen haben – wie Habsucht, Gewalt, Abgrenzung, Isolation, Betrug, Eifersucht, Neid, Stolz, Trägheit, Hass, Missgunst, Stress – sind alles Schatten. Wenn wir sie bekämpfen wollen, geben wir ihnen Macht über uns. Ignoranz und Vergesslichkeit sind die wahre Dunkelheit. In der Dunkelheit stolperst du herum und eckst überall an. Solange du nicht dich selbst erinnerst, nicht das Licht einlädst, wirst du weiter herumirren. Du kannst nichts gegen den Schatten tun. Du bist absolut ohnmächtig in der Auseinandersetzung mit Dunkelheit. Sie ist nur da, weil dir das Verständnis für diese Situation fehlt. Selbsterkundung und Meditation bringen das Licht zurück, und die Transformation passiert mühelos.

Die Dunkelheit der Ignoranz ist eine innere Dunkelheit. Sie fühlt sich wie ein Mangel an, es fehlt uns etwas, und wir spüren das. Wenn wir aber in der Außenwelt versuchen, diesen Mangel auszugleichen durch Reichtum, durch Wohlstand, Ansehen, Anerkennung etc., bleibt die innere Dunkelheit davon unberührt. Du kannst deine innere Armut nicht durch äußeren Reichtum ausgleichen, ganz im Gegenteil, der Kontrast wird den inneren Mangel noch spürbarer machen.

Die innere Dunkelheit kann nur durch ein Licht, das nach innen scheint, verwandelt werden. Meditation und Selbsterkundung bringen das Licht, so entsteht Klarheit: Nach einer langen Nacht kann die Sonne im Inneren aufgehen.

Objektiv sein mit uns selbst – Zeuge sein

Selbsterkundung ist nicht nur eine Untersuchung von Erfahrungen, die das Selbst macht, es ist zugleich eine Erkundung des Selbst, eine Erkundung von demjenigen, der erfährt. Damit unsere Erkundung objektiv wird, müssen wir uns auch mit unserer Subjektivität auseinandersetzen. Wir bringen Licht und Klarheit in unsere eigenen Positionen und Identifikationen, unsere Vorlieben und Vorurteile, unsere Ziele und Ideale, unsere Limitierungen und Grenzen. Wir lassen uns führen von der Liebe zur Wahrheit und bringen so Licht und Klarheit in unsere eigene Subjektivität. Objektiv sein bedeutet, dass ich mir meine Haltungen und Reaktionen bewusst mache. Ich schaue mit Offenheit und Neugierde und ohne Präferenz nicht nur auf die Erfahrung, die ich mache, sondern auch auf denjenigen, der diese Erfahrung macht.

Anfangs wird es uns nicht leichtfallen, uns selbst mit dieser Objektivität anzuschauen, aber wenn wir „mit dem Herzen schauen", d. h. mit der Liebe zur Wahrheit, dann ist die Seele irgendwann bereit, ihre defensive Haltung aufzugeben, weil sie versteht, dass sie dem Licht der Wahrheit vertrauen kann. Objektivität muss wachsen. Zuerst müssen wir lernen, dass wir uns nicht abzulehnen und zu verurteilen brauchen, dass wir auch nicht festhalten und verteidigen müssen. Wir lernen langsam, immer mehr zu vertrauen, dass es in Ordnung ist, verletzlich zu sein, dass es in Ordnung ist, wenn wir unsere Angst nicht unterdrücken oder überspielen. Wir lernen immer mehr, uns selbst mit Mitgefühl und Freundlichkeit zu begegnen. In dieser Atmosphäre entspannt sich die Seele und sie kann lernen, ihre verteidigende Haltung zu erforschen, statt sich zu verschließen.

Dieser Prozess der wachsenden Objektivität ist es, der für ein Aufklaren am inneren, wolkenverhangenen Himmel sorgt. Die Vorurteile, die Präferenzen, die Ziele und Ideale, die Vorstellungen und Konzepte sind die Wolken. Wenn unsere Objektivität wächst, entstehen immer mehr Lücken zwischen den Wolken. Das erlaubt mehr Licht, Klarheit und Transparenz. Die Schatten der Ignoranz lichten sich. Mit anderen Worten: Selbsterkundung bringt Licht in Situationen, die undurchsichtig sind, die wir nicht verstehen, worüber Verwirrung besteht, wo uns Bewusstsein und Verständnis fehlen, wir können in der Klarheit uns selbst sortieren und das verarbeiten, was wir in der Dunkelheit nicht sehen konnten. Transparenz, Verständnis, Entspannung, Zufriedenheit sind die Folge.

Diese wachsende Objektivität wird in vielen Traditionen „der Zeuge“ genannt. Das Bewusstsein wird oft verglichen mit einem Spiegel[92]: Der Spiegel reflektiert alles, was in ihm erscheint, ohne eine eigene Haltung zu dem, was er reflektiert, zu haben. Der Spiegel bleibt absolut sauber und unberührt von den Bildern, die in ihm auftauchen. Er lehnt nichts ab, er hält nichts fest, er bleibt leer.

Der Spiegel in uns ist aber oft so verschmutzt, dass er gar nicht mehr reflektieren kann. Wir können uns selbst anfangs nicht erkennen in dem inneren Spiegel. Wir brauchen vorübergehend einen Spiegel im Außen, der uns zeigt, wie wir den inneren Spiegel polieren können. Wir brauchen einen Lehrer, eine spirituelle Schule, wir brauchen Weggefährten, wir brauchen Unterweisung. Dies sind alles Hilfsmittel, vorübergehende äußere Spiegel. Dann brauchen wir Praxis.

Wir lernen, langsam zu erkennen, was wir tun, um nicht zu sehen. Wir untersuchen unsere Verdrängungsmechanismen, unsere falschen Zufluchten, unsere Muster, unsere Konzepte und Vorstellungen. Dies alles macht den Spiegel schmutzig. Durch die Praxis lernen wir langsam, wie wir den Spiegel polieren können. Bis wir anfangen, uns selbst in unserem Spiegel zu erkennen. Dann reflektiert der Spiegel das Selbst. Es wird ein Spiegel des Selbstbewusstseins.

Du lernst dich kennen ohne Verurteilung, ohne Ablehnung, ohne Vergleich. Du kannst dich mit Selbstliebe, mit Offenheit, mit Ehrlichkeit, Akzeptanz und Klarheit sehen. Du hast dich selbst in dem Spiegel gefunden, du erkennst deinen Wert. Du bist dein eigener Spiegel geworden. Du bist in deinem inneren Zuhause angekommen.

14|

Die Geschichte vom Edelstein des Bauern

Der achte Schlüssel:
Allem, was lebt, wohnt ein Wert inne

Die Geschichte vom Edelstein des Bauern

Es gab einmal einen Bauern, der ganz unbeschwert und fröhlich lebte, und von allen Menschen geliebt wurde. Er bestellte seine Äcker, er versorgte seine Tiere, er war großzügig und teilte gerne das, was er erwirtschaftet hatte, mit anderen. Er war immer gut gelaunt und erzählte gerne Witze, die andere zum Lachen brachten.

Eines Tages, während er seinen Acker umpflügte, stieß er auf einen großen Stein. Als er ihn genauer betrachtete, stellte er fest, dass es ein großer Edelstein von hohem Wert war. Etwas in seinem Inneren regte sich, dass er bisher so klar nie gespürt hatte. Er nahm einen Kartoffelsack aus Jute und verbarg darin den Edelstein. Ab da fing er an, sich Sorgen zu machen, dass ein Dieb sein Juwel stehlen könnte. Er entschloss sich, niemandem von seinem Fund zu erzählen, nicht mal seiner eigenen Frau.

Seit er den Stein gefunden hatte, vernachlässigte er seine Arbeit, weil er nur noch damit beschäftigt war, wie er den Stein möglichst gut verstecken konnte. Zuerst buddelte er den Stein, versteckt im Kartoffelsack, wieder im Boden ein, und pflanzte einen Brombeerstrauch an die Stelle, der so viele Stacheln hatte, dass kein Dieb auf die Idee kommen würde, den Strauch zu beseitigen, um nach etwas Wertvollem zu graben. Er fand aber dennoch keine Ruhe, und ging jeden Tag argwöhnisch an der Stelle vorbei und kontrollierte, ob alles noch in Ordnung war. Auch nachts fand er keine Ruhe, und träumte davon, wie Diebe in der Nacht heimlich nach seinem Stein suchten. Seine Frau fragte ihn, ob etwas nicht in Ordnung sei, ob er sich vielleicht unwohl fühle. Aber weil er seine Frau nicht in das Geheimnis einweihen wollte, log er sie an und unterstellte ihr, dass sie sich das alles einbildete.

Dann hatte er die Idee, ein neues Haus zu bauen. Er wollte in der Mitte dieses Hauses einen geheimen Raum errichten, von dem nur er wusste, und er wollte das Haus so bauen, dass es einbruchsicher war. Als er seine Frau darüber in Kenntnis setzte, dass er ein neues Haus bauen würde, sagte sie nur: „Aber wir haben doch schon ein Haus.“ Weil er ihr nicht den wahren Grund erklären wollte, entfremdeten sie sich immer mehr voneinander. Sie verlor das Verständnis für ihn und dadurch auch den Zugang zu ihm.

Der Bauer war handwerklich sehr begabt, und weil er die Planung des Hauses und vor allem des geheimen Raumes nicht mit anderen teilen wollte, sah er sich veranlasst, das ganze Haus mit seinen eigenen Händen zu bauen. Dies bedeutete aber, dass er weniger Zeit fand, seiner Landarbeit nachzugehen. Einige Äcker ließ er brachliegen, die Ställe der Tiere wurden seltener ausgemistet, er vergaß manchmal sogar, die Tiere zu füttern. Dies führte dazu, dass er weniger Ertrag von seinem Bauernhof hatte, und wo er früher großzügig gewesen war und gerne geteilt hatte, wurde er jetzt knauserig.

Kurz vor der Fertigstellung des neuen Hauses war seine Ehe so zerrüttet, dass seine Frau entschied, ihn zu verlassen. „Du liebst nur noch dein Haus“, sagte sie und packte die Koffer. Auch seine Freunde wandten sich von ihm ab, zu oft hatte er sich abgesondert, um sein Geheimnis zu hüten, dass die Freundschaften nicht standhielten. So war er, als sein Haus fertig war, ein einsamer Mann geworden. Er entfernte den Brombeerstrauch, buddelte den Stein aus und erfreute sich an diesem großen, prachtvollen Juwel, das er in Händen hielt. Er reinigte ihn und montierte ihn in einem speziell dafür angefertigten Unterbau im geheimen Raum in der Mitte seines neuen Hauses. Die Tür zu dem geheimen Raum war gepanzert und hinter einer Schrankwand verborgen.

Er hoffte, jetzt endlich Ruhe zu finden, und freute sich, wieder mehr Zeit für seinen Hof zu haben. Er stellte aber fest, wie sehr ihm seine

Frau und seine Freunde fehlten. Er war so sehr damit beschäftigt gewesen, sein Juwel zu schützen, dass er den Verlust seiner Frau und seiner Freunde lange nicht wahrgenommen hatte. Jetzt war es, als würde er zum ersten Mal spüren, wie armselig er sich fühlte. Er hatte zwar das größte Juwel im Keller, aber seine Seele fühlte sich arm und unzulänglich an. Er schämte sich dafür, wie er seine Frau verscheucht hatte, er schämte sich für seine Armseligkeit.

Es wurde ihm bewusst, dass er seine Frau und Freunde verloren hatte, weil er sich an einen Stein gebunden hatte. Er spürte, dass es ihm dabei nicht um den Stein ging, sondern um die Bindung selbst. Er stellte fest, dass Bindung nicht das Gleiche ist wie Liebe, dass Bindung eine Haltung von Festhalten ist. Er wollte zwar über die Bindung eins werden mit dem Wert und der Schönheit des Edelsteines, aber die Bindung war zugleich eine Grenze, eine unüberbrückbare Trennungslinie, die in ihm die Angst und die Sorge wachgerufen hatte, den Stein zu verlieren. Er fing an zu verstehen, dass die Bindung verantwortlich war für sein Leid, für seine Armseligkeit. Er träumte nach wie vor davon, dass ein Dieb kommen würde, um seinen Schatz zu stehlen. Was sich aber veränderte, war, dass eine Stimme in ihm sich wünschte, ein Dieb würde kommen und ihn von dem Stein befreien.

Er fing wieder an, Kontakte zu knüpfen, und seine Fröhlichkeit und Leichtigkeit kehrten langsam wieder zurück. So baute er sich einen neuen Freundeskreis auf, und eines Tages tauchte auch eine neue Frau in seinem Leben auf. Seine Scham und Minderwertigkeit verflüchtigten sich. Wenn er jetzt auf die Pracht seines Edelsteins schaute, wusste er, dass dieser Reichtum in ihm selbst war, und er bemerkte, wie sein Festhalten an dem Edelstein sich immer mehr auflöste. So wurde er auch nachlässiger beim Verriegeln seines Hauses, und es passierte sogar, dass er die Panzertür zu seinem geheimen Raum offen ließ.

Was er seit dem Zeitpunkt des Fundes immer befürchtet hatte, wurde eines Tages wahr. Ein Dieb raubte den Edelstein und verschwand damit im Wald. Als der Dieb sich sicher fühlte, dass er nicht gejagt wurde, setzte er sich hin und schaute mit großer Freude auf den wertvollen Stein, den er an sich gerissen hatte.

Groß war aber seine Verwunderung, als er auf den Stein schaute. Denn was er da sah, war das Bild des Bauern, der ihn anblickte. „Ich bin gekommen, um dir zu danken", sagte der Bauer zu dem Dieb. „Du hast mich aus den Ketten der Habsucht befreit. Ich dachte, als ich auf diesen Stein gestoßen bin, jetzt wertvoll zu sein. Jetzt weiß ich, dass mein Selbstwert mir niemals genommen werden kann, und es wird Zeit, dass dieser Stein seinen Weg in der Welt fortsetzt. Ich habe ihn jeden Tag poliert, bis er so schön wurde, dass seine Schönheit nicht mehr zu übertreffen ist. Der Stein, den du in Händen hältst, ist der Stein des Bewusstseins. Seine Schönheit wird nicht größer, wenn du ihn versteckst, und auch nicht, wenn du stolz darauf bist, ihn zu besitzen. Dieser Stein verdient es, von allen Menschen gefunden zu werden. Ich hoffe, dass du einen besseren Umgang mit ihm findest als ich, und dass er auch dir deinen inneren Wert enthüllen kann."

Der achte Schlüssel: Allem, was lebt, wohnt ein Wert inne

Die Suche nach Wert, nach Bedeutung im Leben ist im Wesentlichen die Suche nach dem Selbst. Wenn wir den Weg nach Hause suchen, bedeutet das eine Suche nach dem inneren Wert. Wenn ich ich selbst bin, stellt sich die Frage nach etwas wert sein nicht, ich spüre es unmittelbar. Wie wir gesehen haben, gibt es einen Zeitpunkt in unserer Entwicklung, an dem wir den Zugang zu unserem Selbst verlieren. Man nennt es den Verlust der essenziellen Identität oder den Verlust des höheren Selbst[93].

Wir erfahren dies als einen tiefen Schmerz, der die „narzisstische Wunde" genannt wird. Durch den Verlust der essenziellen Identität verliert das Selbst den Kontakt zur Essenz. Wir identifizieren uns mit einem „falschen" Ego-Selbst, das in seinem Kern leer ist. Der Bruch der Verbindung zur essenziellen Identität und die Identifikation mit dem Ego-Selbst sind eine tiefe Wunde in der Seele. Es ist, als ob der Kern des Selbst herausgerissen wurde. Dieser große Verlust führt zum Verlust des Selbstwertes. Wert ist eine immanente Eigenschaft des Selbst. Wenn wir aber zu dem Kern von dem, was wir sind, keinen Zugang mehr finden, dann fühlt es sich an, als wäre alles, was uns wertvoll macht, verloren. Wir vermissen das Empfinden von Selbstwert, wir fühlen uns minderwertig.

Ego-Identität bedeutet Minderwertigkeitsgefühle

Jedes Ego hat als inneren Kern ein Gefühl von Unzulänglichkeit, ein Empfinden von Mangel. Das Mangel- oder Minderwertigkeitsgefühl ist nicht nur ein Empfinden, dass uns eine bestimmte wesentliche Eigenschaft nicht zur Verfügung steht. Es ist die tiefe Überzeugung, nicht zu genügen, nicht gut genug zu sein. Weil es so grundsätzlich mit der Ego-Identifikation verbunden ist, haben wir den Eindruck, dass es egal ist, was ich habe, tue oder bin: das Gefühl der Minderwertigkeit wird sich behaupten. Es braucht nicht viel, nur eine kritische Haltung, ein wenig Ablehnung – und sofort ist das Gefühl der Kränkung da.

Obwohl jedes Ego per Definition das Gefühl der Minderwertigkeit mit sich bringt, versuchen wir es zu verbergen, als wäre es nur unser Geheimnis, dass wir minderwertig sind. Wir verbergen das Gefühl der Minderwertigkeit vor allem, weil es tiefe Schamgefühle hervorruft. Scham ist die Überzeugung, falsch zu sein. Aus der Perspektive des Egos stimmt das sogar, ich bin falsch, wenn ich mich mit dem falschen Ego identifiziere. Aber aus der Sicht der wahren Natur gibt es niemanden, der falsch ist. Die Scham lässt uns aber glauben, dass andere, wenn sie wüssten, dass wir falsch sind, uns ablehnen würden, weil wir nicht liebeswürdig wären, weil wir keine Liebe verdient hätten.

Wir bauen eine Fassade auf, ein Image, das unsere Minderwertigkeit verdecken soll. Vielleicht reden wir uns ein, mehr wert zu sein als andere. Auch für unsere vermeintliche Überlegenheit finden wir Gründe, die belegen, dass wir tatsächlich besser sind. Wir bemitleiden vielleicht andere, die es nötig haben, sich in der Gesellschaft zu beweisen: die Reichen, die Schönen, die aber innen drin hohl sind.

Wir finden Gründe, warum es gar nicht nötig ist, all das zu erreichen, wozu wir uns nicht im Stande fühlen, und umgehen damit das Gefühl der Unzulänglichkeit. Vielleicht projizieren wir unsere Minderwertigkeit nach außen und werden zu Helfern von den Leuten, die ärmer dran sind. Vielleicht meinen wir, wegen unseres Hintergrunds, der Familie, des sozialen Status, der Herkunft wertvoller zu sein. Vielleicht machen wir es an unserer Ausbildung fest, an unserer Intelligenz, an den Büchern, die wir gelesen haben, an dem, was wir erreicht haben im Leben, an bestimmten Fähigkeiten, die wir haben, an unserem Bankkonto oder an Vermögenswerten, an Leistungen im Sport oder an der Zugehörigkeit zu einer bestimmten Gruppe.

Alle diese Gründe dienen aber nur einem Ziel: dem Verschleiern des unerträglichen Gefühls von Minderwertigkeit. Wenn wir verstehen, dass die Ego-Identifikation der Grund für unsere Empfindung ist, minderwertig zu sein, dann lernen wir, mit der Minderwertigkeit präsent zu sein. Das Ego selbst hat aber einen ganz anderen Umgang damit, es verlangt von uns, dass wir etwas machen. Eines der größten Missverständnisse in Zusammenhang mit Minderwertigkeitsgefühlen ist der Glaube, dass wir unseren Selbstwert durch Leistung steigern. Wenn unser Selbstwert von unserem Leistungsverhalten abhängig ist, dann ist das Gefühl „etwas wert zu sein" von Bedingungen abhängig. Essenzieller Wert ist aber etwas, das aus sich heraus existiert, eine Präsenz, die unabhängig ist von Aktivität, Leistung, und unabhängig vom Verstand.

Essenzieller Wert wird dir geschenkt, du brauchst ihn nicht zu verdienen

Der Mensch lebt in einer essenziellen Welt, aber er ist sich darüber nicht bewusst. Er ist völlig selbstvergessen und fühlt sich minderwertig, ist aber eigentlich Essenz. Und Essenz ist die Präsenz, das Strahlen, die Schönheit der Existenz.

Die Welt ist der Körper Gottes. Die Welt atmet, ist lebendig, und das Leben ist göttlich. Der Baum ist göttlich, der Berg ist göttlich. Die ganze Existenz ist voller Leben. Und du bist auch Teil davon. Das Ganze atmet in dir. Du bist lebendig, weil „das Ganze" in dich hineinatmet. Jede Minute, dein Leben lang. Dein Ego lässt dich immer glauben, dass du es bist, der atmet. Es liegt weder in deiner Macht zu atmen noch kannst du aufhören zu atmen. Das Ganze wird weiter in dir atmen. Das bedeutet, dass du über den Atem mit dem Ganzen verbunden bist. Der Atem ist eine Brücke zwischen dir und der gesamten Existenz, sie macht dich eins mit dem Ganzen.

Alles, was nach deinem ersten Atemzug passiert, bis du stirbst, ist eine göttliche Handlung. Das Ganze lebt in dir. Wenn du meinst, alle diese Handlungen zu tun, lebst du in Unwissenheit. Wenn du das

Atmen als deine Handlung sehen willst, erzeugst du damit dein Ego. Wenn du bewusst wirst, bemerkst du, dass das Ganze in dir atmet und dass du ein „Kanal" bist, ein Instrument für das Ganze, um seine Musik zu spielen.

Das zu verstehen und in all seiner Bedeutung anzuerkennen, ist, was dich zu einem spirituellen Menschen werden lässt. Wenn du in dem Bewusstsein lebst, dass du nichts bist als ein Raum, worin das Ganze sich manifestieren kann, wird deine ganze Lebensqualität sich ändern.

Dann wirst du spüren, dass dir mit jedem Atemzug gezeigt wird, dass du wertvoll bist. Du brauchst nichts zu leisten, um Wert zu haben, Wert ist ein Geschenk, es ist ein unverdientes Geschenk, es kommt einfach so. Du kannst dieses Geschenk in Dankbarkeit und Demut annehmen. Es wird dir aber nicht aufgezwungen. Du hast die Freiheit es anzunehmen, anzuerkennen, zu leben – oder es abzulehnen, dich kleinzuhalten, zu kämpfen, zu kollabieren etc. Die Existenz zeigt sich in dir auf eine einzigartige Weise.

Wenn du wirklich bereit bist anzunehmen, dass du wertvoll bist, dass du liebenswürdig, kostbar, wundervoll bist, kannst du nicht mehr glauben, dass du oder jemand anderes minderwertig sei. Das Wissen, dass deine innerste Eigenschaft Wert ist, eliminiert das Minderwertigkeitsgefühl. Es ist nicht nur eine Wahrnehmung, es durchflutet deine ganze Erfahrung mit Süße, Freude, Leichtigkeit, Glückseligkeit und Ekstase. Eine strahlende Herrlichkeit wie die aufgehende Sonne.

15

Die Geschichte von der weißen Wolke

Der neunte Schlüssel:
Das Bewusstsein, dass alles im Wandel ist

Die Geschichte von der weißen Wolke

Der Ozean war spiegelglatt, kein Lüftchen wehte. Die Sonne spiegelte sich im Wasser, obwohl weder die Sonne die Absicht hatte, reflektiert zu werden, noch der Ozean etwas tat, um ihr Spiegelbild wiederzugeben. Die Sonne brannte vom Himmel herab, und so verdunstete das Meereswasser und es entstand ein Aufwind: eine große, weiße Quellwolke war geboren. Weder die Sonne noch der Ozean, der Wind oder die Wolke hatten einen Verstand. Trotzdem geschah all das in tiefer Harmonie.

Die Wolke hatte weder ein Zuhause noch eine Bestimmung oder eine Absicht, wo sie hinwollte. Willig ließ sie zu, dass der Wind ihre Form veränderte. Er bewegte sie mal hierhin, mal dorthin, unentwegt veränderte er ihre Richtung. Sie tanzte mit dem Wind und sie ließ sich führen. Wenn eine Wolke keinen eigenen Willen hatte, wie sollte man da zwischen der Wolke und dem Wind unterscheiden? Wo war ihre Grenze? Der Wind und die Wolke waren eins.

So wehte der Wind sie irgendwann über das Land und sie sah, dass die Welt außer dem Ozean noch viel mehr zu bieten hatte. Sie sah Wälder und Flüsse und Wüsten und Berge, sie sah Städte und Seen. Sie traf auf andere Wolken und kam ihnen so nah, dass sie miteinander verschmolzen und gemeinsam weiterflogen.

Eines Tages begegnete sie einer Kaltfront und sie fühlte, wie ihre Luft sich abkühlte und sie kurz davor war, sich in einen Wolkenbruch zu entwickeln. Sie veränderte ihre Farbe, jetzt war sie keine weiße Wolke mehr, sie wirkte dunkel, sie verdeckte das Sonnenlicht, und die Landschaft unter ihr wurde verdunkelt. Trotz ihrer Verwandlung entlud sie sich nicht, weil der Wind kam und sie wieder in wärmere Bereiche führte. Es war ein Steigwind, er bewegte sie hoch über das Land. Jetzt hatte sie die Gestalt einer Federwolke. So wurde sie von dem Wind zum höchsten Berge des Himalaja geführt.

Auf dem Berg saß ein Mönch, ganz alleine. Er meditierte über die weißen Wolken, die am Himmel vorbeizogen, er glaubte mit den weißen Wolken zu verschmelzen. Er war auch eine weiße Wolke. Ohne Gedanken, ohne Plan, ohne Ziel, alles, was geschah, nahm er in tiefster Dankbarkeit als seine Bestimmung an. Er hatte kein Ziel, weil er dem Verstand gegenüber eine Gleichgültigkeit entwickelt hatte, er war ohne Absicht, ohne Präferenz.

Der Mönch sah, wie diese Wolke vom Wind an der Steigung des Berges entlang in immer kältere Luftmassen gedrängt wurde. Er sprach der Wolke zu: „Bald wirst du verschwinden, so wie du bist, kannst du nicht bleiben, du wirst dich verwandeln, du wirst zusammenbrechen und deine Form wird sich verwandeln, sodass niemand dich noch Wolke nennen wird. Deine Essenz wird aber erhalten bleiben, nur deine Form wird sich ändern, zuerst wirst du zu Schnee werden oder zu Regen und dann wirst du ein Strom werden, der von hier oben bis ganz an den Ozean reichen wird."

In diesem Moment fielen Schneeflocken herab. Es war, als würde die Wolke weinen, aber es waren Tränen der Dankbarkeit, segnende Tränen. Die Wolke hatte sich verwandelt, sie löste sich auf und wurde ein Strom, der sich auf die Vereinigung mit dem Ozean zubewegte.

Das Leben ist wunderbar, in allen Formen, in den Wolken, im Regen, im Strom, im Ozean, in den Menschen, die an dem Wunder teilhaben, im Tag, in der Nacht – und dazu braucht es nicht den Verstand.

Der neunte Schlüssel: Das Bewusstsein, dass alles im Wandel ist

Wir sind jeden Moment neu. Bewegung, Veränderung und Dynamik sind die Grundlagen der Existenz. Üblicherweise betrachten wir die Existenz als separate Objekte und Phänomene, die auf eine bestimmte Art definiert sind. Aber wenn wir genauer hinschauen, dann sehen wir, dass alles, was wir als Objekte beschreiben, immer in Bewegung ist. Sogar vermeintlich solide Gegenstände wie etwa die Berge im Himalaya bewegen sich, verwandeln sich, werden durch verschiedene Kräfte geformt, und sie sind immer in Bewegung, im Wandel.

Es gibt keine Dinge, alles fließt

In Wirklichkeit gibt es keine getrennten Objekte. Es ist die Bedeutung, die wir mit den vermeintlichen Objekten verbinden. Dieser Vorgang, Objekten eine Bedeutung zuzuweisen, wird „Verdinglichung" genannt. Es ist die Angewohnheit des Egos, Dinge zu benennen, und sie damit festzulegen. Der dynamische Aspekt der wahren Natur ist aber unbegrenzt. Zum Beispiel hat der menschliche Körper eine beschränkte Lebensdauer, das Leben aber nicht. Das Leben ist vorübergehend in der Form eines Körpers, geht aber in einer anderen Form weiter, wenn der Körper stirbt.

Bekannt ist die Aussage des griechischen Philosophen Heraklit von Ephesos (520-460 v. Chr.), dass alles fließt. Er vergleicht die Existenz mit einem Fluss:

> Wir steigen in den selben Fluss und tun es doch nicht.
> Niemand kann zweimal in den selben Fluss steigen.
> Alles fließt, nichts ruht.

Alles vergeht, nichts ist dauerhaft.
Kaltes wird warm, Warmes wird kalt.
Feuchtes trocknet, und Trockenes wird feucht.
Durch Krankheit wird Gesundheit schön;
durch das Schlechte wird das Gute gut;
durch Hunger: Sättigung,
durch Mühe: Schlaf.
Lebendig oder tot sein,
Schlafend oder wach, jung oder alt – alles ist eins.
Das eine schlägt jeweils in das andere um, und umgekehrt –
mit einer schnellen, unverhofften Wendung.
Erst werden die Dinge auseinandergesprengt, dann wieder zusammengefügt.
Alles kommt zu seiner Zeit[94].

Heraklit hat eine non-duale Perspektive. Er sieht die Einheit hinter den Gegensätzen, die er die „verborgene Harmonie" nennt, und er übersteigt damit die Betrachtung der Existenz als eine Welt aus Objekten. Er beobachtet aber auch, dass der Mensch, auch wenn er diese Wahrheit gehört hat, sich weiter verhält, als wäre die Welt der Dinge die wahre Realität. Sein Wort für die ultimative Wahrheit ist *Logos*, was Laotse als *Dao* bezeichnet hat. Heraklit sagt:

Obwohl der Logos ewig gilt, kann der Mensch ihn nicht verstehen –
nicht nur, bevor er ihn vernimmt, sondern auch,
nachdem er ihn vernommen hat.
Wir sollten uns nach dem richten, was für alle gemeinsam gilt.
Obwohl der Logos für alle gilt, leben die meisten so,
als besäße jeder eine Privatintelligenz für sich.
Die menschliche Natur ist nur begrenzt intelligent.
Die göttliche Natur aber versteht alles[95].

Aus der Ego-Perspektive und durch den Verstand (er nennt dies zutreffend Privatintelligenz) betrachtet, kann man den *Logos* nicht verstehen. Es ist keine Frage, ob man die Wahrheit gehört hat, sondern ob man die Wahrheit erleben kann. Das setzt voraus, dass man eine gewisse Reife hat, es ist eine Frage des inneren Wachstums. Ohne Meditationspraxis wird man diese Wahrheit nicht erleben können. Wie Heraklit sagt: Die menschliche Natur ist nur begrenzt intelligent. Die göttliche Natur aber versteht alles.

Verdinglichung ist die Basis für Identifikation

Wir müssen zuerst verstehen, dass das Ego sich nur behaupten kann, wenn es Objekte als Dinge betrachtet. Es kann nicht anders, als seine Erfahrung zu verdinglichen, so formt der Verstand aus der Erfahrung Konzepte, die diese vermeintlichen Dinge, diese Objekte beschreiben. Die Konzepte sind mentale Konstrukte, die wir aber behandeln, als wären sie wahr, als wäre das die Realität. Der Verstand kann nicht begreifen, dass dies mentale Konstrukte sind. Nur in Meditation und Selbsterkundung kann die Präsenz, die göttliche Natur, diese Konstrukte bloßstellen als das, was sie sind. Wenn wir sehen, was sie sind, können wir sie durchschauen und loslassen.

Verdinglichung ist aber nicht die ganze Hürde, die unser Erleben des Logos beschwert. Das Ego ist angewiesen auf Verdinglichung, weil es die Grundlage für die Identifikation bildet. Identifikation bedeutet, dass ich ein verdinglichtes Konzept, ein Bild benutze, um mich zu definieren, um so ein Selbstgefühl zu schaffen. Ohne Verdinglichung ist Identifikation nicht möglich. Wenn wir mehr geübt sind in Meditation, dann sind wir eher imstande, Bewusstsein in unsere Identifikationen zu lenken.

Identifikation bedeutet Fixierung

Identifikation impliziert, die Dinge unverändert zu halten. Sie verhindert Veränderung. Veränderungen sind eine Herausforderung für das

Ego, es möchte Stabilität, Konstanz und wehrt sich dagegen. Weil es auf inneren Strukturen beruht, mit der es sich identifiziert hat, bringt es eine gewisse Unbeweglichkeit, eine Fixierung mit sich. Wir wiederholen die Muster, die wir kennen, so begrenzen wir unsere Freiheit und blockieren unsere Entfaltung.

Das Ego will uns glauben lassen, dass wir diese gefestigten Strukturen für ein Gefühl der Identität brauchen, es orientiert sich an dem, was es meint zu kennen, und lässt uns glauben, dass wir ohne diese Orientierung nicht zurechtkämen im Leben. Es vermittelt den Eindruck, ohne das Bekannte unselbstständig zu sein, wie ein Kind, das verloren, ängstlich und unsicher ist. Das Ego-Selbst ist eine Begrenzung des Bewusstseins, das sich an die Welt der Konzepte klammert.

Meditation als Öffnung zur verborgenen Harmonie

Meditation vermittelt hingegen eine völlig andere Perspektive. Sie eröffnet das Bewusstsein. Sie bietet die Möglichkeit für Verständnis, für das Sehen der Wahrheit. Die Realität ist mysteriös, wir können sie nicht mit Worten, mit Konzepten greifen oder begreifen. Nur die direkte Wahrnehmung der Realität im Jetzt erlaubt uns, an der Realität teilzuhaben. Sie ist die Einheit hinter den Gegensätzen, die verborgene Harmonie.

Die essenzielle Natur macht diese verborgene Harmonie aus. Wenn wir erkennen, dass das Licht der wahren Natur das Medium ist, das immer in Bewegung ist und neue Formen annimmt, erlaubt es uns, Konzepte loszulassen. Weil wir die Essenz meist übersehen, entsteht der Eindruck separater Objekte, die sich in der Zeit bewegen. Die wahre Natur ist eine dynamische Präsenz, die immer ihr Potenzial offenbart. Wir brauchen unsere Identität nicht festzuhalten, um zu sein, was wir sind. Wenn wir die Definitionen von uns selbst loslassen, entsteht wieder Freiheit, Raum für Veränderung. Wir werden zu einer Präsenz, die fließt und an der Dynamik des Lebens teilhaben kann. Wir sind die weiße Wolke[96]. Wir sind der Wind. Wir gelangen an die

Quelle der Weisheit, an das reine Bewusstsein, das pure Licht unserer Essenz, wo der urteilende Verstand sich in Staunen auflösen kann. Angesichts dieses Wunders erlauben wir uns, völlig in diesem Mysterium zu verschwinden.

16|

Die Geschichte von Yasue und ihrem Ojiisan

Der zehnte Schlüssel:
Das Gewahrsein des grenzenlosen Einsseins

Die Geschichte von Yasue und ihrem Ojiisan

Yasue wuchs in einem Waisenheim in Japan auf. An ihre Eltern hatte sie nur undeutliche Erinnerungen, da diese bei einem Autounfall ums Leben gekommen waren, als Yasue noch sehr klein war. Was Yasue aber noch gut wusste, war, dass ihre Eltern immer viel miteinander gestritten hatten. Sie argumentierten über Nichtigkeiten, und die kleine Yasue hatte nicht begreifen können, dass ihre Eltern wirklich an all das glaubten, was sie dachten und sagten.

Ihr Großvater war schon immer anders gewesen. Er lebte in der Tradition des Zen und schien nicht so viel zu denken. Mit ihm konnte Yasue lachen. Obwohl er schon sehr alt war, verhielt er sich eher wie ein Kind. Er staunte über die einfachsten Dinge im Leben. Er konnte sich an allem freuen, als würde er es zum ersten Mal sehen. Er erzählte lustige Geschichten. Er war am Schönen im Leben interessiert. Sie nannte ihn ihren Ojiisan. Yasue liebte ihn, sie war seine einzige Enkelin, und sie fühlte sich auch von ihrem Ojiisan geliebt.

Als Yasue zur jungen Frau gereift war und selbst schon eine Familie hatte, ereilte sie eines Tages die Nachricht vom Tode ihres Großvaters. Yasue war sehr berührt. Wie jeden Morgen hatte er sich auch an seinem letzten Lebenstag auf die Engawa, die Veranda seiner Wohnung gesetzt und meditiert. In der Abenddämmerung fand man seinen Körper, immer noch sitzend, jetzt aber nicht mehr atmend.
Sie ging zu seiner Wohnung, weil sie als einzige Erbin die Verantwortung hatte, die Trauerrituale und die Bestattung zu organisieren und seine Besitztümer zu verwalten. Er wurde in der Wohnung in einem weißen Totengewand gekleidet aufgebahrt. Viel Besitz hatte Ojiisan ihr nicht vermacht. Aber was sie besonders rührte, war ein

Brief, den er ihr geschrieben hatte. „Meine liebe Yasue, wenn du diese Worte von mir liest, werde ich nicht mehr hier sein, um dich zu umarmen. Ich möchte aber, dass du weißt, dass dein Ojiisan dich immer geliebt hat. Ich werde dir nicht viele Besitztümer hinterlassen, aber ich möchte dir etwas geben, wofür ich mein ganzes Leben geopfert habe. Die Essenz meiner Suche. Ich habe sie für dich in dieser Miso-Schale verpackt und mit dem Deckel zugemacht, damit sie da drin erhalten bleibt. Und ich hoffe, dass du mir versprechen kannst, niemals, unter keinen Umständen, den Deckel von der Schale zu entfernen. So wird die Essenz meiner Suche weiterleben. Wenn du dich verloren fühlst und nicht mehr weiterweißt, kannst du diese Schale in die Hände nehmen und einen Moment innehalten, dann wird dein Ojiisan dich vielleicht an die Hand nehmen, und wir schauen gemeinsam, wo es dich hinführt. Ich wünsche dir, dass du das Leben, das noch vor dir liegt, annehmen kannst mit allem, was es bereitstellt. In Liebe, dein Ojiisan."

Da weinte Yasue. Es waren Tränen des Verlustes, aber auch Tränen der Freude und Tränen der Liebe, und sie fühlte sich durch diese Miso-Schale so beschenkt, als hätte sie Millionen geerbt. Die Schale wurde ein steter Begleiter in ihrem Leben. Sie vermittelte ihr, dass es im Leben Momente braucht, in denen es angebracht ist, auszusteigen. So erbte sie mit der Schale die Meditationspraxis ihres Ojiisans. Es war eine große Unterstützung in der Auseinandersetzung mit ihrem Ehemann Kisho, der sehr rational war. Kisho verhielt sich ähnlich wie der Vater von Yasue. Er konnte so mit seinen Gedanken und Konzepten überzeugen, dass Yasue manchmal nicht mehr wusste, was sie selbst wollte. Dann half es ihr, sich hinzusetzen und in der Stille ihres inneren Raumes zu verweilen. Sie konnte dann wieder ganz gestärkt in die Begegnung mit Kisho gehen, und weil sie keinen Anlass bot, sich mit ihm zu streiten, war es möglich, sich auf der Herzensebene und auf Augenhöhe zu treffen. Auch in den anderen Fragen des Lebens, beim Umgang mit ihren Kindern, mit ihrer Arbeit und ihrer Gesundheit, fühlte sie die Führung von Ojiisan.

Kisho hatte keine Erfahrung mit Meditation. Er betrachtete es als unnütze Zeitverschwendung. Yasue vermied es, mit ihm über Ojiisan oder über Meditation zu sprechen, weil das immer wieder Konfliktstoff zwischen ihnen bot. Sie hatte ihm aber vor längerer Zeit, nachdem Ojiisan gestorben war, erzählt, dass er ihr die Miso-Schale mit dem Deckel geschenkt habe, in der er die Essenz seiner Suche aufbewahrt habe, und dass er sie gebeten habe, unter keinen Umständen den Deckel von der Schale zu entfernen. In einem erneuten Streit sprach Kisho sehr zynisch über die Meditation und auch über Ojiisan, und er sagte: „Was kann schon in so einer kleinen Miso-Schale sein, dass es so einen unglaublichen Wert haben soll. Dein Ojiisan ist ein Versager gewesen. Statt dass er zu seinem Versagen steht und sich bei dir entschuldigt, dass er dir nichts zu vererben hatte, gibt er dir diese Schale und verbietet dir reinzuschauen, weil da wahrscheinlich gar nichts drin ist.“ In dem Moment hob Kisho den Deckel der Miso-Schale und sagte: „Siehst du, wie ich gesagt habe, es ist nichts in der Schale! Dein Ojiisan ist ein Scharlatan.“

Da konnte Yasue nicht mehr an sich halten, sie stieß einen hohen, schrillen Schrei aus, fuchtelte mit ihren Armen herum, und konnte nicht mehr aufhören zu schreien, bis sie zu Boden sackte und nur noch schluchzte. Kisho verließ den Raum, weil er mit Emotionen nicht umgehen konnte, und Yasue war es recht, dass er weg war. Sie entschied, nie wieder mit ihm zu sprechen, sie konnte nicht mehr mit ihm leben. Die Entscheidung, ihn zu verlassen, gab ihr wieder eine gewisse Kraft zurück, sie deckte die Miso-Schale wieder zu, sie wusste nicht, was jetzt mit der Essenz von Ojiisans Suche passiert war. War sie noch da oder war sie verflogen? Sie wusste es nicht, das Einzige, was sie wusste, war, dass ihre Ehe zu Kisho vorbei war.

Viele Jahre später war Yasue selbst Großmutter geworden. Sie hatte einen kleinen Enkel, der Yuuto hieß. Sie liebte ihren Enkel sehr, und Yuuto liebte seine Obâsan, wie er Yasue nannte. Jetzt war sie es, die jeden Morgen auf ihrer Engawa, ihrer Veranda meditierte. Sie hatte die Angewohnheit, vor der Meditation einen Tee zu trinken, und sie liebte es, wenn die Strahlen der Morgensonne sich in ihrer alten Teeschale spiegelten. An diesem Morgen spürte sie, wie ihr Kleid feucht geworden war, ihre Teeschale hatte einen Sprung bekommen, und als sie in ihre Schale schaute, kam ihr der Gedanke: Es ist nichts in der Schale! Sie spürte wie ein Schauer ihr über den Rücken lief. Es ist nichts in der Schale, das war es, was Kisho ihr damals gesagt hatte, als er vor vielen Jahren den Deckel von Ojiisans Miso-Schale gehoben hatte. Plötzlich verstand sie die wahre Botschaft Ojiisans. Statt dass nichts in der Schale war, war das Nichts in der Schale, die Essenz von Ojiisans Suche. Kisho hatte den Ojiisan verurteilt, weil er meinte, dass er nichts gefunden hätte in seinem Leben. Sie wusste, dass Ojiisan sehr wohl etwas gefunden hatte, er war ein so erfüllter Mensch, er war bei sich angekommen, er hatte das Nichts gefunden, die Einsicht, dass alles, was eine Form hat, zugleich leer ist, ein Nichts.

Yasue schloss die Augen, sie löste sich im Nichts auf, und das Nichts löste sich in Yasue auf. Es herrschte eine unendliche Stille in ihr, die keinen Anlass bot, sich in Bewegung zu setzen, bis sie plötzlich den kleinen Körper Yuutos verspürte, der sich auf ihrem Schoß breitmachte. „Obâsan!“, rief er, und umarmte sie mit seinen kleinen Armen. Sie spürte, wie eine Träne an ihrer Wange herunterkullerte, und drückte Yuuto ganz fest. „Yuuto, mein lieber Yuuto, du bist ein Wunderkind“, sagte sie.

Der zehnte Schlüssel: Das Gewahrsein des grenzenlosen Einsseins

Das Ego sucht Solidität, weil es auf Sand gebaut ist

Das deutsche Wort „begreifen“, beinhaltet das Wort „greifen“. Alle verschiedenen Formen, wie der Verstand aktiv sein kann – das Benennen, Verdinglichen, Konzeptionieren, Identifizieren, Reagieren, Festhalten, Zurückweisen etc. – sind Versuche, etwas greifbar, die Erfahrung konkret, solide zu machen. In der Welt der Dinge ist das Solide gut möglich, weil physische Objekte greifbar sind. In der spirituellen Welt stößt der Verstand dabei an seine Grenzen. Das Formlose ist nicht greifbar[97].

Die Tendenz zu konkretisieren ist aber sehr tief verwurzelt, es ist die Grundlage für das Ego-Selbst. Das Ego sucht überall nach Solidität, es glaubt, dass es nur funktionieren und agieren kann, wenn es sich an etwas Konkretem orientieren kann. Es versucht sogar, die wahre Natur zu verdinglichen oder das Nichts in ein solides Objekt zu verwandeln. Das Ego-Selbst versucht sich dabei zu wahren und zu sichern, es sucht etwas Konkretes, etwas Solides, was es unterstützt. Es sucht krampfhaft nach einer Position, weil es eigentlich auf Sand gebaut ist und befürchtet, ohne Boden in einem tiefen Loch zu verschwinden.

Leere ist ungreifbar

Nicht-Tun ist eine Praxis, die uns erlaubt, diese Tendenz zu durchschauen. Wenn der Verstand ruht und der Inhalt des Verstandes nicht erneut gefüllt wird, dann ist es still. Der Raum öffnet sich. Buddha beschreibt den Raum als *Shunyata*[98], Leere, Nichts. Nur das Nichts kann wirken in der Welt der Wahrheit. Gedanken stören die Wahrheit, sie wirken nicht in der inneren Welt. Gedanken können dir gegeben werden, Gefühle können dir vermittelt werden. Leere kannst du nicht bekommen, sie ist schon da, sie ist, was du bist. Wir können Leere wahrnehmen, aber Leere bleibt unfassbar für den Verstand. Wir können kein Konzept aus der Leere machen, das die Leere adäquat beschreibt. Sie ist kein Objekt. Es gibt keine Begegnung zwischen Leere und Gedanken.

Einsicht ist keine Folge von Gedankengängen. Sie ist das unmittelbare Wissen, was in der Leere passiert. Das Bewusstsein braucht keine Worte, keine Konzepte, keine Gedanken, aber der Verstand ist abhängig von Gedanken und Konzepten. Einsicht kann in Gedanken ausgedrückt werden, aber sie kommen aus der Leere.

Die Angst vor dem schwarzen Loch

Das Ego-Selbst fürchtet nichts so sehr wie die Leere, es hat Angst zu fallen, Angst vor dem „schwarzen Loch". Durch das Festhalten an dem, was konkret, solide ist, versucht es, eine Rechtfertigung seiner Existenz zu bekommen. Das Ego-Selbst versucht verzweifelt, sich als ein „Etwas" mit einer gewissen Festigkeit zu definieren, um nicht in das schwarze Loch gesaugt zu werden.

Die wahre Natur ist nicht substanziell, sie ist immer im Wandel, sie existiert so wie Licht existiert, ohne Körper, sie ist transparent, durchlässig, im Wesentlichen ist sie eine Nicht-Existenz, eine Abwesenheit. Sicher hat sie eine Präsenz, aber keine physische Realität. Das Ego ist es so gewohnt, sich in der physischen Welt zu orientieren, dass es die Existenz des Nicht-Substanziellen völlig übersieht. Obwohl das Ego versucht, durch Verdinglichung dem schwarzen Loch zu entkommen, können wir das Loch nicht vermeiden, es ist immer da, es ist die Nicht-Existenz selbst.

Wenn wir aufhören, uns gegen die Wahrheit zu wehren, wenn wir uns entspannen und einen Raum von Nicht-Tun finden, dann werden wir an die Wahrheit der Leere herangeführt. Wir sehen, dass es keinen festen Boden gibt, dass alle Formen der Welt vergänglich sind, wie Hologramme ohne Substanz oder wie Projektionen auf einer Leinwand. Wir sehen, dass wir Erscheinungen sind, die dadurch, dass sie gekommen sind, ihren Abschied schon ankündigen. Die Spaltung von Form und Leere beruht auf der Aktivität des Verstandes. Auch wenn der Verstand es nicht verstehen kann, entdecken wir, dass wir hier sind, obwohl wir nicht hier sind.

Verstand, Meditation und Samadhi

Wir können verschiedene Stufen von Bewusstsein unterscheiden. Die erste Stufe ist, was wir normalerweise den Verstand nennen oder den urteilenden Verstand oder den konzipierenden Verstand. Ein Bewusstsein, das gefüllt ist mit: Gedanken, Gefühle, Reaktionen, Konzepte, Abwehrmechanismen, Präferenzen, Meinungen, Erwartungen, Vorstellungen, Ziele, Ideale, Urteile, Vermeidungshaltungen, Ambitionen, Verlangen, Abhängigkeiten, Illusionen, Projektionen etc.

Die zweite Stufe nennen wir Meditation, *Dhyana*[99] oder „Zeuge sein", *Sakshi* oder „ruhiges Verweilen", *Shamata.* Ein Zustand des Bewusstseins ohne Inhalt. Du bist wach, aber die Gedanken und Inhalte deines Bewusstseins interessieren dich nicht. Du bist anwesend im Moment, du spürst das Bewusstsein, aber deine Aufmerksamkeit hat sich von den Inhalten deines Bewusstseins gelöst.

Meditation ist das Bewusstsein, dass ich nicht der Verstand bin, dass der Verstand ein unnatürlicher Zustand ist. Die Abwesenheit des Verstandes ruft eine gewisse Art von Unschuld hervor, eine Ursprünglichkeit, etwas, das mal der natürliche Zustand war, aber in Vergessenheit geraten ist.

Die dritte Stufe wird in Indien *Samadhi*[100] genannt – Bewusstsein ohne Inhalt und ohne Beobachter. Mit dem Verstand hat sich auch das Ego-Selbst aufgelöst, es ist keiner mehr da, der die Erfahrung beobachtet, es ist auch keine Erfahrung mehr da. Das Bewusstsein ist sich selbst bewusst. Der Kreis ist vollständig.

Du bist im inneren Zuhause angekommen, hast das Haus Gottes erreicht, obwohl weder du noch Gott zu Hause sind. Das Haus ist leer. Gott und du sind Konzepte, die keine Bedeutung mehr haben. Buddha nennt diese Stufe *Shunyata*, Leere. Nur wenn du Nichts bist, bist du wirklich du selbst. Das ist die Erfahrung – hier. Der Verstand kann das nicht verstehen.

Hier begegnen sich alle gegensätzlichen Polaritäten, hier ist das Ende der Dualität, Form ist Leere und Leere ist Form. Gegensätze sind nur augenscheinlich vorhanden. Alles ist in seiner Tiefe leer. Diese Wahrheit braucht keine Maßnahmen, wir haben kein Einfluss darauf. Wir können die Wahrheit nicht beugen. Wenn es keinen Boden gibt, der uns letztendlich hält, dann können wir auch nicht verloren gehen.

Wenn wir das wirklich in der Tiefe begreifen, dann vertrauen wir, wir entspannen uns, sind transformiert, weil das Ich auf Nichts aufgebaut ist, die Erkenntnis der Leere entzieht dem falschen Ich den Boden, es löst sich im Nichts auf.

Literaturverzeichnis

Kapitel 1

1. *Vgl.: Almaas, A. H. Essence. The Diamond Approach to Inner Realization.*
   Brach, Tara. True Refuge. Finding Peace and Freedom in your own Awakened Heart.
   Almaas, A. H. The Unfolding Now. Realizing Your True Nature Through the Practice of Presence.
2. *Osho. Vigyan Bhairav Tantra. The Book of the Secrets. A new Commentary*
3. *Kornfield, Jack. The Wise Heart. A Guide to the Universal Teachings of Buddhist Psychology.*
4. *Almaas, A. H. Essence: The Diamond Approach to Inner Realization.*
5. *Vgl.: Russell, Bertrand. History of Western Philosophy.*
6. *Vgl.: Abhayananda, Swami. History of Mysticism. The Unchanging Testament.*
   Worthington, Vivian. A History of Yoga.
   Prabhavananda, Swami. The Spiritual Heritage of India.
7. *Vgl.: Reiter, Peter. Geh den Weg der Mystiker. Meister Eckharts Lehren für die spirituelle Praxis im Alltag.*
   Shah, Idries. The Sufis.
8. *Vgl.: Watts, Alan. The Way of Zen.*
   Kornfield, Jack. The Wise Heart. A Guide to the Universal Teachings of Buddhist Psychology.
   Dalai Lama. Einführung in den Buddhismus. Die Harvard Vorlesungen.
   Osho. The Dhammapada, Vol. 1-12. The Way of the Buddha. This is the Path to the Ultimate Truth.
9. *Almaas, A. H. Essence. The Diamond Approach to Inner Realization.*
   Almaas, A. H. Diamond Heart Book One. Elements of the Real in Man.
10. *Almaas, A. H. The Void: A Psychodynamic Investigation of the Relationship between Mind and Space.*
    Meyer, Wali, Bilal Hyde, Faisal Muqaddam, Shabda Kahn. Physicians of the Heart. A Sufi View of the Ninety-Nine Names of Allah.

Kapitel 2

12. *Vgl.: Osho. The Rebel.*
13. *Vgl.: Thich Nhat Hanh. Wie Siddharta zum Buddha wurde. Eine Einführung in den Buddhismus.*
14. *Vgl:. Russell, Bertrand. History of Western Philosophy.*
15. *Lutyens, Mary. Krishnamurti. The Years of Awakenin*
16. *Joshi, Vasant. The Awakened One: The Life and Work of Bhagwan Shree Rajneesh.*
17. *Davis, John. The Diamond Approach. An Introduction to the Teachings of A. H. Almaas.*

Johnson, Karen. The Jeweled Path. The Biography of the Diamond Approach To Inner Realization.

18. *Der Dalai Lama sagt hier, dass der tibetisch eBuddhismus keine Erfindung der Tibeter sei, es stamme aus der Tradition von Nalanda: Gyatso, Tenzin The XIVth Dalai Lama. Meditation on the Nature of Mind.*

19. *Vgl.: Watts, Alan. The Way of Zen.*

    Reps, Paul (ed.). Zen Flesh, Zen Bones.

    Merzel, Dennis Genpo. The Path of the Human Being. Zen Teachings on the Bodhisattva Way.

    Merzel, Dennis Genpo. Big Mind. Big Heart. Finding Your Way.

    Osho. Auf der Suche „Über die 10 Stiere des Zen".

20. *John Lennon/Plastic Ono Band. God. From the Album John Lennon/Plastic Ono Band.*

21. *Vgl.: Shah, Idries. The Sufis.*

    Shah, Idries. The Way of the Sufi. An Anthology of Writings about Sufis and their Work.

    Osho. Sufis: the People of the Path Vol. I&II.

    Osho. The Secret. Discourses on Sufusm.

22. *Robert and Jane Hirshfield. Mirabai: Ecstatic Poems.*

23. *Ramakrishna, Sri. Tales and Parables of Sri Ramakrishna.*

24. *Vgl.: Bhattacharya, Deben (Translator). The Mirror of the Sky. Songs of the Bauls of Bengal.*

    Osho. The Beloved Vol. I&II. Songs of the Baul Mystics.

25. *Kabir. Poems of Kabir.*

    Osho, The Guest. Talks on Kabir.

26. *Lalla. Naked Song.*

27. *Meister Eckhart. Die deutschen und lateinischen Werke.*

    Meister Eckhart. Predigten und Traktate.

    Reiter, Peter. Geh den Weg der Mystiker. Meister Eckharts Lehren für die spirituelle Praxis im Alltag.

28. *Osho. Theologica Mystica.*

29. *Vgl.: Brach, Tara. True Refuge. Finding Peace and Freedom in your own Awakened Heart.*

30. *Vgl.: Abhayananda, Swami. History of Mysticism. The Unchanging Testament.*

    Flood, Gavin D. An Introduction to Hinduism.

31. *Smith, Margaret. Rabi'a von Basra: »Oh, mein Herr, Du genügst mir!« Heilige Frauen im Islam.*

32. *Vgl.: Feuerstein, Georg. Tantra. The Path of Ecstacy.*

33. *Osho. Die O Yogi Die. Talks on the Great Tantra Master, Gorakh.*

34. *Osho. Die Tantrische Vision, Wie die Liebe uns verändert.*

35. *Vgl.: Lipman, Kennard PhD (Trans.). Secret Teachings of Padmasambhava. Essential Instructions on Mastering the Energies of Life.*

    Changchub, Gyalwa and N'amkh'ai Nyingpo. Lady of the Lotus-Born. The Life and Enlightenment of Yeshe Tsogyal.

36. Osho. Tantra – Die höchste Einsicht, Kommentare zum Tantra des tibetischen Buddhismus.

37. Shaw, Miranda. Erleuchtung durch Ekstase. Frauen im tantrischen Buddhismus.

38. Lalla. Naked Song.

39. Bly, Robert and Jane Hirshfield. Mirabai: Ecstatic Poems.

40. Osho. Showering Without Clouds. Reflections On the Poetry of an Enlightened Woman, Sahajo.

41. Osho.The Last Morning Star. Talks on the Enlightened Woman Mystic, Daya.

42. Anandamayi Ma. Sad Vani. A Collection of the Teaching of Sri Anandamayi Ma.

43. Merzel, Dennis Genpo. Big Mind. Big Heart. Finding Your Way.

44. Kabat-Zinn, Jon. Gesund durch Meditation. Das große Buch der Selbstheilung.

Kapitel 3

45. Vgl.: Attar, Farid ud-Din. The Conference of the Birds.

Rumi, Jalal al-Din. The Essential Rumi.

Rumi, Jalal al-Din. The Book of Love. Poems of Ecstacy and Longing.

Sanai, Hakim. The Great Walled Garden of Truth.

Shah, Idries. The Sufis.

Shah, Idries. Tales of the Dervishes.

Shah, Idries. The Way of the Sufi. An Anthology of Writings about Sufis and their Work.

Rajneesh, Bhagwan Shree. The Wisdom of the Sands, Vol. II. Discourses on Sufism.

Rajneesh, Bhagwan Shree. The Secret. Discourses on Sufism.

Rajneesh, Bhagwan Shree. Sufis: the People of the Path Vol. I&II.

Osho. Der Sufi-Weg, Nicht bevor du stirbst.

46. Vgl.: Bertelsen, Jes. Essence of Mind. An Approach to Dzogchen.

47. Osho. Ich aber sage euch, Jesus - Gottessohn oder Mystiker.

48. Ouspensky, P. D. In Search of the Miraculous. Fragments of an unknown Teaching.

Nott, C. S. Teachings of Gurdjieff.

49. Vgl.: Harvey, Peter. The Selfless Mind. Personality, Consciousness and Nirvana in Early Buddhism.

50. Viorst, Judith. Mut zur Trennung. Menschliche Verluste, die das Leben sinnvoller machen.

51. Mahler, Margaret S., Fred Pine, Anni Bergman. Die psychische Geburt des Menschen. Symbiose und Individuation.

52. Meyer, Wali, Bilal Hyde, Faisal Muqaddam, Shabda Kahn. Physicians of the Heart. A Sufi View of the 99 Names of Allah.

Rajneesh, Bhagwan Shree. The Wisdom of the Sands, Vol. II. Discourses on Sufism.

53. Almaas, A. H. Spacecruiser Inquiry. True Guidance for the inner Journey.

54. *Almaas, A. H. The Point of Existence: Transformation of Narcissism into Self-Realization.*

55. *Osho. Das Herz Sutra. Osho kommentiert Buddhas Haupt-Sutra.*

56. *Auszug aus einem nicht veröffentlichen Gespräch zwischen Osho und dem Autor.*

57. *Rajneesh, Bhagwan Shree. The Discipline of Transcendence. Discourses on the 42 Sutras of Buddha Vol. I.*

58. *Osho. The Dhammapada, Vol. 1-12. The Way of the Buddha. This is the Path to the Ultimate Truth.*

59. *Vgl.: Brach, Tara. True Refuge. Finding Peace and Freedom in your own Awakened Heart.*

60. *Almaas, A. H. The Point of Existence: Transformation of Narcissism into Self-Realization.*

Kapitel 4

61. *Alle Namen aus Praxisbeispielen wurden geändert.*

62. *Mahler, Margaret S., Fred Pine, Anni Bergman. Die psychische Geburt des Menschen. Symbiose und Individuation.*

63. *Almaas, A. H. The Pearl Beyond Price: Integration of Personality into Being: An Object Relations Approach.*

Kapitel 5

64. *Almaas, A. H. The Unfolding Now. Realizing Your True Nature Through the Practice of Presence.*
    Almaas, A. H. The Inner Journey Home. Soul's Realization of the Unity of Reality.

65. *Vgl.: Brach, Tara. True Refuge. Finding Peace and Freedom in your own Awakened Heart.*

66. *Rajneesh, Bhagwan Shree. The Rainbow Bridge. Initiation Talks between Master and Disciple.*

67. *Mitchell, Stephen A., Margaret J. Black. Freud and beyond: A History of modern psychoanalytic thought.*

68. *Bradshaw, John. Das Kind in uns. Wie finde ich zu mir selbst.*
    Chopich, Erika, J. und Margaret Paul. Aussöhnung mit dem inneren Kind.
    Thich Nhat Hanh. Versöhnung mit dem inneren Kind. Von der heilenden Kraft der Achtsamkeit.
    Stahl, Stefanie. Das Kind in dir muss Heimat finden.

69. *Ein Begriff aus der Zen-Tradition: Huineng The Sixth Patriarch's Dharma Jewel Platform Sutra.*

70. *Almaas, A. H. Diamond Heart Book One. Elements of the Real in Man.*
    Almaas, A. H. The Void: A Psychodynamic Investigation of the Relationship between Mind and Space.

Kapitel 7

71. *Die Sufis und so auch Rabia nannten es Ishq-e-Haqeeqi, die wahre Liebe, die Liebe für Gott, die Liebe für die Wahrheit.*
    Vgl.: Meyer, Wali, Bilal Hyde, Faisal Muqaddam, Shabda Kahn. Physicians of the Heart. A Sufi View of the Ninety-Nine Names of Allah.
    Smith, Margaret. Rabi'a von Basra: »Oh, mein Herr, Du genügst mir!« Heilige Frauen im Islam.

72. *A. H. Almaas nennt es auch die Flamme der Wahrheit: Almaas, A. H. Diamond Heart Book Three. Being*

and the Meaning of Life.

Davis, John. The Diamond Approach. An Introduction to the Teachings of A. H. Almaas.

73. Graves, Robert. The Greek Myths. Combined Edition.

74. Nagarjuna. Nagarjuna's Middle Way : the Mulamadhyamakakarika.

Nagarjuna. Seventy Stanzas. A Buddhist Psychology of Emptiness.

75. Varga von Kibéd, Matthias und Insa Sparrer. Ganz im Gegenteil. Tetralemmaarbeit und andere Grundformen systemischer Strukturaufstellungen – für Querdenker und solche, die es werden wollen.

76. Der japanische Begriff ist Hishiryo. Dieser Aspekt wird in der Zen-Tradition der Soto-Schule geübt.

Osho. Dogen, The Zen Master. A Search and a Fulfillment.

77. Reps, Paul (ed.). Zen Flesh, Zen Bones.

Kapitel 9

78. Vgl.: Wilber, Ken. No Boundary. Eastern and Western Approaches to Personal Growth.

Merzel, Dennis Genpo. 24/7 Dharma. Impermanence. No-self. Nirvana.

Bertelsen, Jes. Essence of Mind. An Approach to Dzogchen.

79. Almaas, A. H. The Void: A Psychodynamic Investigation of the Relationship between Mind and Space.

80. Vgl.: Harvey, Peter. The Selfless Mind. Personality, Consciousness and Nirvana in Early Buddhism.

Merzel, Dennis Genpo. The Path of the Human Being. Zen Teachings on the Bodhisattva Way.

Kapitel 10

81. Vgl.: Tolle, Eckhart. The Power of Now. A Guide to Spiritual Enlightenment.

82. Laotse. Dao De Jing. Das Buch vom Sinn und Leben.

83. Almaas, A. H. Brilliancy. The Essence of Intelligence.

84. Tulku, Tarthang. Time, Space and Knowledge: A New Vision of Reality.

Kapitel 11

85. Krishnamurti, J. The First and Last Freedom.

Siehe auch: Bertelsen, Jes. Essence of Mind. An Approach to Dzogchen.

86. Vgl.: Abhayananda, Swami. History of Mysticism. The Unchanging Testament

Worthington, Vivian. A History of Yoga.

Bertelsen, Jes. Essence of Mind. An Approach to Dzogchen.

Rajneesh, Bhagwan Shree. Take It Easy. Vol. I & II. Based on the Doka of Zen Master Ikkyu.

87. Harvey, Peter. The Selfless Mind. Personality, Consciousness and Nirvana in Early Buddhism.

Khenchen Thrangu Rinpoche. Essentials of Mahamudra. Looking Directly At the Mind.

Kapitel 12

88. *Krishnamurti, J. Commentaries on Living.*

89. *Harvey, Peter. The Selfless Mind. Personality, Consciousness and Nirvana in Early Buddhism.*
    Nagarjuna Nagarjuna's Middle way: the Mulamadhyamakakarika.

90. *Zum Beispiel: Shah, Idries. The Way of the Sufi.*
    Ramakrishna, Sri. Tales and Parables of Sri Ramakrishna.

91. *Harvey, Peter. The Selfless Mind. Personality, Consciousness and Nirvana in Early Buddhism.*

Kapitel 13

92. *Osho. Weder leicht noch schwer*
    Osho. Zwischen Bewegung und Ruhe

93. *Almaas, A. H. The Point of Existence: Transformation of Narcissism into Self-Realization.*

Kapitel 15

94. *Osho. Die verborgene Harmonie, Vorträge über die Fragmente des Heraklit.*

95. *Osho. Die verborgene Harmonie, Vorträge über die Fragmente des Heraklit.*

96. *Osho. Mein Weg: Der Weg der weißen Wolke.*

Kapitel 16

97. *Vgl.: Merzel, Dennis Genpo. 24/7 Dharma. Impermanence. No-self. Nirvana.*
    Almaas, A. H. The Inner Journey Home. Soul's Realization of the Unity of Reality.

98. *Vgl.: Nagarjuna. Seventy Stanzas. A Buddhist Psychology of Emptiness.*
    Merzel, Dennis Genpo. The Path of the Human Being. Zen Teachings on the Bodhisattva Way.
    Harvey, Peter. The Selfless Mind. Personality, Consciousness and Nirvana in Early Buddhism.

99. *Vgl.: Abhayananda, Swami. History of Mysticism. The Unchanging Testament.*
    Watts, Alan. The Way of Zen.

100. *Abhayananda, Swami. History of Mysticism. The Unchanging Testament.*
    Worthington, Vivian. A History of Yoga.
    Osho. Das Yoga Buch I und Das Yoga Buch II

Über den Autor

SAMARONA BUUNK ist in den Niederlanden geboren, wo er Psychologie und Philosophie studierte. Sein Interesse an der menschlichen Natur führte ihn 1980 nach Indien. Dort machte er sich in Oshos Ashram mit der Praxis der Meditation und mit Spiritualität vertraut. Es folgten Begegnungen mit J. Krishnamurti, A.H. Almaas und Faisal Muqaddam. Seit 1996 ist Samarona Schüler in der Ridhwan Schule von A.H. Almaas. Von 1997-2002 war er Schüler von Faisal Muqaddam.

Er ist Heilpraktiker (Psychotherapie), ausgebildet in verschiedenen Formen der humanistischen Psychotherapie: Gesprächstherapie, Hypnotherapie, Dynamische Körpertherapie, Primärtherapie, Rebalancing, Tantra und Systemische Paartherapie.

Die jahrelange spirituelle Praxis und der Umgang mit den Herausforderungen des Lebens – Liebe und Trennung, Erfolg und Rückschläge, Krankheit und Vergänglichkeit – verwandelten ihn persönlich.

Seine Arbeit beruht auf einer Zusammenführung der Praxis der Meditation und der Selbsterforschung mit der westlichen Psychotherapie. Grundlage für seine Herangehensweise ist eine spirituelle Perspektive, in der es möglich wird die Ego-Identifikationen als solche zu erkennen, sie loszulassen und zur wahren Natur nach Hause zu finden.

Seit 1989 tätig in eigener Praxis und in der Leitung von Seminaren und Ausbildungen in spiritueller Psychotherapie an verschiedenen Instituten in Europa und Asien.

www.samarona.com